노인복지론

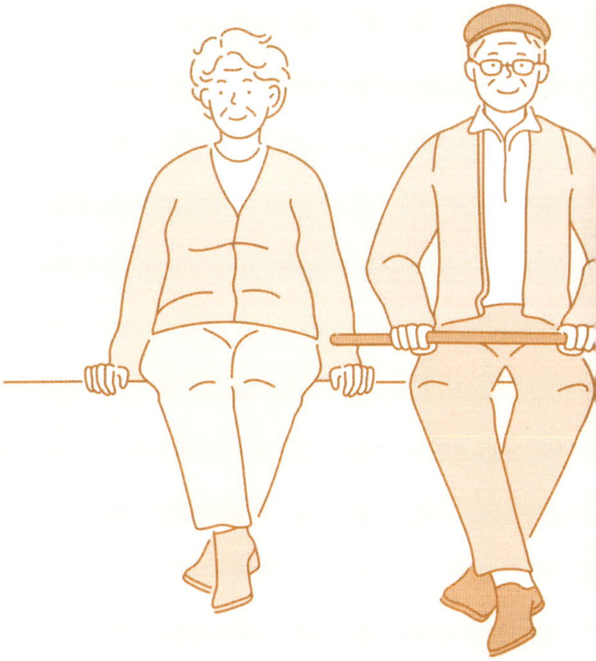

노인복지론

Welfare For The Elderly

고명석 · 김효정 · 박선태 · 박성수 · 박연희 · 홍예람 공저

동문사

머리말

국제연합(UN)에 따르면 65세 이상 인구가 전체 인구에서 차지하는 비중이 7% 이상을 '고령화사회'(Agimg Society), 14% 이상을 '고령사회'(Aged Society), 20% 이상을 '후기 고령사회'(Post-aged Society) 또는 '초고령사회'라고 호칭한다. 우리나라는 2000년대에 고령화사회에 진입했으며, 곧 고령사회를 넘어설 것으로 전망이 되고 있다. 통계청 자료에 따르면 65세 이상 고령인구 비중은 2015년 12.8%(654만 명), 2025년 20%(1,000만 명)을 넘고, 2037년 30%, 2058년 40%를 초과할 전망이다.

우리나라는 시대의 흐름에 의하여 농경사회를 거쳐 산업사회를 경험하였고, 이제 다변화된 글로벌화, 정보화를 거치면서 한국 사회복지 상황은 질적 및 양적 변화를 꾀하고 있다. 지난 반세기 동안 우리나라의 사회복지실천 현장은 수많은 고난과 역경 속에서도 사회복지전문직으로서의 변화와 혁신을 이루어 왔다. 우리나라가 OECD에 가입한 이후 국민들의 삶의 질에 대한 욕구가 증대되었으며, 경제 대혼란인 IMF 시기와 최근의 경제적 어려움을 거치면서 경제구조의 개편과 더불어 노인의 사회진출이 급속히 추진되고 있다. 우리 사회는 산업화 · 정보화시대의 물결 속에서 핵가족화로 인한 저출산, 노인부양 부담의 증가, 노인의 여가문제, 노인취업문제, 근로인구감소 등 다양한 사회문제의 발생으로 사회복지에 대한 정부 · 민간의 역할이 증대되고 있는 실정이다.

우리나라 노인복지실천 현장은 그동안 겪어 보지 못한 많은 변화와 굴곡 속에서 새로운 과도기적 발전의 시기에 처해 있다고 본다. 따라서 이 책은 노인복지를 시작하는 학생들과 노인복지에 관심 있는 사람들에게 노인복지의 전문성 강화를 위한 초석을 굳건히 해 주기 위한 길라잡이 역할을 기대하며, 한국사회복지교육협의회의 교과목 지침 개편(2018)에 따라 개편 내용에 맞추어 오랜 기간 동안 노인복지분야에서 다양한 경험과 보건복지부 위탁 사회복지사양성교육과정(2003~2019)과 각 대학 등에서 노인복지론 전담강의 및 활동

경험을 통해서 얻은 지식을 기반으로 연구를 함께한 동료 교수님들과 노인복지를 전공한 후 노인복지실천 현장에서 노인요양시설을 운영하고 있는 노인복지전문가와 함께 본 저서를 집필, 발간하기에 이르게 되었다.

이 책을 통해서 노인복지를 처음 접하는 많은 학생과 그리고 관심 있는 분들이 쉽고 흥미를 가지고 접할 수 있도록 책의 구성에 중점을 두고 집필하였다. 이와 같은 의미에서 이 책의 부족한 부분들은 오로지 필자의 책임임을 분명히 밝히면서 독자 여러분의 아낌없는 지도편달을 기대하는 바이다.

필자는 앞으로 꾸준한 수정 · 보완을 통하여 노인복지를 전공하는 학생들과 가르치는 교수님들 그리고 노인복지실천 현장의 재직자 및 노인복지 관련 업무를 담당하고 있는 공직자들로부터 사랑받는 책이 될 수 있도록 최선을 다할 것을 약속드리며, 이 책의 출판을 허락하여 주신 도서출판 동문사 사장님과 관계자 분들께 깊은 감사를 드린다.

2021년 2월

백련산 기슭에서

대표저자 고명석

차 례

PART 03

노인복지 실천

PART I

노인과 노화의 이해

CHAPTER 01 노인과 고령사회의 이해

1 노인의 정의

노인복지를 이해하기 위해서는 노인복지의 주 대상자인 노인의 개념을 명확하게 이해하는 것이 필요하다. 한국 노인복지에서는 일반적으로 국제노년학회와 Breen의 정의를 주로 인용하고 있다. 1951년 제2회 국제노년학회에서는 노인이란 생리적·행동적·심리적·사회적으로 노화과정의 변화가 복합적으로 작용하는 사람이라 규정하고 있으며, 노인을 다음과 같이 다섯 가지 특징을 가진 사람으로 정의하고 있다. **첫째,** 환경의 변화에 적절히 적응할 수 있는 조직기능이 감퇴되고 있는 사람, **둘째,** 생체의 자체 통합능력이 감퇴되고 있는 사람, **셋째,** 인체의 기관, 조직, 기능에 쇠퇴현상이 일어나는 시기에 있는 사람, **넷째,** 생체의 적응이 제대로 되지 않는 사람, **다섯째,** 조직의 예비능력이 감퇴되어 환경변화에 적응이 제대로 되지 않는 사람이다.

Breen(1960)은 노인을 첫째, 생리적 및 생물학적인 면에서 퇴화기에 있는 사람, 둘째, 심리적인 면에서 정신기능과 성격이 변화되고 있는 사람, 셋째, 사회적인 면에서 지위와 역할이 상실되어 가는 사람으로 보고 있다. 노인은 생리적 및 신체적 기능의 퇴화와 더불어 심리적 변화가 일어나서 개인의 자기유지 기능과 사회적 역할 기능이 약화되고 있는 사람이라고 정의할 수 있다. 한편 실제로 사회과학적 조사연구상의 행정적·정책적 편의를 위해 조작적으로 규정한 노인의 개념을 보면, 개인의 자각에 의한 노인, 사회적 역할상실에 의한 노인, 역연령에 의한 노인, 기능적 연령에 의한 노인으로 정의하나 입법적·행정적인 면의 편의성 때문에 역연령에 의한 정의가 가장 보편적으로 이용되고 있다.

한국의 노인 관련 법규를 보면, 「고용상 연령차별금지 및 고령자고용촉진에 관한 법률」에서는 55세 이상을 고령자로 규정하고 있으며, 「국민연금법」에서는 노령연금수급기준을 60세로, 「노인복지법」에서는 65세를 노인으로 규정하며, 노인복지관 이용자 연령도 60세 이상으로 정하고 있다. 역연령에 대한 정의가 가장 보편으로 사용되고 있으나, 노화의 개인 차이에 대해서는 고려되지 않은 정의로 노화에 대한 신체적 · 심리적 · 사회적 특성에 대한 이해가 반영되어야 한다.

생물학적 연령(biological age), 신체기관과 구조, 기능의 시간경과에 따른 노인연령(육체연령)으로 40대 *初老*(초로), 50대 *中老*(중로), 60대 *耆老*(기로)가 그 예이다. 심리적 연령(psychological age)에서 노인은 주 · 객관적으로 인식하는 감각, 지각, 자아, 행동 등 시간적 변화 정도로 구분한다(정신, 성격, 심리성숙도). 끝으로 기능적 연령(functional age)은 한 개인의 특수한 신체적 · 심리적 영역에서 기능 정도를 유지하는가이다(심리, 신체, 사회적 영역). 즉, '노인은 축구선수가 될 수 있을까?'가 그 예이다. 마지막으로 자각연령으로 개인의 주관적 판단을 내리는 연령을 규정한 것이다.[1)]

2017년 보건복지부의 노인실태조사에서는 노인을 규정하는 연령기준에 대한 노인의 생각을 살펴본 바에 의하면 69세 이하로 응답한 노인이 13.8%, 70~74세가 59.4%, 75~79세가 14.8%, 80세 이상이 12.1%로 평균 71.4세이다. 이를 특성별로 살펴보면 동부 노인의 경우 80세 이상이라는 응답이 13.0%로 읍 · 면부 노인의 10.1%보다 약간 높다. 성별로는 남자노인에게서 80세 이상이라는 응답이 많아서 13.6%로 여자노인의 11.0%보다 높다. 연령군별로 비교해 보면 노인의 연령이 높을수록 80세 이상이라는 응답이 높아, 85세 이상 연령군의 경우 평균이 72.0세이다. 이는 노인의 연령이 높을수록 본인을 노인으로 규정하지 않으려는 경향이 있음을 보여 주는 것이다.

---

1) 영어: old persons, the aged, the elderly, the third age, senior citizens 등으로 표기한다.

경 로 헌 장

노인은 나라의 어른이다.

노인은 우리를 낳아 기르고 문화를 창조 계승하며 국가와 사회를 수호하고 발전시키는 데 공헌하여 온 어른으로서 국민의 존경을 받으며 노후를 안락하게 지내야 할 분들이다. 그러나 인구의 고령화와 사회구조 및 가치관의 변화는 점차 노후생활을 어렵게 하고 있다.
우리는 고유의 가족제도 아래 경로효친(敬老孝親)과 인보상조(隣保相助)의 미풍양속을 가진 국민으로서 이를 발전시켜 노인을 경애하고 봉양하여 노후를 즐길 수 있도록 노인 복지증진에 정성을 다하여야 한다.
노인은 심신의 변화를 깨닫고 자신의 위치와 할 일을 찾아서 후손의 번영과 국가의 발전을 위하여 여생을 보내는 슬기를 보여야 한다.

우리는 아래와 같은 사항을 구현하기 위하여 다 함께 노력한다.

첫째,
노인은 가정에서 전통의 미덕을 살려 자손의 극진한 봉양을 받아야 하며 지역사회와 국가는 이를 적극 도와야 한다.

둘째,
노인은 의식주에 있어서 충족되고 안락한 생활을 즐길 수 있어야 한다.

셋째,
노인은 심신의 안정과 건강을 누릴 수 있어야 한다.

넷째,
노인은 자신의 능력에 따라 사회활동에 참여할 수 있어야 한다.

다섯째,
노인은 취미 오락을 비롯한 문화생활과 노후생활에 필요한 지식을 얻는 기회를 가져야 한다.

2 고령인구의 증가와 노인문제

1) 평균수명과 노년기의 연장

통계청에 따르면 2020년 65세 이상 고령인구는 우리나라 인구의 15.7%(812만 5천 명)로, 앞으로도 계속 증가하여 2025년에는 20.3%에 이르러 우리나라가 초고령사회로 진입할 것으로 전망되고 있다. 이후에도 계속 증가하여 '36년에는 30%를 넘어서고, 40년 후인 '60년에는 43.9%에 이를 것으로 보인다. 2020년 고령인구 비중이 가장 높은 지역은 전남(23.1%), 가장 낮은 지역은 세종시(9.3%)로 나타났다. 2020년 가구주 연령이 65세 이상인 고령자 가구는 전체 가구의 22.8%이며, 2047년에는 전체 가구의 약 절반(49.6%)이 고령자 가구가 될 것으로 전망되고 있다. 한국인의 기대여명은 2018년 65세 생존자의 기대여명은 20.8년(남자 18.7년, 여자 22.8년)으로 경제협력개발기구(OECD) 평균 대비 남자는 0.5년, 여자는 1.5년 더 높은 수준이다.

이렇게 기대수명이 늘면서 노년기가 연장되고 있는데, 현재 한국 근로자 대부분이 55세 전후에 퇴직하고, 은퇴 후 24~30년 동안의 기나긴 노년기에 필요한 소득보장, 보건의료, 주거 및 여가생활, 장기요양서비스 등의 문제를 어떻게 해결하는가의 과제가 노인복지의 커다란 문제가 되고 있다. 한국사회는 국민소득의 증대, 교육수준의 향상, 건강보험 등 사회보장제도의 확충, 사회복지서비스의 확대, 보건의료서비스의 질적 향상 및 양적 증대, 건강에 대한 국민의 관심증대 등 사회 · 경제 분야 전반에 걸쳐 현저한 발전을 이룩하였으며, 이러한 결과는 출산율과 사망률 감소로 이루어졌다.

또한, 65세 이상 고령인구는 2021년 707만6000명에서 2030년 1295만5000명으로 1000만 명을 돌파한 뒤 2050년 1881만3000명으로 정점에 이를 것으로 예측됐다. 고령인구 증가에 따라 전체 인구에서 고령인구가 차지하는 비율은 올해 14.8%에서 2060년 41.0%로 3배 가까이 증가한다. 특히 고령인구 증가는 유소년인구 감소와 맞물려 속도가 빨라지는 것으로 나타났다.

0~14세 유소년인구 100명당 65세 고령인구 비율을 나타내는 노령화지수는

올해 104.8명에서 2060년 434.6명으로 4배 이상 증가할 것으로 전망됐다. 2010년까지만 하더라도 유소년인구 100명당 고령인구가 70명이 채 되지 않았으나 50년 새 4배 이상 고령인구가 많아지게 되는 것이다. 또한 고령인구가 많아지면서 30년 뒤에는 가구의 절반 가까이가 고령자 가구가 되는 것으로 나타났다. 2017년 올해 가구주 연령이 65세 이상인 고령자 가구는 399만9000가구로 전체 가구의 20.5%를 차지했으나 2045년에는 1065만3000가구로 47.7%에 달할 것으로 전망되고 있다.

표 1-1 고령자 인구(65세 이상) 비중

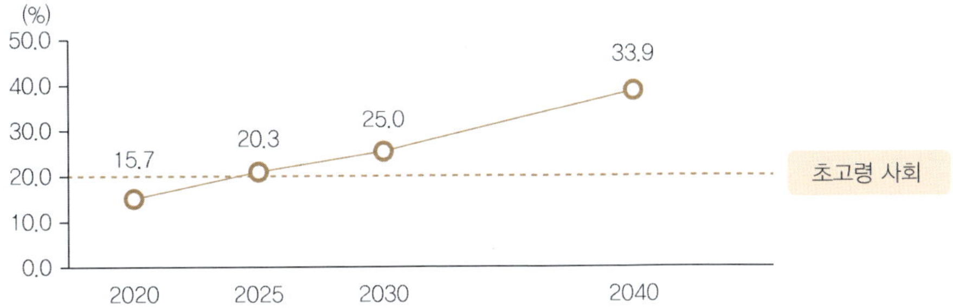

자료: 통계청, 「장래인구특별추계: 2017~2067」.

표 1-2 기대여명(65세, 2018)

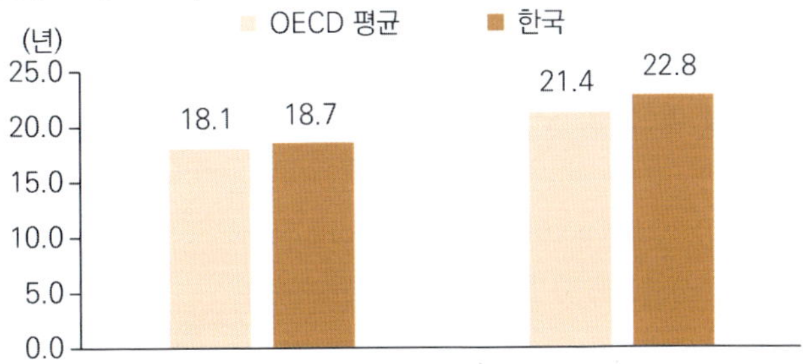

자료: 통계청, 「장래인구특별추계: 2017~2067.

2) 노인인구의 수와 비율의 증가

앞에서 살펴본 대로 저출산, 고령화사회가 되며 점점 시간이 지날수록 전체 인구수는 제자리걸음을 하고 있지만, 65세 이상 인구는 늘어 가고 있다. 2000년도부터 2019년까지 전체 인구수 및 65세 이상 인구 비율을 비교해 보니 전체 인구수의 증가율은 0.44%인데 반해 노인인구의 증가율은 4.7%나 증가하고 있는 중이다.

또한 생산연령인구 100명이 부양하는 고령인구를 뜻하는 노년부양비는 '20년 21.7명이나 '36년에는 50명을 넘고, '60년에는 91.4명이 될 것으로 전망되고 있다. 이와 같은 현상으로 인하여 식자(識者)들은 '늙어 가는 사회', '광속(光速)의 고령화', '고령화 쇼크', '고령화 시한폭탄', '고령화 재앙', '시니어 붐(boom)' 등 다양한 수식어로 인구고령화의 위력을 예고하고 있다. 인구고령화는 우리 사회에 미치는 충격이 클 것이며, 이에 대비하지 않으면 지속발전이 불투명할 뿐만 아니라 한국사회의 존폐 여부가 불확실해질 우려가 높다. 40여 년 뒤 생산가능인구 1명이 고령인구 1명을 부양하는 시대가 열린다. 저출산으로 생산가능인구는 줄고, 고령인구의 수와 비율이 급증함에 따라 갈수록 노인인구가 늘어나기 때문이다. 급속한 고령화로 인하여 2020년 65세 이상 고령인구가 15.7%, 2025년 20.3%, 2060년 43.9%가 될 것으로 예상되고 있다.

표 1-3 고령인구(65세 이상) 및 구성비

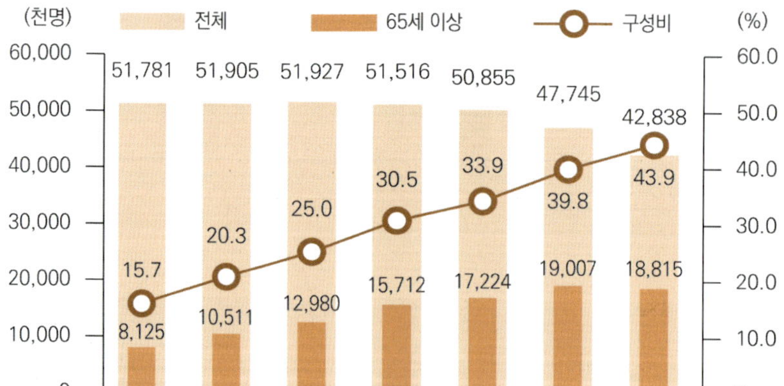

자료: 통계청, 「장래인구특별추계: 2017~2067」.

표 1-4 노년부양비 및 노령화지수

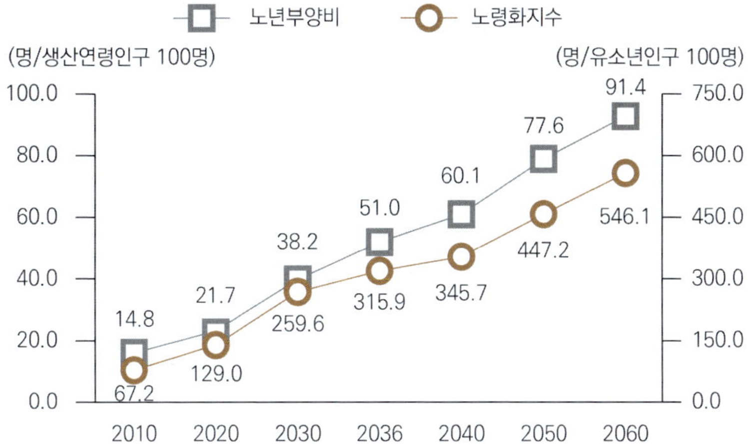

자료: 통계청, 「장래인구특별추계: 2017~2067」.

3) 노인문제의 발생원인

(1) 사회제도적 측면

노인문제라는 말은 현대 산업사회에 들어와 생겨난 용어라고 할 수 있다. 과거에는 이런 말조차 들을 수 없었고, 사회의 모든 제도나 대책이 나이 든 사람들을 중심으로 마련되고 운용되어 왔기 때문에 어른으로 존경을 받아 왔다. 그러나 이러한 사회제도는 산업화와 도시화로 발전하면서 노인문제의 심각성이 대두되고 있다. 오늘날 노인문제의 원인을 포괄적으로 잘 뒷받침하는 이론은 Cowgill과 Holms의 현대화이론이다. 한 사회의 현대화 정도가 높으면 높을수록 노인의 지위는 더욱 낮아진다는 것이다. Cowgill에 의하면 현대화란 한 사회가 생물적 동력, 제한된 기술, 비교적 미분화된 제도, 가부장적이고 전통적인 전망과 가치관을 바탕을 둔 전원적인 생활양식에서 고도로 분화된 제도, 효율성과 발전을 중시하고 거시적 전망에 바탕을 둔 도시적 생활양식에로의 변천이라고 보았다. 현대화 현상을 나타내는 핵심요소로 건강기술의 발전, 도시화, 교육의 대중화를 들고 있다.

① 노인의 가족구조와 거주형태 변화

우리나라는 빠른 경제 성장과 함께 산업화, 도시화, 핵가족화가 되면서 가구당 구성원의 수도 1~2인 중심으로 급속히 변화되고 있다. 1980년대 가구당 구성원 수의 비중은 총 가구의 50% 이상 5인 이상 가구였으나, 2015년 6.4%로 가장 낮은 비중을 보이고 있다. 반면 같은 기간 1~2인 가구에서 차지하는 비중이 15.3%에서 53.4%까지 급격히 증가하면서 가구당 구성원 수와 주거형태가 변화하고 있다. 1인 가구 증가원인을 가족가치의 약화, 개인주의 심화, 비혼자 증가 등으로 제시하고 있다. 2020년 통계청이 발표한 고령자 1인 가구 추계를 보면, 2019년 가구주 연령이 65세 이상인 고령자 1인 가구는 129만 4000가구로, 전체 고령자 가구 386만7000가구 중 33.5%를 차지하고 있으며, 10명 중 6명이 단독주택에 거주하고 있다. 성별로 보면, 1990년 고령자 여성 1인 가구는 남성보다 6배 정도 많았으나, 의료기술 발달 및 기대수명 연장으로 남성 1인 가구의 비중이 지속적으로 늘어나 2019년에는 여성이 남성보다 3.0배 정도 많았고, 연령별로는 급속한 고령화로 인하여 70대 1인 가구의 비중이 47.5%를 차지하고 80세 이상의 비중도 지속적으로 증가하였다. 장래가구추계에 의하면 2020년 고령자 1인 가구는 지속적으로 증가하여 2045년에는 371만 9000가구가 될 것으로 전망하고 있다. 2020년 고령화 정도를 성별로 살펴보면, 여자가 17.9%, 남자가 13.5%로 여자의 고령인구 비중이 남자보다 4.4%p 높게 나타나고 있다. 65세 이상 여자 고령인구 100명당 남자 고령인구는 '20년 76.2명에서 계속 증가하여 60년 91.3'명이 될 것으로 보인다.

전체 인구의 15.7%인 65세 이상 고령인구의 연령대별 구성비를 보면, 65~69세 5.1%, 70~74세 3.8%, 75세 이상이 6.7%로 나타나고 있다. 2020년 65~74세 인구는 465만 1천 명으로 75세 이상 인구보다 117만 6천 명 더 많으나, 2038년부터는 75세 이상 인구가 더 많아질 것으로 전망되고 있다. 2020년 가구주 연령이 65세 이상인 고령자 가구는 464만 2천 가구로 전체 가구의 22.8%를 차지하고 있다. 고령자 가구가 차지하는 비중은 계속 늘어나 2047년에는 우리나라 전체 가구의 약 절반(49.6%)이 고령자 가구가 될 것으로 전망되고 있다. 가구 유형별로 보면, 1인 가구(34.2%), 부부가구(33.1%), 부부+미혼자녀가구(9.7%) 부(모)+미혼자녀가구(5.5%) 순으로 높게 나타나고 있다.

이러한 가족구조의 변화로, 질환이나 기능장애로 인해 일상생활의 도움이 가족이나 간병인으로부터 필요할 때 누가, 어디서, 어떻게 수발할 것인지가 커다란 사회문제로 제기되고 있다. 1인 가구가 늘어나는 현상은 가족 내에서 노인역할의 재조정, 노인 간호, 경제적 부양 등의 문제를 유발하며 사회적 서비스의 필요성을 증가시킨다.

표 1-5 성별 고령인구(65세 이상) 비중

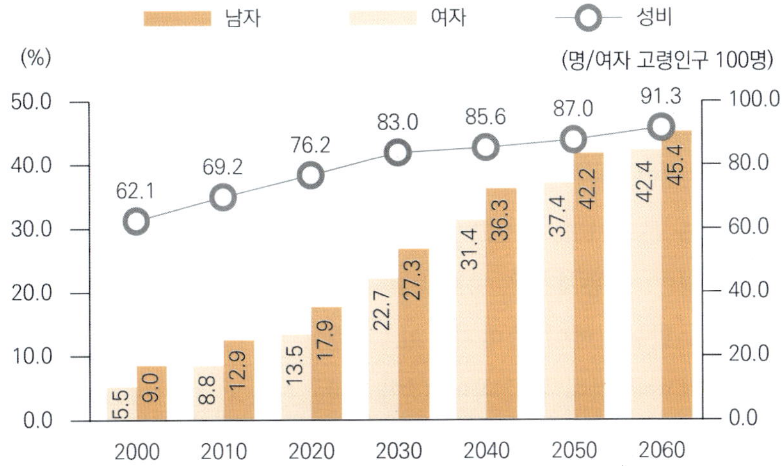

자료: 통계청, 「장래인구특별추계: 2017~2067」.

표 1-6 연령별 고령인구(65세 이상) 구성비

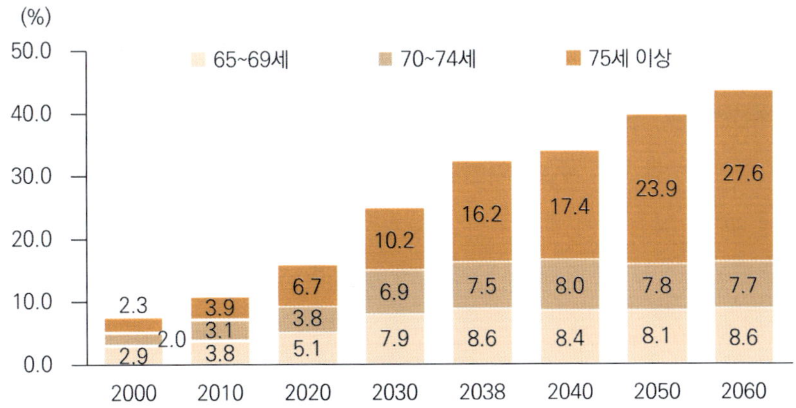

자료: 통계청, 「장래인구특별추계: 2017~2067」.

표 1-7 고령자 가구 비중 및 가구 유형별 구성비

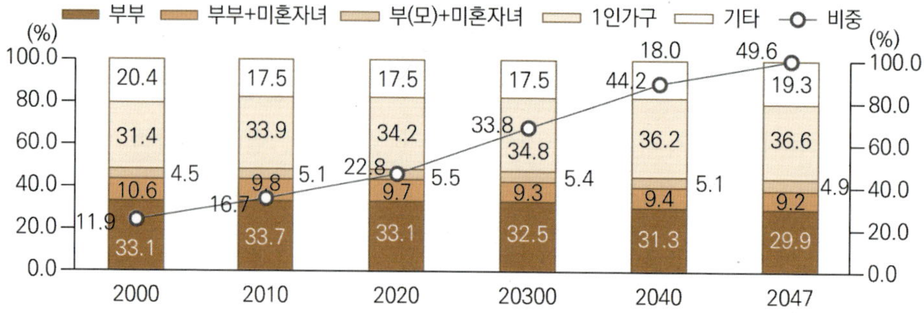

자료: 통계청, 「장래인구특별추계: 2017~2067」.

② 노후 생활환경의 변화

산업화와 도시화가 급속히 진전되면서, 전통적인 대가족 제도가 사라지고, 맞벌이 부부와 1인 가구가 늘어남에 따라 핵가족 제도가 자리 잡기 시작하면서 종래 공동체 문화가 약해지고 개인주의 풍조가 확대되었다. 이러한 사회변화로 노인이 되면, 노동시간은 줄어들고, 경제적 소득이 감소하며, 육체적으로나 정신적으로 활동영역이 좁아지면서, 외출이 번거롭게 느껴지고 집안에 칩거하게 된다. TV 시청이나 소파에 앉아 있는 시간도 많아지면서, 의미 없는 시간을 보내는 것이 삶의 대부분을 차지하게 되어 노년기 이전과는 달리 사회적 역할이 축소·배제되면서 생활양식이 노동중심 생활에서 무의미한 생활로 변화하게 된다.

또한, 젊은 시절 산업화과정의 시대에 장시간의 노동과 충분치 못한 경제적 여유로 인해 영양·보건상의 부족 등은 신체적 쇠퇴기에 들어선 노인들의 대부분이 크고 작은 질병에 시달리고 있다. 특히, 전통적으로 노인들의 신체적·심리적·정서적 안정의 주요 역할을 수행해 왔던 가족구조의 변화로 인해 사회변화에 대한 적응력이 하락하고, 경제적·신체적·심리적·정서적 문제 등이 상호 복합적으로 중첩되어 나타나기도 한다.

③ 지식정보화 사회의 생활환경 변화

인류의 과학기술은 빠르게 그리고 다양하게 발전 중이다. 우리는 이에 대한 혜택을 풍족하게 누리고 있다. 인류의 수명 연장, 우주 기술 발전, 식량 대량

생산 등의 혜택을 구체적으로 생각해 볼 수 있다. 이러한 혜택 중에서 특히 우리나라는 교통과 통신에 그 혜택을 톡톡히 보고 있다. 우리나라는 IT(information technology)의 강국으로 알려져 있다. 전국 곳곳에서 활용되는 와이파이와 빠른 인터넷망, 상용화된 통신기기는 우리나라의 IT의 강국적인 모습을 잘 드러내준다. 그러나 이러한 혜택은 주로 젊은 계층에게 많이 사용되어 왔다.

과학기술정보통신부와 한국인터넷진흥원이 2019년 발표한 『2019년 인터넷 이용실태조사』[2] 결과에 따르면, 스마트폰과 태블릿PC 등 신개념의 인터넷 단말기의 보급이 확산되면서 만 3세 이상 인구 중 최근 1개월 이내 1회 이상 인터넷을 이용한 자의 비율은 지난 10년간 이용률은 15.0%p 증가(2008년 76.5%→2018년 91.5%) 했는데, 성 · 연령별 이용률 격차가 대폭 감소하여 남녀노소 구분 없이 인터넷을 이용하고 있는 것으로 나타났다.

성별 이용률의 경우, 남성(93.9%)의 이용률이 여성(89.1%)보다 여전히 높았으나, 남녀 간 격차는 2008년 10.1%p(남성: 81.6%, 여성: 71.5%)에서 2018년 4.8%p(남성: 93.9%, 여성: 89.1%)로 좁혀졌다. 연령별 이용률의 경우, 2008년 대비 50대 이상의 이용률이 큰 폭으로 상승[3]하여 전체 인터넷 이용률의 상승을 견인한 것으로 보이며, 70세 이상을 제외한 전 연령층에서 85% 이상의 이용률을 나타냈다.

노인 인터넷 이용률은 2015년보다 60대는 29.5%, 70대는 21.6%로 대폭 상승했다. 그러나 여성(50.9%)보다 남성(69.2%)이 높고, 대졸 이상(95.4%), 월 가구소득 400만 원 이상(84.5%)에서 이용률이 높게 나타나고, 50대(90.2%)에서 인터넷 이용률이 가장 높고, 70대 이상에서는 23.5%로 나타난 것으로 조사되어, 우리나라 고령노인과 빈곤층에 있는 노인은 아직까지 정보화 및 정보사회에 대한 인식이 부족한 실정이다.

이와 같이 정보화 사회화되는 생활환경의 변화는 오래전 학교교육을 마쳤거나 오래전 직장에서 퇴직한 노인, 고령노인과 빈곤층 노인에게는 생활적응을 어렵게 만들고 있다. 이러한 결과로 볼 때, 앞으로 정보기술의 발전은 가속

2) '인터넷이용자'에 대한 조작적 정의(operational definition)를 '최근 1개월 이내 인터넷 이용자'로 규정

3) 50대 : '08년 48.9%→'18년 98.7%(49.8%p↑), 60대 : '08년 19.0%→'18년 88.8%(69.8%p↑)

화될 것으로 예상되기 때문에 노인층의 정보격차(digital divide)는 곧 경제격차와 삶의 질 격차로 이어질 가능성이 크다.

표 1-8 인터넷 이용환경, 이용률, 이용형태

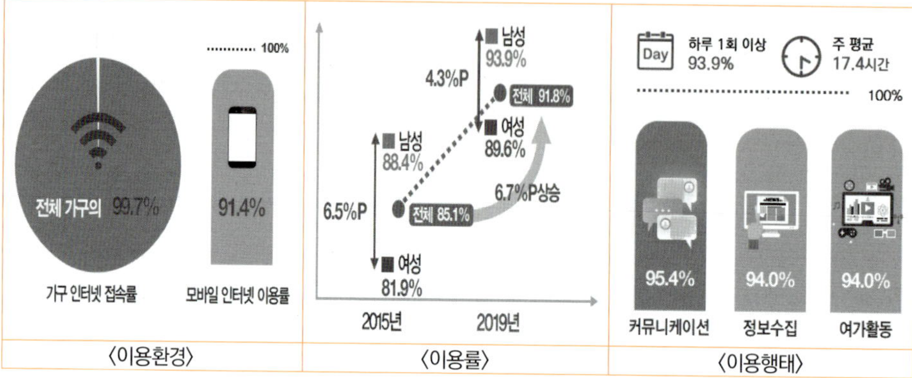

출처: 과학기술정보통신부, 2019.

표 1-9 인터넷 연령대별 이용률

<table>
<tr><th>구분</th><th>주요서비스</th><th>동영상</th><th>AI</th><th>쇼핑</th><th>뱅킹</th><th>메신저</th><th colspan="2">〈인터넷 이용률 변화('15~'19)〉</th></tr>
<tr><td>10~20대</td><td>⇒신기술 서비스</td><td>91.3</td><td>36.7</td><td>84.6</td><td>65.1</td><td>98.5</td><td rowspan="3">3~9세 (11.4%p↑)
50대 (10%p↑)
60대 (29.5%p↑)
70대 (21.0%p↑)</td><td rowspan="3">20대(0%p↑)
30대(0.1%p↑)
40대(1%p↑)</td></tr>
<tr><td>30~40대</td><td>⇒경제적 활동 관련 서비스</td><td>87.2</td><td>34.8</td><td>81.4</td><td>89.9</td><td>99.1</td></tr>
<tr><td>50대~</td><td>⇒의사소통 관련 서비스</td><td>67.9</td><td>11.2</td><td>32.6</td><td>39.8</td><td>94.8</td></tr>
</table>

출처: 과학기술정보통신부, 2019.

④ 노인 간호 인력의 부족

보건의료 자원을 살펴보면 한국은 OECD 평균에 비해 의료 인력이 적은 나라였다. 임상의사(한의사 포함)는 인구 1000명당 2.4명으로 콜롬비아(2.2명), 폴란드(2.4명) 다음으로 적었다. OECD 평균은 3.5명이다. 인구 1000명당 의사 수가 가장 많은 오스트리아는 5.2명이다. 간호 인력도 인구 1000명당 7.2명으로 OECD 평균(8.9명)보다 1.7명 적었다. 하지만 스스로 '건강하다'고 생각하는 비율과 병원 문턱이 낮은 만큼 한국인은 병원도 자주 찾았다. OECD 회원국 가운데 국민 1인당 외래진료 횟수가 연간 16.9회로 가장 높았다. OECD 평균은 연간 6.8회다.

의료장비 보유 면에선 OECD 평균을 웃돌았다. 인구 100만 명당 자기공명영상장치(MRI)는 30.1대, 컴퓨터단층촬영기(CT 스캐너)는 38.6대였다. OECD 평균은 각각 17.0대, 27.4대다. 병상 수는 인구 1000명당 12.4개로 일본(13.0개)에 이어 두 번째로 많았다. OECD 평균(4.5개)의 약 2.8배에 이르는 수준이다.

이런 '건강염려증'에도 불구하고 대부분의 지표는 한국인이 '건강하다'는 것을 보여 주고 있었다. 만성질환의 주요 원인이 되는 '과체중 및 비만인구 비율'은 한국이 34.3%로 OECD 국가 중 일본(26.7%)에 이어 두 번째로 낮았다. 미국(71.0%), 멕시코(75.2%)는 국민 10명 중 7명 이상이 과체중이나 비만이었다.

한국보건사회연구원이 발간하는 학술지 '보건사회연구' 최신호에 실린 '노년기 주관적 연령과 건강노화와의 관계: 연령집단별 분석'(오영삼 외, 2017) 보고서에 따르면 2014년 노인실태조사에 응한 1만 명 중 상대적으로 나이가 적은 만 65~74세 노인(연소 노인)의 55.3%는 자신을 노인이 아니라고 인식하는 것으로 나타났다. 이렇게 스스로 인식하는 주관적 연령이 낮을수록 신체적 · 정신적 건강을 유지하면서 사회적으로도 활발한 활동을 지속한다는 연구 결과도 나왔다.

현재 노인에 대한 법적 연령 기준은 만 65세지만, 실제 이들이 주관적으로 생각하는 노인 시작 연령은 평균 71세였다. 또한 연소 노인집단에서는 주관적으로 자신이 노인이라고 생각하는 사람일수록, 인지활동이나 사회활동 참여가 낮고, 만성질환이나 우울 정도가 높게 나타났다. 반대로 스스로 노인이 아니라고 생각하는 사람이 신체적 · 정신적으로 더 건강했다는 이야기다.

이는 노인이라는 정체성이 스스로 일종의 사회적 낙인으로 작용해, 원래 활동적이고 독립적이었던 사람들까지도 자신을 노인으로 낙인찍어 건강한 노화를 저해했을 것으로 보며, 연령에 대한 고정관념을 해소하고 노인의 건강노화를 증진할 방안에 대한 논의가 필요하다.

노인 간호를 주로 며느리나 딸이 담당해 왔으나 지금은 많은 여성이 경제활동에 참여하고 있다. 2019년 한국경제연구원이 발표한 자료를 살펴보면, 한국의 여성 고용 지표가 최근 10년 동안 꾸준히 개선됐지만, 여성의 경제활동참가율과 고용률은 선진국과 큰 격차를 보인 것으로 나타났다. 한국경제연구원이 미국과 일본, 독일 등 7개국의 여성 고용지표를 분석한 결과, 한국의 여성 경제활동참가율은 59.4%로 1위인 독일보다 14.9%포인트 낮았다.

고용률은 지난해 57.2%로 7개국 가운데 6위에 그쳤다. 특히 30~40대 출산·육아기의 여성 고용률은 7개국 중 가장 낮아, 1위인 독일과는 20%포인트 차이를 보였다.

경제활동참가율이란 경제활동을 할 수 있는 인구 중 실제 일을 하고 있거나 구직활동을 하는 사람들의 비율을 말한다. 경제가 얼마나 활력을 띠고 있는지 나타내는 지표로, 여성의 경제 참여 활력이 사상 최고로 높았다는 의미로 해석된다. 만성질환을 갖고 있는 요보호대상 노인은 증가하고, 동시에 여성의 경제활동참가율도 상승하여 노인을 간호해야 하는 가족의 부재와 자녀관의 변화, 중증이나 치매 노인의 간호가 너무나 힘들고 요양보호기간이 장기화되고 있기 때문에 노인 간호가 더욱 어려운 실정이다.

⑤ 노후보장을 둘러싼 세대갈등 첨예화

생산가능인구의 감소와 급속한 고령화로 40여 년 뒤에는 생산가능인구 1명이 고령인구 1명을 부양하는 시대가 올 것으로 보인다. 2020 고령자 통계에 따르면 급속한 고령화로 인하여 2020년 65세 이상 고령인구가 15.7%, 2025년 20.3%, 2060년 43.9%가 될 것으로 예상되고 있다. 2060년 노년부양비는 82.6명으로, 올해 18.8명보다 4.4배 증가할 것으로 추산됐다. 노년부양비는 15~64세 생산가능인구 100명이 부담해야 하는 65세 이상 고령인구수를 의미한다. 생산가능인구는 경제활동을 할 수 있는 인구를 말하며 경제활동인구와 비경제활동인구로 나뉜다.

2018년에 65세 이상 고령자 부모의 노후 생계에 대한 65세 이상 답변자의 견해는 「스스로 해결」과 「가족」이 책임져야 한다는 생각은 감소하고, 「가족과 정부·사회」가 부양해야 한다는 생각은 증가하여 개인의 부양문제보다는 사회적인 문제로 인식하기 시작한 것으로 조사되었다. 2018년 65세 이상 고령자는 부모의 노후를 「가족과 정부 · 사회」가 책임져야 한다고 생각하는 사람이 37.1%로 가장 높고, 그 다음은 「가족(29.7%)」, 「부모 스스로 해결(24.9%)」 순으로 나타났으며, 가족 중에서 부모를 돌본다면의 질문에 65세 이상 고령자는 「모든 자녀」가 부모를 부양해야 한다는 견해가 59.3%로 가장 많고, 그 다음은 「자식 중 능력 있는 자」가 부양해야 한다고 생각하는 사람이 20.9%으로 나타났다.

부모 부양을 「부모 스스로 해결」해야 한다고 생각하는 사람의 비율은 남자(27.2%)가 여자(23.1%)보다 높고, 「가족」이 책임져야 한다고 생각하는 사람은 여자(31.2%)가 남자(27.5%)보다 높게 나타나 여전히 노인돌봄을 개인의 책임으로 생각하거나 여성이 돌봄에 전임을 해야 한다는 가부장적인 영향이 남아 있는 것으로 해석된다.

생산가능인구의 감소 및 노인인구 증가로 인한 한국의 부양부담은 OECD 국가 가운데 가장 빠른 속도로 증가할 것으로 전망되는데, 향후 경제성장의 결과를 분배하고 재분배하면서 경쟁과 갈등을 심화시킬 요인으로 작용할 가능성이 매우 크다.

급속한 고령화는 정치 · 경제 · 사회 전 분야에서 노인의 욕구표출을 가속화할 것이며, 이른바 '고령시민파워(senior citizen)' 또는 '회색파워(gray power)'를 출현시킬 것으로 예상된다. 일반적으로 노인의 투표참가도가 높은데다가 전체 유권자 중 고령자의 비율이 높아짐으로써 노인이 사회 전반에 많은 영향력을 행사할 것으로 보이기 때문이다. 이제 고령화의 진전은 단순한 세대차(generation gap)를 넘어서 실질적인 정치적 역량을 바탕으로 혜택을 더 받으려고 하는 노인과 그 부양의무를 져야 하는 생산연령층 간에 갈등을 고조시킬 가능성이 높다고 하겠다.

(2) 보건 · 복지적 측면

① 노인의료비 및 요양서비스 수요 증대

2019년 65세 이상 고령자의 사망원인은 암(750.5명), 심장질환(335.7명), 폐렴(283.1명), 뇌혈관질환(232.0명), 당뇨병(87.1명) 순으로 나타났으며 2018년 65세 이상 고령자의 건강보험상 1인당 진료비는 448만 7천 원, 본인부담 의료비는 104만 6천 원으로 각각 전년보다 32만 5천 원, 3만 1천 원 증가하였다.

2020년 건강보험공단에서 제출받은 국감자료에 의하면 우리나라 노인 1인당 연간 진료비는 324만 원으로 전체 1인당 연간 진료비 108만 원보다 3배 많다. 이미 노인진료비의 비중이 압도적인 상황에서 전문가들은 2026년 노인인구가 1100만 명으로 증가할 것으로 초고령사회에 진입할 것이라 예측하고 있다. 노인의료비의 증가는 지속가능한 건강보험 제도의 유지를 위해서라도 관리되어야 한다. 그렇다면 노인의료비는 어떻게 줄일 수 있을까. 전문가들은 노화로 인해 발생하는 질환은 인간의 힘으로 해결하는 데 한계가 있기에 '노인영양' 문제에 주목할 필요가 있다고 지적한다. 노인의료비 절감 측면에서 노인의 영양관리가 얼마나 중요한 문제인지 점검할 필요가 있다. 2020년 기준 우리나라 노인 1인당 연간 진료비는 324만 원으로 전체 1인당 연간 진료비 108만 원보다 3배 많은 것으로 나타났다.

만성질환을 보유하고 있는 노인과 노인성질환인 치매, 뇌혈관질환 등 장기요양서비스가 필요한 노인이 급격히 증가하면서 노인의료비의 증가는 생애의료비의 절반 넘는 비용이 65세 이후에 사용되고 있어, 노인인구수의 증가, 수진율 증가, 1인당 의료비 증가 등 제 요인이 복합적으로 작용하고 있다. 급속한 고령화로 2014년 기준 65세 이상 노인의 약 90%가 만성질환을 보유하고 있고, 기대수명과 건강수명의 격차가 커지면서 15년 이상 유병기간이 길어지고, 노인 1인당 연간 진료비가 빠르게 상승하고 있어 건강보험 재정 안정화에도 위협 받고 있다.

또한 2019년 65세 이상 고령자의 사망원인은 악성신생물(암)(750.5명), 심장질환(335.7명), 폐렴(283.1명), 뇌혈관질환(232.0명), 당뇨병(87.1명) 순으로 나타났으며 악성신생물(암), 뇌혈관질환 및 당뇨병에 의한 사망은 꾸준히 감소 추세이나, 폐렴에 의한 사망이 '00년 이후 3.0배 수준으로 증가하였다. 고령자의 사망률은 전체인구 사망률과 비교하여 악성신생물(암) 4.7배, 심장질환 5.6배, 폐렴 6.3배, 뇌혈관질환 5.5배, 당뇨병이 5.5배 수준이다.

노인장기요양시설은 2019년 장기요양시설 수는 7만 9,382개소로 매년 증가하는 추세이다. 2029년 대비 시설별 증감사항을 보면, 재가노인 복지시설은 가장 큰 폭으로 증가(1,327개소)한 반면, 노인주거 복지시설은 유일하게 감소(8개소)하는 것으로 나타나고 있다.

특히 기초지방자치단체 중 140여 곳은 아예 단기보호시설을 갖추고 있지 않아, 돌봄이 필요한 노인에게는 단기 시설 이용이 꼭 필요하지만 이용할 곳이 부족하고, 지방으로 갈수록 요양보호사 인력도 적어 재가서비스 이용 대기시간도 길어지고 있다. 노인장기요양기관은 전국적으로 증가하고 있으나 요양시설의 지역 간 수급불균형 문제는 심화되고 있다. 입소시설은 대도시지역 중심으로 부족현상이 나타나고, 재가시설의 경우 농어촌지역은 부족하지만, 도시지역은 지나치게 난립하고 있어 지역적 균형을 갖춘 시설인프라 구축과 공공시설의 확충방안이 요구된다.

표 1-10 1인당 본인부담 의료비

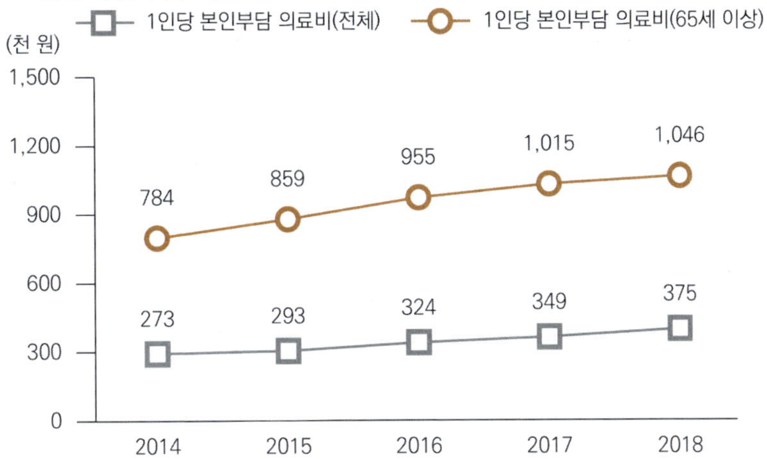

자료: 국민건강보험공단 · 건강보험심사평가원, 「건강보험통계」.

표 1-11 진료비 중 본인부담금 비중

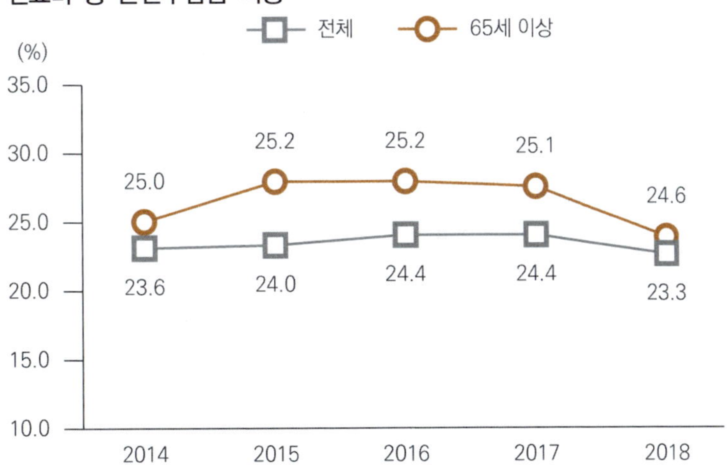

자료: 국민건강보험공단 · 건강보험심사평가원, 「건강보험통계」.

표 1-12 노인 복지시설 수 (단위: 개소)

구분		2013	2014	2015	2016	2017	2018	2019
총계		72,860	73,774	75,029	75,708	76,371	77,395	79,382
노인주거복지시설	소계	435	443	427	425	404	390	382
	양로시설	285	272	265	265	252	238	232
	노인공동생활가정	125	142	131	128	119	117	115
	노인복지주택	25	29	31	32	33	35	35
노인의료복지시설	소계	4,585	4,841	5,063	5,163	5,242	5,287	5,529
	노인요양시설	2,497	2,707	2,933	3,136	3,261	3,390	3,595
	노인요양공동생활가정	2,088	2,134	2,130	2,027	1,981	1,897	1,934
노인여가복지시설	소계	64,983	65,665	66,292	66,787	67,324	68,013	68,413
	노인복지관	319	344	347	350	364	385	391
	경로당	63,251	63,960	64,568	65,044	65,604	66,286	66,737
	노인교실	1,413	1,361	1,377	1,393	1,356	1,342	1,285
재가노인복지시설[1]	소계	2,832	2,797	3,089	3,168	3,216	3,494	4,821
	방문요양서비스	1,042	992	1,021	1,009	1,001	1,051	1,513
	주야간보호서비스	848	913	1,007	1,086	1,174	1,312	1,816
	단기보호서비스	110	96	112	95	80	73	78
	방문목욕서비스	603	588	617	588	609	650	942
	방문간호서비스[2]	-	-	-	-	10	21	60
	재가노인지원서비스	229	208	332	390	342	387	412
노인보호전문기관		25	28	29	29	32	33	34
노인일자리지원기관[3]		-	0	129	136	153	160	184
학대피해노인쉼터[4]		-	-	-	-	-	18	19

자료: 보건복지부, 「노인복지시설 현황」.

주: 1) 두 가지 이상의 서비스를 병행하는 시설은 각 서비스마다 1개소로 집계함
2) 노인복지법 개정으로 신설('16.7.1.)
3) 노인복지법 개정으로 신설('13.12.15.)
4) 노인복지법 개정으로 신설('19.2.7.)

② 요보호노인케어를 위한 사회비용 증가

평균수명의 연장에 따라 가족주기가 변화하여 고령자의 독립생활기간이 증대하고, 노인부부끼리 생활하는 기간과 배우자 사별 후 여성 노인이 혼자 생활하는 기간이 길어지며, 이에 따라 요보호노인에 대한 수발서비스를 제공하

기 위한 사회비용이 크게 늘어날 전망이다.

국민건강보험공단이 발표한 '2019년 노인장기요양보험 통계연보'에 의하면, 장기요양인정 신청자는 1,113,093명으로 장기요양 1등급은 44,504명, 2등급은 86,678명, 3등급은 226,182명, 4등급은 325,901명, 5등급은 73,244명, 인지지원 등급은 15,647명으로 나타나고 있다.

표 1-13 가구주 연령대별 가구 순자산(2019)

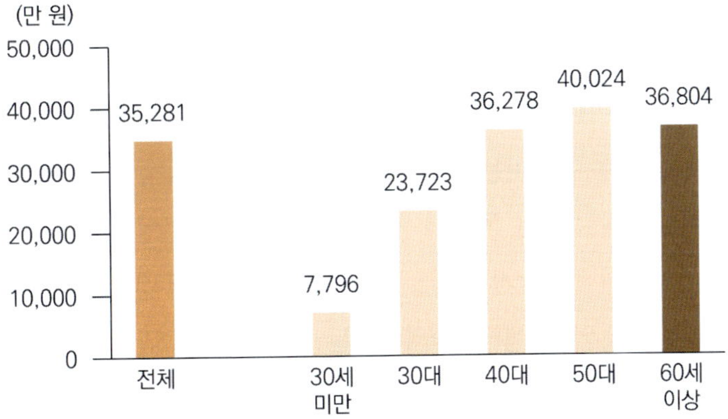

자료: 통계청 · 한국은행 · 금융감독원, 「가계금융복지조사」.

표 1-14 가구주 연령대별 가구 자산 구성비(2019)

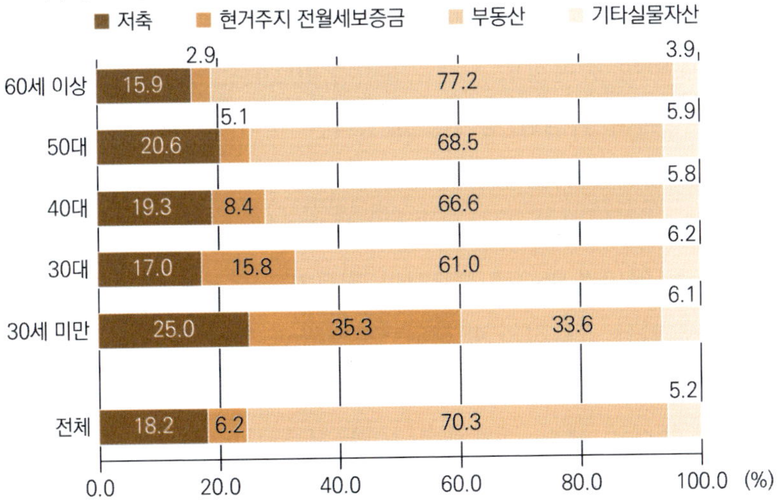

자료: 통계청 · 한국은행 · 금융감독원, 「가계금융복지조사」.

③ 자녀양육 및 노인부담의 책임문제 대두

통계청에 따르면 미래세대가 짊어져야 할 다양한 경제적 부담 중 대표적인 것이 바로 '총부담비'이다. 총부담비[4]란 "유소년부양비"와 "노년부양비" 합친 것인데, 간단하게 말해 100명의 생산연령인구(15~64세)가 부양해야 할 유소년(0~14세)과 고령인구(65세 이상)의 수를 뜻하는 것이다. 조금 더 간단하고 직관적으로 살펴보기 위해 2020년을 기준으로 통계를 살펴보겠다. 통계에 의하면 2020년의 총부양비는 38.6이다. 이는 생산연령인구 100명이 유소년과 노인인구 38.6명을 부양하고 있다는 뜻이다. 사회생활을 하는 2.6명의 성인이 낸 세금으로 1명의 어린이나 노인을 부양하고 있는 실정이다.

이 같은 한국의 총부양비는 OECD국가 중에서도 가장 낮고 좋은 수준입니다. 고령화사회의 대표적인 국가로 불리는 일본의 총부양비는 이미 64 이상이고, 프랑스와 스웨덴 등 살기 좋은 곳으로 손꼽히는 유럽 국가들도 이미 60을 넘긴 상태이다. 아래의 표에서 볼 수 있는 것처럼, 2015년 기준, 비교 대상 국가 35개국 중 총부양비가 40이 넘지 않는 나라는 한국이 유일하다.

문제는 한국의 고령화가 지나치게 빠르게 진행되고 있는 반면 출산율은 저조하다는 데 있다. 2067년, 총부양비는 120.2명으로 상승한다는 예측이 있으며, 이는 생산연령인구 1명이 1명 이상 인구를 위해 세금을 내야 한다는 것을 의미한다. 총부양비 중에서도 노년부양비가 102.4로 노령인구의 급격한 증가로 인해 총부양비의 극심한 증가가 발생하는 것이다. 이러한 증가는 한국을 OECD국가 중 총부양비가 가장 낮았던 국가에서 2067년에는 가장 높은 국가로 만들게 된다. 고령화사회라는 말을 이미 오래전부터 들었던 일본조차도 2067년에는 총부양비가 96.2로 한국보다 월등히 낮은 수준을 유지하게 되었다.

2019년 65세 이상 고령자의 48.6%는 본인의 노후 준비를 하고 있거나 준비가 되어 있으며, 그 비중은 남자(60.9%)가 여자(39.3%)보다 높다. 노후를 준비하는 고령자의 비중은 계속 증가하여 10년 전보다 9.6%p 늘어나고 있다. 주요 노후 준비 방법은 국민연금이 31.1%로 가장 높은 비중을 차지하고 있으며, 그다음은 예금 · 적금 · 저축성보험(27.9%), 부동산 운용(14.6%), 기타 공적연금

4) 총부담비 = 유소년부양비 + 노년부양비

(13.0%), 사적연금(8.1%), 퇴직급여(4.7%) 순으로 높게 나타났다.

표 1-15 고령자(65세 이상) 노후 준비율

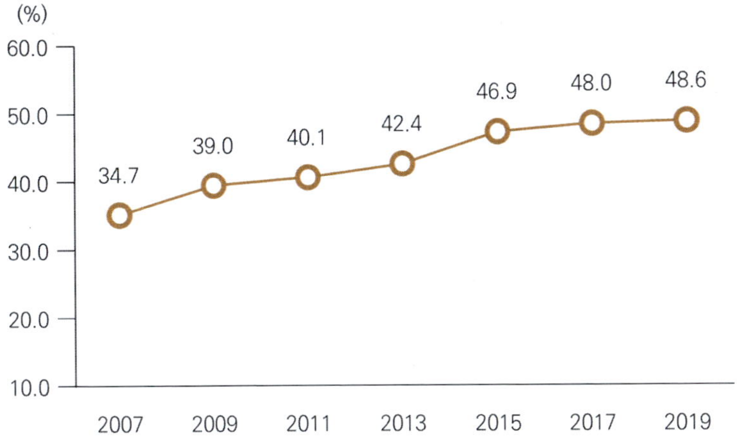

자료: 통계청, 「사회조사」.

표 1-16 고령자(65세 이상)의 노후 준비 방법(주된 응답, 2019)

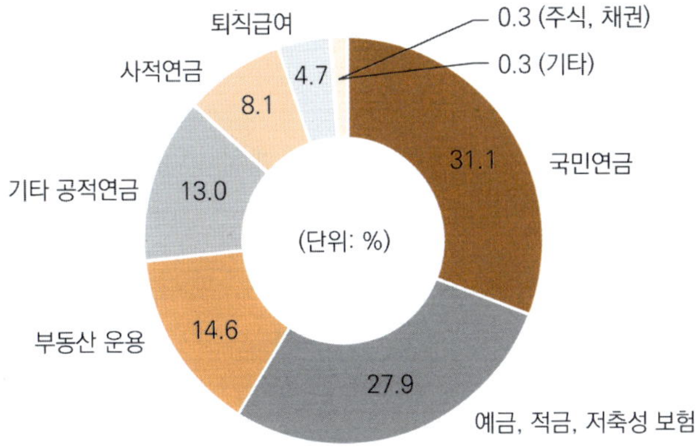

자료: 통계청, 「사회조사」.

표 1-17 OECD 주요 국가 은퇴연령층의 상대적 빈곤율(중위소득 50% 이하, 2017)

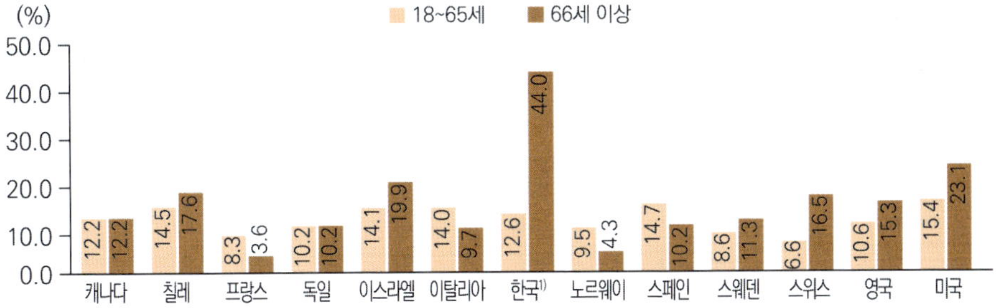

자료: OECD, 「Social and Welfare Statistics」(2020.8.19. 기준).

주: 1) OECD Stat의 한국 자료는 잠정치로, 가계금융복지조사 공표 자료로 대체

(3) 경제 · 산업적 측면

① 경제성장의 둔화

노동공급의 감소, 노동생산성 저하, 고령인구 증가에 따른 저축률 하락, 소비위축, 투자 감소, 재정수지의 악화 등을 초래할 것으로 예상한 바 있다. 저출산 · 인구고령화 자체가 경제성장을 둔화시키기보다는 연금 · 의료보험제도, 복지서비스 및 노동시장 구조 등 기존의 제도가 저출산 · 고령화 시대에 따라가지 못함으로써 경제성장이 저해되는 측면이 더 클 것이라는 견해도 제시된 바 있다. 저출산 · 고령화가 경제성장에 미치는 효과는 제도개선 노력 및 정책의지에 따라 달라질 수 있다. 이와 같이 고령화 진전으로 노인빈곤 및 소회, 노동력 부족, 의료비 및 연금재정 고갈 등 각종 사회 · 경제적 문제가 파생되는데, 이러한 문제를 완화하기 위한 방안 마련이 고령사회의 '최대 이슈'이다.

② 노동시장의 변화

노동력 규모의 감소와 구성의 고령화를 초래하여 노동력의 양적 · 질적 변화를 유발할 것이다. 고령자 노동공급은 증가하고 청년인구는 감소되어 환경변화에 대한 적응력 및 경제의 활력이 저하된다. 따라서 산업인력의 고령화는 생산성의 획기적 향상이 이루어지지 않는 한 우리 경제성장 주력산업의 고령화를 초래하여 성장잠재력을 저하시키고, 특히 과학 · 공학 분야의 고령화는 젊은 층의 이공계 대학기피 현상과 맞물려 첨단기술 인력분야에 있어서도 공백상태가 우려된다.

노동력 부족문제를 해결하기 위해서는 여성 및 고령자 고용확대의 필요성이 더욱 중요하게 대두될 전망이다. 이미 '남성 - 일(직장), 여성 - 가정'이라는 전통적 성역할의 분리는 퇴색된 지 오래이며, 여성의 경제활동참여가 늘어나면서 일과 가정에서의 양성평등욕구가 증대되고 있다.

③ 재정·금융 및 산업구조의 변화

국민연금수급률(수급자/가입자)이 급증하고 현행 저부담·고급여 체제가 유지된다면 2047년에는 기금이 완전히 소진되는 등 연금재정이 불안정하여 심각한 연금재정위기에 직면할 우려가 제기되고 있다. 고령화가 진전되면 경제활동인구가 감소하기 때문에 보험료를 내는 수가 감소되고, 평균수명연장에 따라 수급자의 증가가 초래되어 연금재정의 지출은 증가할 것으로 전망된다.

군인·공무원 및 사립학교교직원 등 공적 연금의 적자 규모가 기하급수적으로 늘어나 국가재정에 과중한 부담을 지울 전망이다. 세대 간의 공평한 부담을 위해 보험료 및 급여수준의 조정 등 구조개편이 시급하게 이루어져야 한다는 의견이 제시되고 있다. 인구고령화로 인해 국가의 재정수지는 장기적으로 악화될 것이다. 저출산에 따른 근로인구의 감소는 조세수입 및 사회보장기여금 등의 수입을 지속적으로 감소시키는 반면, 노인인구의 증가는 연금수급자의 증가 및 노인의료, 복지비용 등 재정지출 급증으로 이어져 재정수지에 악영향을 미칠 것이기 때문이다.

공공부문과 민간부문의 역할을 분담함으로써 저소득층 노인은 공공부문에서 사회안전망에 의한 기초욕구를 충족하고 경제력이 있는 중산층 노인은 고령친화산업 등을 통해 다양화, 개인화된 부가적 욕구를 충족하여야 한다. 고령친화산업은 노인 및 노후준비계층의 생활안정·편의 및 건강유지 등에 필요한 서비스를 시장원리에 따라 공급하는 산업을 말한다. 가족부양기능의 약화, 경제력 있는 노인 소비자의 증가, 고령화에 따른 의료수요의 증가, 노인생활욕구의 다양화 등에 따라 고령친화산업의 필요성이 부각되고 있다.

(4) 노인 개인적 측면

노인문제는 일반적으로 빈곤, 질병, 고독, 무위의 4고(苦)로 나뉜다. 즉, 노년기는 노인이 조기정년을 맞아 퇴직하거나, 노후소득보장제도 및 일거리 마련의 미비 등으로 소득원이 상실되어 은퇴 후 빈곤문제가 야기되고 있으며, 신체적 약화나 노화로 질병이나 건강상의 문제가 발생하고 있다. 그리고 핵가족화 및 대화의 부족, 가족결속력 감소 등으로 인해 고독과 소외감의 문제 등이 생겨나고 있으며, 아울러 가정과 직장에서의 역할상실로 인해 할 일이 없는 무위의 문제가 대두되고 있는 것이다. 이런 노인의 문제는 한 가지씩 따로 오는 것이 아니라 두 가지 이상이 겹쳐서 진행되므로 노인의 고통은 더욱 가중되고 있다고 볼 수 있다. 현재, 우리 사회는 과거의 어느 시기보다 노인을 위한 자리를 마련하지 못하고 있다. 또한 노인인구의 증가는 노인문제에 대한 보다 질적인 접근과 다각적 측면에서 노인문제에 대한 이해를 필요로 하고 있다.

① 수입 감소, ② 긴 여가시간, ③ 역할 상실, ④ 건강악화와 보호, ⑤ 부양 및 보호, ⑥ 사회적 · 심리적 고립과 소외감 등이다.

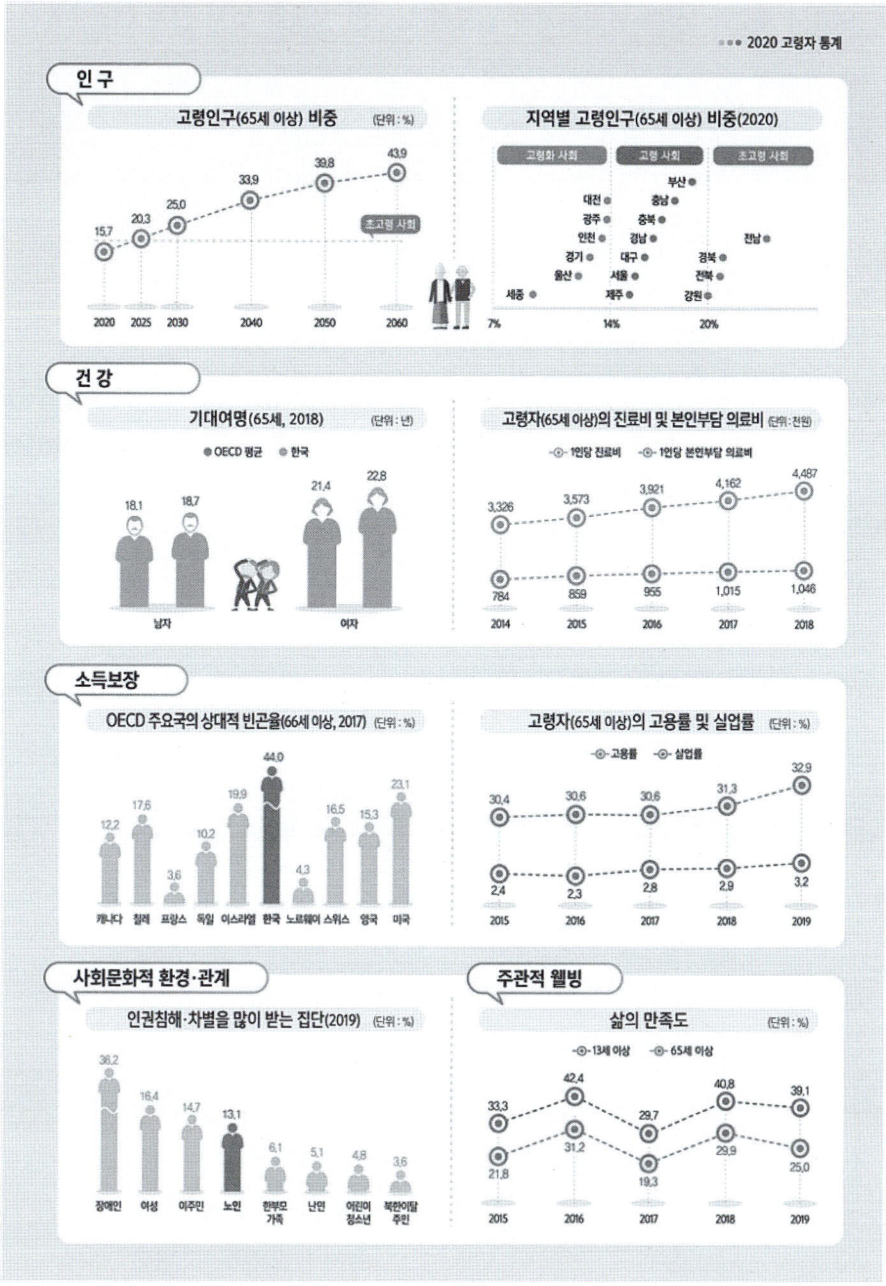

자료: 고령자 통계, 통계청, 2020.

그림 1-1 고령자 통계(인구, 건강, 소득보장, 사회문화적 환경, 주관적 웰빙)

학습다지기

1. 1951년 제2회 국제노년학회에서 발표한 노인의 정의로 맞지 않는 내용은?(　　)

① 환경의 변화에 적절히 적응할 수 있는 조직기능이 감퇴되고 있는 사람
② 생체의 자체 통합능력이 감퇴되고 있는 사람
③ 인체의 기관, 조직, 기능에 쇠퇴현상이 일어나지 않는 시기에 있는 사람
④ 생체의 적응이 제대로 되지 않는 사람

2. 다음은 노인문제의 발생 원인을 설명하고 있다. 맞는 것은?(　　)

> 전통적으로 노인들의 신체적 · 심리적 · 정서적 안정의 주요 역할을 수행해 왔던 가족구조의 변화로 인해 사회변화에 대한 적응력이 하락하고, 경제적 · 신체적 · 심리적 · 정서적 문제 등이 상호복합적으로 중첩되어 나타나기도 한다.

① 노인의 가족구조와 거주형태 변화
② 노후 생활환경의 변화
③ 지식정보화사회의 생활환경 변화
④ 노인 간호 인력의 부족

3. 보건 · 복지적 측면에서 노인문제 발생의 원인으로 볼 수 없는 것은?(　　)

① 노인의료비 및 요양서비스 수요 증대
② 요보호노인케어를 위한 사회비용 증가
③ 자녀양육 및 노인부담의 책임문제 대두
④ 노인 간호 인력의 부족

4. 노인 개인적 측면에서의 노인문제 발생 원인이 아닌 것은?(　　)

① 역할 증대　　② 건강악화와 보호
③ 부양 및 보호　　④ 사회적 · 심리적 고립과 소외

5. 사회제도적 측면의 노인문제 발생원인 중 지식정보화사회의 생활환경 변화를 설명하시오.

ANSWER ① 3 ② 2 ③ 4 ④ 1 ⑤ p22

CHAPTER 02 노화와 노화이론

1 노인의 정의

Birren에 의해 제안된 노화이론으로 젊은 시절에는 생존과 성장을 위해 도움이 되었던 특징이 노년기에 이르면 오히려 역작용을 일으켜 부정적으로 작용하므로 노화 및 퇴화가 나타나는 것이다. 예를 들면, 성인기의 신경세포가 새로 만들어지지 않고 그대로 유지되는 경향은 정보의 기억과 파지, 학습능력 증진 등에 필수적인 것으로 성인기의 생존에 커다란 도움이 된다. 그러나 노년기에 와서는 세포의 신진대사 및 교체가 제대로 이루어지지 않는다는 사실 자체가 역작용을 하게 됨으로써 세포의 소멸을 가져오게 된다.

다양한 노화이론에 대하여 다음과 같이 설명할 수 있다.

2 생물학적 노화이론

생물학적 노화는 신체적 노화에 중점을 두는 것으로, 노화가 자연적이고 본래적인 현상임을 강조한다. 생물학적 노화는 생물적 퇴화과정이 생물적 재생산과정을 능가하여 유기체 내에 퇴행적 변화가 나타나는 현상이다. 즉, 시간이 지남에 따라 또는 나이가 들어감에 따라 신체구조 및 신체 내부의 세포, 조직, 장기 등 유기체 전반에 걸쳐 일어나는 퇴행적 발달현상을 의미한다(Atchley,

2003). 이러한 생물적 노화는 신체적 노화와 생리적 노화라고 하는 두 가지 하위 영역을 포함하고 있다. 신체적 노화는 신체구조와 기능의 쇠퇴로 인한 활력의 상실과 질병에 대한 저항력을 상실하는 노화를 의미하며, 생리적 노화는 유기체의 기관, 조직체, 세포, 생체 통제기제 등에서의 쇠퇴와 기능 저하를 의미한다.

생물학적 노화는 외적 요인에 의해 촉진되기도 하지만 유전적 요인, 세포기능의 저하, 면역체계의 문제, 생체기능에 대한 통제력 저하, 신경계의 기능 저하 등과 같은 내적 요인에 의해 주로 유발된다(Atchley, 2003). 그리고 생물학적 노화의 과정은 모든 사람에게 보편적으로 일어나지만 노화의 정도나 속도는 개인별로 차이가 있으며, 가용 신체 에너지의 감소, 신장 등의 신체 구조적 변화, 순환기계 등의 내부장기의 기능 저하, 신체 에너지의 감소, 신장 등의 신체 구조적 변화, 순환기계 등의 내부 장기의 기능 저하, 신체적 이동능력이나 일상생활능력의 약화 등과 같이 신체에 부정적 영향을 미친다. 또한 질병에 대한 저항능력의 저하를 초래하여 궁극적으로는 생명 종식에 이르게 한다.

Rowe와 Kahn(1998)은 생물학적 노화의 수준을 최적의 노화(optimal aging), 통상적 노화(usual aging) 그리고 병리적 노화(pathological aging)로 구분하고 있다. 최적의 노화는 타고난 긍정적 유전발달 프로그램에 긍정적 환경요인이 작용하여 질병이나 장애상태에 이를 가능성이 매우 낮고 신체적 기능 저하도 거의 없는 최소한의 노화를 의미한다. 통상적 노화는 긍정적 또는 중성적 유전요인과 부정적 환경요인이 상호작용하여 만성질환과 기능 제한을 초래하지만 질병이나 기능 제한의 정도가 심하지 않은 상태를 유지하는 노화를 의미한다. 병리적 노화는 부정적 유전요인과 부정적 환경요인이 작용하여 심각한 수준의 만성질환과 장애를 초래하는 노화를 의미한다. 생물학적 노화와 관련된 이론은 매우 다양한데, 주요이론을 살펴보면, 다음과 같다.

1) 자연발생적 관점

(1) 마모이론

기계를 장기간 사용하게 되면 마모현상에 의해 노후되는 것처럼, 주요 세포와 조직이 오래되고 닳아 없어짐으로써 신체기관에 기능의 노화가 발생한다는 이론이다.

(2) 유전자조절이론

유전조절이론은 우리의 DNA 내에서 이미 노화와 관련되어 유전적으로 입력되어 있다는 이론이다. 우리는 독특한 유전적 암호를 가지고 태어나기 때문에 어떤 형태의 신체적 · 정신적 기능을 나타내도록 이미 정해져 있으며, 우리가 얼마나 빨리 늙을 것인지, 그리고 얼마나 오래 살 것인지 하는 것이 태생학적 유전자의 영향으로 이미 결정되어 있다는 이론이다. 이 이론에 의하면, 사람 개개인은 스스로 파괴되는 기계로서 세상 속에 들어와 있는 것이라고 할 수 있다.

(3) DNA 과다이론

DNA의 유전적 배열상의 과다로 유전적 오류가 발생하고 이로 이해 노화가 진행된다는 이론이다.

2) 신체조직적 관점

(1) 면역이론

① 면역반응이론: 항체의 이물질에 대한 식별능력이 저하되어, 이물질을 모두 파괴하지 못함으로써 노화가 진행된다는 이론이다.

② 자동면역이론: 체내 면역체가 항체를 만들 때 정상세포까지 파괴하는 자동면역항체를 만들고, 이것의 증가로 정상세포가 파괴되어 노화가 진행된다는 이론이다.

(2) 노폐물축적이론

세포 속에서 해로운 물질과 제거될 수 없는 폐기물이 생성, 축적되어 세포의 정상적 기능을 방해하여 노화가 진행된다는 이론이다.

(3) 교차연결이론

세포 내·외부에서 두 개의 큰 분자가 서로 상대에 부착되어 이 분자들이 서로 움직이지 못하게 한다는 이론이다. 예를 들어, 혈당은 세포 사이의 단백질을 끈적끈적하게 결합함으로써 화학적 반응을 일으키고 조직은 탄력성을 상실하여 노화가 진행된다.

3 심리적 노화이론

노화를 생물학적 측면에서 보면 '인생의 1/4은 성장하면서 보내고 나머지 3/4은 늙어 가는 데 보낸다.'고 할 수 있다. 하지만 심리사회적 측면에서 보면 '인생의 1/4은 성장하는 기간이고 2/4는 일을 하는 기간이며, 1/4은 늙어 가면서 보내는 기간'이라 할 수 있다(최순남, 1999). 이 표현에 따르면 인생의 마지막 1/4 기간 동안 이루어지는 심리적 노화는 주로 퇴행적 발달의 의미가 강하다. 하지만 심리적 노화는 감각기능, 인지기능, 정서 및 정신기능, 성격 등의 심리내적 측면과 심리외적 측면의 상호작용에서의 퇴행, 유지 및 성숙을 동시에 내포하는 심리적 조절과정이다.

심리적 노화에 관한 이론은 발달과업이론, 행동유전이론, 노년초월이론 등 매우 다양한데, 주요이론을 살펴보면 다음과 같다.

1) Erikson의 심리사회적 발달이론

전 생애에 걸친 점성적 성격발달이론으로, 노년기의 발달단계를 '자아통합 대 절망'이라고 명명한다. 자아통합은 과거 및 현재의 인생을 바라던 대로 살았다고 받아들이고 만족스럽고, 의미 있게 생각하며, 절망은 과거 및 현재의 인생을 후회하고 불만스럽게 생각하고, 다시 한 번 기회가 주어진다면 다르게 살겠다고 생각하며, 죽음 앞에 암은 시간이 너무 짧아 어떻게 할 수 없기 때문에 불안 · 초조해하는 것이다.

2) Havighurst의 발달과업이론

6단계의 인간발달단계를 제시하면서, 노년기 발달과업을 ① 쇠퇴하는 기력과 건강에 대한 적응, ② 퇴직과 소득 감소에 대한 적응, ③ 배우자의 죽음에 대한 적응, ④ 동년배집단과의 유대관계 강화, ⑤ 사회적 역할의 융통성 있는 수행과 적응, ⑥ 노후생활에 적합한 생활환경의 조성으로 규정하고 있다.

3) Peck의 발달과업이론

Erikson의 7~8단계를 통합하여 7단계의 인간발달이론을 제시하면서 중년기 이후의 발달과업을 ① 자아분화 대 직업역할 몰두, ② 신체초월 대 신체몰두, ③ 자아초월 대 자아몰두로 규정하고 있다.

4) McClearn의 행동유전이론

유전요인이 노화에 미치는 영향에 관심을 두고 있으며, 시간의 흐름에 따라 유전요인과 환경요인의 영향력이 달라지게 되고, 그로 인해 행동상의 차이를 유발하며, 유전요인은 환경요인보다 행동에 지속적인 영향을 미치지만, 환경요인 역시 행동상의 차이를 유발하는 중요한 요인이 된다.

5) Tornstam의 노년초월이론

노년기로의 진입과 함께 물질적이고 현실적인 관점에서 초월적이고 인류적인 관점으로 변화하며, 자연스럽게 삶의 만족도가 증진되고, 노년기가 되면 시간, 장소, 대상에 대한 관점이 변하고 과거 및 미래 세대와의 친밀성이 증가하며, 삶에 대한 지각이 변화하고 죽음에 대한 공포가 사라지며, 숨겨져 있던 자아의 특징을 발견하고 자아중심성이 줄어들며, 이타성을 회복하고 자아통합 상태에 도달한다.

④ 사회적 노화이론

사회적 노화는 사회생활주기를 통하여 일어나는 규범, 기대, 사회적 지위 및 역할의 변화에 대한 반응이다. 노화의 사회적 측면을 이해하기 위해서는 노년기로의 전환과 함께 이루어지는 개인수준에서의 사회적 상황 변화뿐 아니라 사회가 노화과정이나 노인에게 미치는 영향, 노인인구로 인해 야기되는 사회적 변화의 측면들이 포함되어야 한다. 그러나 이러한 사회적 노화는 매우 광범위한 영역을 가지고 있으므로 주로 노년기로의 전환과 함께 나타나는 노인 개인수준의 사회적 상황 변화로 사회적 노화의 영역을 제한하는 것이 일반적이다. 사회적 노화에 관한 이론은 매우 다양한데, 주요 이론을 살펴보면 다음과 같다.

1) 사회유리이론

사회가 노화된 개인을 사회에서 밀어내고, 개인도 사회에서 나가고 싶어 하게 되어 사회구성원인 다른 사람과 노인의 상호작용이 줄어들게 된다는 것이 주된 내용이다. 이 과정은 개인 자신 혹은 다른 사람에 의해 시작될 수 있다.

2) 활동이론

사회학자들은 노년기의 역할변화에 의해 생기는 자아개념의 긴장해소를 가장 중요한 성취과업으로 보았다. 그들은 두 가지 개념을 구분하여 보았는데, 미국사회에서 노화가 갖는 의미의 사회적·구조적 측면과 외적 행동과 심리적 요소가 역할변화와 관련되어 개인에게 요구하는 적응의 문제이다. 그러므로 활동이론에서는 노후의 생활만족은 개인이 적절한 사회활동을 유지할 때 일어난다고 주장한다. 활동이 적은 노인은 일상생활의 요구에 성공적으로 대처하는 데 어려움이 생긴다.

3) 지속성 이론

지속이론은 개인이 성인이 되면서 평생 동안 구성하게 되는 특수한 습관, 성향, 개인적 흥미, 목적, 소속감 등이 개인의 성격의 일부분이 된다는 견해이다. 지속이론에 의하면 개인은 나이가 들면 과거의 경험에서 적응에 성공적으로 이용했던 방법을 이용하게 된다고 한다. 그러므로 노인의 성격은 나이가 들면서 변화되지 않으며, 변화가 있다면 오래된 방법과 새로운 요구 간의 갈등으로 오래된 방법을 억제할 때 나타난다.

4) 사회교환이론

개인이 나이가 들면 사회적 상호작용이 감소한다. 이 가설은 활동이론과 사회유리이론에 의해 지지될 수 있다. 사회적 상호작용은 서로 만족시킬 수 있는 사람 간에 일어난다. 노인의 사회적 상호작용의 감소는 사회적 상호 교환관계에서 힘의 감소에 의한 결과이다. 교환자원이 점차 약화되고, 지식의 낙후성, 가족과의 유대관계가 감소됨으로써, 열등한 지위에 처하게 되어 사회적 상호작용에서 소외된다.

5) 연령계층화이론

사회가 경제 계급에 의해 계층화되는 것과 마찬가지로, 청년, 중년, 노년으로 연령에 따라 계층화하여, 노화에 따른 권력의 약화, 사회 배분구조에서의 소외로 인하여 노인은 세대 간 차이를 느끼고 낮은 서열로 밀려나게 됨으로써 문제를 경험하게 된다.

6) 현대화이론

전통사회에서는 노인들은 전통적인 지식을 수단으로 높은 지위에 있었으나 산업화된 사회에서는 노인들은 낮은 지위에 속하게 된다는 것이다. 왜냐하면 보건의료기술이 발전하고, 생산기술이 발전하며, 도시화와 교육의 대중화가 이루어지면 그 현대화의 요인들이 노인의 지위를 하락시킨다는 것이다(Cowgill, 1974).

7) 사회와해이론

노인은 부적절한 행동에 대해 사회적 비판을 받게 되면 의존적 존재가 되고, 장점과 능력을 인정받으면 자율적 존재가 되는데, 일반적으로 사회가 노인을 부정적으로 인식함에 따라 노년기의 사회관계와 사회참여가 위축된다. 사회가 노인에게 은퇴를 강요하게 되면 노인은 자신감 상실과 정서적 불안 등으로 부적절한 행동을 하고 의존적 존재가 되어 문제를 경험하게 된다.

8) 낙인이론

사회가 노인을 비생산적이고 쓸모없는 존재로 규정하면, 노인은 이러한 사회적 규범과 낙인에 맞추어 행동하려는 경향이 있다.

9) 하위문화이론

사회의 차별, 노인 간의 신념과 관심사의 유사성 등으로 노인은 집단 특유의 규범과 가치를 창조해 냄으로써 집단정체감과 하위문화를 형성하고, 노인의 하위문화가 다른 세대와의 갈등, 분화를 통하여 집단 내 결속력을 높이고 더 많은 권력을 얻지 못하는 결과를 가져온다.

10) 스트레스이론

노인은 배우자 상실, 퇴직 등으로 인하여 스트레스를 경험하게 되지만 이에 대처할 수 있는 자원이 부족하여 스트레스로 인한 부정적 영향을 받을 가능성이 높아진다. 동일한 스트레스라고 하더라도 노인의 스트레스에 대한 지각과 대처자원, 사회적 지지수준에 따라 스트레스의 결과는 달라진다.

5 성공적 노화

노화는 1951년 제2차 국제노년학회에서 인간의 고령화 과정에서 나타나는 생물적 · 심리적 · 육체적 · 정서적 · 환경 및 행동의 변화가 상호작용 되는 복합형태의 과정으로 언급되었으며, 생물학적 측면에서는 신체적으로 퇴화하고 심리적인 측면에서는 정신기능과 성격이 변화하며 사회적인 측면에서는 사회적 역할과 지위가 상실되어 가는 과정으로 '시간의 흐름에 따라서 유기체의 세포조직, 기관조직, 또는 유기체 전체에 일어나는 점진적인 변화'라고 정의하였다(장인협 · 최성재, 1988).

1980년대 중반까지의 노년학 연구에서는 노화의 부정적 측면, 즉 생물학적 노쇠, 심리적 무기력, 질병과 장애, 사회적 의존성 등에 고집스럽게 집착하였다. 하지만 노인인구 증가와 함께 건강하고 경제적으로 여유가 있으면서 지적수준이 높고 사회활동에 활발하게 참여하는 노인인구가 증가함에 따라 노화의 긍정적인 측면, 즉 성공적 노화(successful aging)에 관심을 기울이게 되었다. 성공적 노화란 건강상의 쇠퇴에도 불구하고 심리사회적 건강과 삶의 만족이 높은 수준이며(Wong, 1989), 이는 1986년 미국 노년사회학회의 'successful aging'이 주제로 소개되면서 우리나라에서는 성공적 노화나 성공적 노후로 변역하여 사용하고 있으며, 노인들을 부정적으로 보아 온 기존의 개념들에 대하여 대립되는 개념으로 볼 수 있다.

최근 연구는 성공적인 노화를 포함한 노화는 건강한 과정으로 여겨지고, 영양과 활동수준 같이 개선이 가능한 요인들에 따라 달라지는 것으로 본다. Kalish(1976)는 성공적 노화를 네 가지로 정의하였다. **첫째,** 노인집단에서 사회적으로 바람직하다고 생각되는 것, **둘째,** 중년기의 활동을 유지할 수 있는 방법, **셋째,** 자신의 현재 지위와 활동에 대한 만족감, **넷째,** 자신의 인생에 대한 행복감과 만족도 등이다. 박경희(2006)는 성공적 노후를 신체상의 질병 없이 기능을 유지하면서 가족지지 체계 내에서 사회적 · 심리적으로 적응하여 자신의 삶을 만족스럽고 행복하다고 느끼며 능동적 · 적극적으로 노후생활을 보내는 것이라고 하였으며, 홍현방 · 최혜경(2003)은 과거와 현재를 수용하고 죽음을 받아들이며 동시에 삶의 의미나 목적을 잃지 않고 정신적으로 성숙해 가는 심리적 발달과정이다라고 정의하였다. 또한, 조해경(2002)은 성공적 노화는 낙관적인, 긍정적인, 생산적인, 풍요로운, 새로운, 확신하는 노화 등의 여러 가지 개념으로 언급하였다. 이렇듯 노인인구의 증가와 함께 건강하고 경제적으로 여유가 있으면서 지적 수준이 높고 사회활동에 활발하게 참여하는 노인인구가 증가함에 따라 점점 노화의 긍정적 측면, 즉 성공적 노화(successful aging)에 관심을 갖게 되었다.

6 활기찬 노년(Active Aging)

노인문제는 노인 스스로의 인식변화와 노년기를 적극적으로 생활해 나갈 수 있는 사회적 배경 없이는 긍정적 노년기를 기대할 수 없음을 인식하기 시작하였다. 이에 따라 2002년 스페인 마드리드에서 열린 세계고령화회의에서는 '액티브 에이징(Active Aging)'[1])을 주요한 의제로 다루었다. 활기찬 노년(Active Aging)이란 생산적 노년과 성공적 노년의 개념을 모두 포함하고 있으며 노년생활의 주체인 노인들을 보다 적극적으로 사회에 참여하게 하고 건강을 오래 지킬 수 있는 노인 개인의 노력과 사회정책적 배경을 만들며 안전한 생활을 유지할 수 있도록 하는 노년기 삶의 최적 환경을 만들어 내는 것을 의미한다. 이는 단순히 신체적 측면만을 고려한 안티에이징의 개념이 아니라 노인 스스로 적극적 노년을 살아갈 수 있는 의지를 토대로 노인이 살기 편한 고령친화적 환경과 노인이 부담이 아닌 자원으로서 사회에 이바지할 수 있으며 생이 다할 때까지 건강한 삶을 유지하는 것을 말한다. 또한 디지털 환경과 과학기술을 활용하여 적극적 노년을 만들어 나갈 수 있도록 하는 것이다.

자료: 노인생활과학연구소 홈페이지, 2021.

그림 2-1 액티브 에이징

1) 〈액티브 에이징을 위해서는?〉

-건강하고 활기찬 노년을 유지하도록 노력
-고령친화환경 제공
-노년기에도 적극적으로 사회에 지속적 참여
-자신이 오랫동안 살아온 가정과 지역사회에서의 돌봄

1. 다음은 노화이론을 설명하고 있다. 맞는 것은?(　　)

> 전 생애에 걸친 점성적 성격발달이론으로, 노년기의 발달단계를 '자아통합 대 절망'이라고 명명한다.

① Havighurst의 발달과업이론　② Peck의 발달과업이론
③ McClearn의 행동유전이론　④ Erikson의 심리사회적 발달이론

2. 사회적 노화이론으로 맞지 않는 것은?(　　)

① 스트레스이론　② 사회와해이론
③ 연령계층화이론　④ 교차연결이론

3. Havighurst의 발달과업이론으로 맞지 않는 것은?(　　)

① 쇠퇴하는 기력과 건강에 대한 적응　② 퇴직과 소득 감소에 대한 적응
③ 배우자의 죽음에 대한 적응　④ 자아분화 대 직업역할 몰두

4. 사회적 노화이론으로 맞는 것은?(　　)

> 전통사회에서는 노인들은 전통적인 지식을 수단으로 높은 지위에 있었으나 산업화된 사회에서는 노인들은 낮은 지위에 속하게 된다는 것이다.

① 사회와해이론　② 현대화이론
③ 연령계층화이론　④ 지속성 이론

5. 활기찬 노년을 위한 '액티브 에이징(Active Aging)'의 내용을 기술하시오.

ANSWER ① 4 ② 4 ③ 4 ④ 2 ⑤ p49

PART II

노인복지 정책 및 제도의 이해

CHAPTER 03 노인복지의 개관

1 노인의 정의

노인복지는 '모든 노인이 최저 수준 이상의 생활을 유지하고 사회욕구 충족과 생활상의 문제를 예방 · 해결하며, 노후생활에 대한 적응과 사회통합을 이루는 데 필요한 급여와 서비스를 제공하는 공공부문과 민간부문의 조직적이고 전문적인 제반 활동'이라고 정의할 수 있다.

이러한 정의를 바탕으로 노인복지가 지닌 특성을 대상, 주체, 수단, 방법으로 구분하여 살펴보면 다음과 같다. 노인복지의 대상은 Wilensky와 Lebeaux (1965)가 말하는 선별적 복지와 보편적 복지 중 어느 것을 선택하는가에 따라 달라질 수 있으나, 최근의 노인복지에서는 사회보호가 필요한 의존적 노인(dependent elderly)을 대상으로 하기보다는 일정 연령 이상의 모든 노인을 노인복지의 대상으로 규정하는 것이 일반적이다. 노인복지의 주체는 민간부문에 속하는 개인과 가족, 시장 그리고 공공부문에 속하는 중앙정부와 지방정부 모두가 노인복지의 주체가 된다. 노인복지의 수단은 현금 또는 현물 급여와 비물질적 서비스라고 할 수 있다. 노인복지의 방법은 조직적이고 전문적인 제반 활동으로 사회복지의 두 가지 접근방법인 거시적 접근(정책)과 미시적 접근(임상적 실천)으로 나뉜다.

2 노인복지의 역사

1) 삼국시대에서 조선시대까지의 왕조시대

삼국시대부터 조선시대에 이르기까지의 왕조시대에는 왕의 인자함과 의로움에 의한 자선적이고 선별적이면서도 권위적인 구제와 구휼이 주류를 이룬다. 삼국시대에 부양해 줄 사람이 없는 노인은 홀아비, 홀어미, 고아와 함께 왕조의 주된 구호대상이었다. 삼국시대에는 유교문화의 영향으로 효와 경로를 중시하여 왕이 양로연(養老宴)을 베풀거나 효자에 대해 표창을 하는 정도에 머물렀을 뿐 국가 차원의 제도적인 노인복지 개입은 전혀 없었다.

고려시대에는 불교의 자비사상이 노인구제 등의 보호사업에 영향을 미쳤다. 태조 11년(928)에는 오늘날 방문요양보호사와 같은 대정(待丁)을 두어 노인에게 봉사하게 하였으며, 현종 2년(1010)에는 노인에게 의복과 식량을 지급했고, 문종 3년(1048)에는 부양할 자식이나 친척이 없는 노인을 대상으로 동서대비원에서 의료구제를 실시하였다.

조선시대에는 경로효친의 유교사상에 의거하여 어느 정도 노인복지가 제도화되었으나, 대상은 부양자가 없는 노인과 양반계급의 관리자에게만 선별적으로 적용되었다. 태조 3년(1394)에는 70세 이상의 정 2품 이상 문신에게 토지와 노비 등을 주어 이들을 예우했던 기로소(耆老所)를 설치 · 운영하였다. 태종 3년(1403)에는 부양자 없는 노인을 보호하는 양민원(養民院)을 설치 · 운영하였으며, 세종 9년(1425)에는 오늘날의 노인복지시설 운영 관련 법령에 해당하는 양로법(養老法)을 제정하였다. 문종 2년(1451)에는 공직자가 나이가 많아 물러날 때 급여를 지급하는 치사제도(致仕制度)를 실시하였는데, 이는 오늘날의 정년퇴직제도와 유사한 것이다.

2) 일제 강점기에서 1950년대

일제 강점기부터 6 · 25전쟁 전후까지의 노인복지사업은 요보호노인을 위한 구호사업이 주류를 이룬다. 1921년 서울 동자동에 최초의 현대적 의미의 양로시설인 천주교양로원이 설립되었고, 그 이후 서울 청운동의 청운양로원, 경북 칠곡의 혜생양로원, 전북 김제의 애린양로원, 부산의 신망애양로원, 경기 의정부의 경기자혜원 등 모두 6개의 양로시설이 설립·운영되었으며, 1944년에는 조선구호령의 공포로 65세 이상 극빈 및 무의탁노인에게 생활부조, 의료부조 서비스를 제공하기도 하였다. 해방 이후 1950년대까지는 전쟁복구사업과 전쟁고아, 피난민 등에 대한 응급구호사업에 주력할 수밖에 없었으므로 노인복지는 상대적으로 위축되다가 1948년 정부 수립과 함께 제정된 헌법에 노인의 생존권보장이 명시되었다.

3) 1960~1970년대

1960년대는 제1차 경제개발 5개년 계획이 수립되면서 본격적으로 경제개발정책을 추진하기 시작한 시기이다. 이 시기에는 노인복지와 관련된 사회복지법률의 제정이 이루어졌지만 노인복지제도의 기반은 매우 취약했으며, 생활보호법에 의거하여 무의무탁 노인을 위한 단순 구빈 차원의 보호사업을 전개하였다. 그리고 1963년 친목단체로 시작한 경로당이 1969년 대한노인회 지부로 전환하는 등 노인단체가 등장하였다.

1973년부터는 어머니의 날을 어버이의 날로 명칭을 변경하여 경로효친사상을 강조함으로써 가족에 의한 노인 부양을 유도하려 하였다. 1976~1978년부터 노인복지법 제정을 위한 국회청원이 이어졌으며, 1980년에 보건사회부의 노인복지법 초안이 마련되어 노인복지법 제정의 기틀을 마련하였다.

4) 1980년대

1980년대는 국가에 의한 노인부양의식이 증가함에 따라 노인복지제도의 기반이 확충된 시기라고 할 수 있다. 제5공화국은 출범 당시 '복지사회 건설'을 국정지표 중 하나로 내걸었고, 1981년 6월에 노인복지법이 제정되고, 1981년

11월에는 보건사회부 가정복지과에 노인복지계가 신설되어 노인복지가 제도화되었다.

노인복지법은 1989년 12월 전문 개정을 통하여 다양한 노인복지 시책이 추진될 수 있는 근거를 마련하였고, 가족이나 사회의 경로효친사상을 유지하기 위한 노력들도 꾸준히 전개되었으며, 노인능력은행(1981), 무료노인건강진단제도(1983), 노인공동작업장(1986) 등이 처음으로 실시되었다.

5) 1990년대

1990년대는 1980년대에 확립한 노인복지제도가 확대된 시기라고 할 수 있다. 1993년에 유료 노인복지사업에 민간기업과 개인의 참여를 허용함으로써 고령친화산업 발전의 기틀을 마련하였으며, 재가노인복지사업의 확대를 위한 기반을 구축하였다. 그리고 1997년에 노인복지법 전면 개정을 통하여 노인복지 책임주체를 다양화하고, 노인복지과(1990)와 노인보건과(1999)를 신설하여 노인복지 전달체계를 확대 개편하였으며, 소득보장, 건강보장, 주거보장, 사회서비스와 같은 노인복지의 기본 체계를 완비하였다.

1990년대에 새롭게 시작된 노인복지사업을 보면 노인승차권제도(1990; 1996년에 교통수당으로 전환), 노령수당 지급(1991; 이후 1998년 경로연금제로 전환), 경로식당(1991), 주간보호 및 단기보호사업(1991), 노인의 집(1995), 치매요양시설(1995), 가정봉사원 양성사업(1996), 노인의 날 제정(1997), 치매상담신고센터(1998), 경로당활성화사업(1999) 등 노인복지사업이 매우 다양화되었다. 그리고 1990년대, 특히 후반부의 노인복지제도는 노인복지와 보건의료의 통합 연계 추진, 지역·재가 복지서비스의 강화, 노인복지서비스 공급주체의 다양화, 사전 예방기능의 강화 등을 주요 정책방향으로 설정하였다.

6) 2000년 이후

2000년대는 노인복지제도의 변혁과 발전이 동시에 이루어진 시기라 할 수 있다. 2000년 이후 새롭게 실시된 노인복지사업을 보면, 거동불편 저소득 재가노인 식사배달사업(2000), 시니어클럽 운영(2001), 노인 안검진 및 개안수술 지원(2002), 노인보호전문기관 운영(2004), 노인복지사업 지방 이양(13개 사업)(2004), 노인일자리 전담기관 설치 · 운영(2005), 소규모 요양시설 및 가정형노인공동시설지원(2006), 노인복지시설 인권보호 및 안전관리지침 제정(2006), 노인돌보미바우처 사업 및 독거노인생활관리사 파견사업(2007; 2009년 노인돌봄서비스로 통합), 치매극복의 날 제정(2007), 노인자원봉사 대축제(2007), 실종노인보호사업(2007), 기초노령연금 제도(2008; 2014년 기초연금제도로 전환), 노인장기요양보험제도(2008) 등이 있다. 지방정부 차원에서도 독자적인 노인복지 급여와 서비스를 개발하여 시행하고 있다.

2000년 이후 시행된 신규 급여와 사업 중에서 노인복지제도에 가장 획기적인 변화를 가져온 것은 기초연금제도와 노인장기요양보험제도의 도입이다. 기초연금제도는 국가의 노후소득보장체계의 사각지대에 놓여 있던 노인에게 적은 액수이기는 하지만 본격적인 소득보장을 위한 공적부조식 연금급여를 지급한다는 점에서 큰 의의를 지닌다. 노인장기요양보험제도는 가족의 노인부양 기능을 보완 또는 대체하고 장기요양 욕구를 지닌 의존성 노인을 국가와 사회가 보호할 수 있는 체계를 구축하였다는 점에서 큰 의미를 지닌다.

2000년대에는 신규 노인복지급여와 서비스의 확대뿐만 아니라 저출산 · 고령사회기본법(2005. 5.), 고령친화산업진흥법(2006. 12.), 농어업인 삶의 질 향상 및 농어촌지역 개발촉진에 관한 특별법(2004. 3.), 노인장기요양보험법(2007. 4.), 효행 장려 및 지원에 관한 법률(2007. 8.), 치매관리법(2011. 8.), 기초연금법(2014. 5.) 등이 새롭게 제정되었으며, 기존의 각종 노인복지 관련 법률의 개정을 통하여 노인복지 급여와 서비스의 확대에 필요한 법적 기반이 확충되었다.

또한 매 3년마다 정기적으로 노인실태조사 실시, 지역사회 복지계획과 저출산 · 고령사회 기본계획의 수립 등이 명문화됨으로써, 지방정부에서도 지역 특성에 맞는 독자적인 노인복지정책을 개발하여 추진할 수 있는 여건이 조성되어 있다. 그리고 보건복지부(2006), 국가인권위원회(2008, 2014), 한국노인복지시설협회(2009. 10.), 한국노인종합복지관협회(2010), 중앙노인보호전문기관(2011) 등 정부와 민간단체에서 노인 인권과 관련된 법 개정, 지침 · 교육교재 · 매뉴

얼 등의 인권보호 모델개발 등을 추진하여 노인복지가 단순히 노인 문제의 해결이나 욕구에 국한되지 않고 노인 인권보호 및 권익신장을 도모해야 한다는 주장이 점차 강해지고 있다(권중돈, 2019).

3 노인복지의 목표

모든 노인들에게 건강하고 만족스러운 생활, 즉 '성공적인 노후생활'의 기회를 제공하기 위해서는 다음의 3가지 방향을 추구하여야 한다.

1) 건강한 노후생활(Healthy Aging)의 보장

성공적인 노후생활을 갖기 위해서는 건강유지가 필수조건이다. 많은 선진국은 고령화 초기에는 노인의 보건정책을 주로 노인성 질병의 치료에 역점을 두고 병약한 노인을 노인병원이나 요양원에 입소시켜 의료서비스를 제공하는 것에 초점을 두었다. 그러나 이런 방법은 고령노인의 보건의료문제를 근본적으로 해결하지 못하고 오히려 노인의료비 지출만 상승시키는 결과를 가져와 최근에는 과거의 치료중심에서 질병예방, 보건관리, 건강보호 등을 강조하는 건강증진 프로그램 운영을 적극 추진하고 있다. 병원이나 요양시설에 장기간 수용하여 치료하는 것보다 가정과 지역사회의 다양한 자원을 활용하여 보호하는 것이 더 경제적이고 인간적인 접근이라고 여겨 다양한 재가노인복지 프로그램이 개발 운영되고 있다.

2) 생산적인 노후생활(Productive Aging)의 보장

노인 빈곤문제의 장기적인 해결을 위해서는 노인의 경제여건과 심신건강유지를 동시에 해결할 수 있도록 취업활동이나 지역사회 봉사활동 등을 통하여 생산적인 노후생활을 유지할 수 있도록 지원하는 방법이다. 또한 취업이 어렵거나 원하지 않는 노인을 위한 자원봉사활동, 학습활동, 사회활동 등 의미 있는 여가활동을 계속할 수 있도록 정책적인 지원으로 하고 있다. 일부 국가에서는 사회보장제도의 고정된 연금만으로는 물가의 상승이나 의료비를 감당할 수 없어 이에 대한 보완책으로 보충연금제(Supplementary Benefit)나 의료부조(Medical Assistance) 등을 통하여 노후생활을 지원하고 있으나 이러한 방법은 정부의 재정부담을 더욱 증가시키고 오히려 노인들을 사회로부터 격리하는 결과를 가져오기 쉽다.

3) 노인의 사회통합(Integrated Aging)의 보장

현대산업사회에서 은퇴한 노인들은 가정이나 사회에서 소외되고 고독한 나날을 보내는 경우가 많다. 자녀와의 별거, 배우자나 친구들의 사망, 은퇴 후 역할상실과 수입 감소에서 오는 무력감, 고독감 등은 노인들에게 사회적 · 심리적 고립과 소외라는 문제를 주고 있다.

노인들은 일하기를 원하고 국가나 사회에 유익한 생산적인 일을 계속하고 싶어 한다. 동시에 노인들은 여러 사람과 사이좋게 지내기를 원하며 가족, 이웃, 친구, 친지들과 다정한 인간관계를 유지하고 싶어 한다. 그러므로 노인들의 사회적 · 심리적 욕구를 충족시키고 노후생활의 고독과 소외감을 방지하기 위한 사회통합 프로그램들이 필요하다.

4 노인복지정책의 기본원칙

고령화와 관련된 정책의 형성과 집행은 각 국가의 주권적인 권리와 책임이며 그 국가의 특수한 수요와 목적에 근거를 두고 수행되어야 한다. 또한 각 국가의 노인복지정책은 국제 간 그리고 지역 간의 협력을 바탕으로 수립되어야 한다. 유엔에서는 전 세계적인 인구고령화 현상에 대응하여 1982년 오스트리아 비엔나에서 고령화 세계총회를 개최하여 '고령화 관련 국제행동계획'을 채

택하였고, 1991년 유엔총회에서는 '노인을 위한 유엔원칙'을 설정하였다.

행동계획은 노인 개인, 민간단체, 정부, 학계 및 산업계, 국제기구 등이 고령화 현상에 대응하여 건강과 영양, 소비자보호, 주택과 환경, 가족, 사회복지, 소득보장과 고용, 교육 분야 등에 관한 62개항의 국제적 권고를 하고 있으며, 유엔원칙은 노인의 지위와 관련된 독립·참여·보호·자아실현·존엄의 5개항 아래에 18개 원칙을 제시하였다.

1) 사회정의의 원칙

사회의 전문적·문화적 제도는 인간의 일반적 생활조건을 전제로 운영되므로 평균능력 이하의 사회적 약자는 제외될 수밖에 없다. 이러한 일반적 제도의 테두리로부터 탈락되는 자는 그러한 제도를 대신하는 사회적 기관이 없다면 생활할 수 없게 된다. 그러므로 평균 이하의 능력조건이나 특수한 욕구를 갖는 노인은 기본적인 삶을 유지할 수 있는 조건에서 보호되어야 한다.

노인의 사회적 측면에서 노인복지정책이 소수의 불행한 노인을 위한 선별적 서비스에서 전체노인을 대상으로 보편적 서비스를 제공해야 한다. 노인의 부양과 보호는 개인과 가족만의 책임이 아니라 사회공동체의 문제로 인식하고 국가의 책임하에 실천되어야 한다. 정부와 민간단체 그리고 모든 정책관계자는 노인 중 가장 취약한 계층이자 다수인 여성과 농촌 출신의 가난한 노인들에 대하여 특별히 책임을 져야 한다.

2) 세대 간 연대성의 원칙

다양한 구조와 형태를 가지고 있는 가족은 세대를 이어 가는 사회의 기본적인 단위이며 각 국가의 전통과 관습에 따라 유지되고 강화되고 보호되어야 한다. 연령차별에 대한 극단적인 조치로서 세대 간 상호지원과 세대 간 통합이 장려되는 노인복지정책이 수립되어야 한다.

3) 자발적 참여의 원칙

노인의 욕구를 해결하기 위한 개입방법과 지원과정이 노인 스스로의 능력에 맞추어 문제와 욕구를 해결하는 것을 말한다. 욕구를 해결하는 서비스의 선택에서 노인의 자기결정권을 존중하여야 하며 서비스 제공과정에서도 단순한 보호 측면보다는 능력부여를 통해 가족의 수발기능을 강화하고 노인 스스로 일상생활을 유지할 수 있도록 지원한다. 정부, 특히 지방정부, 민간단체, 개인 자원봉사자 그리고 노인협회를 비롯한 자발적 단체들은 가정과 지역사회에서 노인들을 위한 지원과 보호에 특히 중요한 기여를 할 수 있다. 그러므로 정부는 이러한 종류의 자발적인 활동을 유지하고 장려하여야 한다. 또한 노인들 자신이 정책의 형성과 실행과정의 적극적인 참여자이어야 한다. 노인들이 개인적인 만족과 자아실현을 위하여 가족과 친족활동에 지속적인 참여, 지역사회에서 노인의 흥미와 능력에 알맞은 자원봉사, 공식적 또는 비공식적인 학습을 통한 지속적인 자아성장, 예술과 공예를 통한 자아표현, 지역사회조직 및 노인 단체 참여, 종교 활동, 여가활동과 여행, 시간제 일, 전문성 있는 시민으로서 노인들을 위한 사회운동에 참여 등으로 가족과 지역사회에 기여할 수 있도록 하는 것이 중요하다.

4) 독립성의 원칙

소득, 가족과 지역사회의 지원 및 자조를 통하여 적절한 의식주 및 건강보호에 접근할 수 있어야 한다. 일을 할 수 있는 기회를 제공받거나 직장에서 언제, 어떻게 그만둘 것인지에 대해 스스로 결정할 수 있어야 한다. 적절한 교육과 훈련 프로그램에 접근할 수 있도록 차별이 없어야 하며, 개인의 선호와 변화하는 능력에 맞추어 안전하고 적응할 수 있는 주거와 환경에서 살 수 있어야 한다.

5) 포괄성의 원칙

노인 개인이 갖는 다양한 사회복지적 욕구가 전체로 조화될 수 있어야 한다. 전 인류의 노후 삶에 대한 준비로서의 노인복지정책은 노인의 육체적 · 심리적 · 문화적 · 정신적 · 경제적 건강 및 기타 요소들을 포괄적으로 충족시킬 수 있는 통합적인 분야가 되어야 한다.

6) 지속성의 원칙

노인들의 정신적 · 문화적 · 사회경제적인 기여는 사회에 귀중한 것이므로 노인이 생산적인 활동에 더 많이 참여할 기회가 제공되어야 한다. 또한 고령화와 관련된 모든 측면에서의 계속적인 연구를 통해 개별 노인의 안녕 된 삶의 유지와 사회적 가치의 창출에 노력하여야 한다. 초기 노령기에서부터 임종에 이르기까지 노인의 욕구변화에 지속적으로 대응할 수 있는 서비스, 상담, 프로그램의 제공이 정책적으로 마련되어야 한다.

7) 사회적 보호의 원칙

노인은 신체적 건강의 욕구에서부터 가족문제, 수발문제, 보호서비스의 요구, 경제적 안정의 욕구에 이르기까지 다양한 욕구를 지니고 있고, 이 욕구에 대한 사회복지적 개입은 노인의 욕구를 포괄적이며 체계적으로 해결할 수 있도록 지원되어야 한다. 또한 신체적 · 정신적 · 정서적 안녕의 최적 수준을 유지하거나 되찾도록 도와주고 질병을 예방하거나 그 시작을 지연시키는 건강보호에 접근할 수 있어야 한다. 인간적이고 안전한 환경에서 보호, 재활, 사회적 · 정신적 격려를 제공하는 적정 수준의 시설보호를 이용할 수 있어야 한다.

5 노인복지의 과제

21세기 세계 각국의 공통적인 정책 중에 하나가 고령사회에 대한, 노인복지 발전방향이다. 한국도 예외가 아니며, 한국형 노인복지모형과 방법은 무엇인가에 대하여 이미 정치권에서는 2010년 6·3 선거를 기해 무상급식을 비롯한 보편적 복지와 선택적 복지 등으로 뜨거운 이슈로 떠올랐다. 이는 1945년 건국 이래 정치권에서 복지유형을 놓고 공방하는 소외계층의 권리의식 향상이라는 고무적인 일로, 학계와 사회복지관계인들도, 우리나라 실정에 맞는 복지정책에 대한 다양한 의견을 봇물을 이루고 있다. 노인복지 발전방향에 관해서 학자마다 선순위가 다를 수 있지만 첫 번째 주제는 현재의 "노인은 누구인가"를 정립하고 사회적·개인적 잘못된 인식이 전해 오는 사유는 무엇인가? 지난 60년간 잃어버린 진짜 노인의 상을 찾는 것이 대한민국이 노인복지국가로 발전하는 원년이 되는 길이라고 확신하기 때문이다. 현재 여·야 정치권에서 복지논쟁은 당장은 고통스러운 일도 많겠지만 상대적으로 복지선진국행을 앞당기는 과정의 일뿐이다.

정부는 이미 정책적 접근방법의 모델인 사회보장법이란 틀 속에 사회보험, 공공부조, 사회서비스법 및 타 필요한 법 등을 구축해 꾸준히 발전해 오고 있으며, 국가발전 동력, 각 분야 전문 인력자원이 풍부한 나라이다. 새삼스럽게 노인복지방향을 필요로 하는 사유는 지금까지, 경험하지 않았던 인간수명 100세의 장수사회 도래에 인구 5명 중 1명이 고령자로 노인사회가 시작되고 있다는 점에서, 노인사회 주역인 노인이 변화하고 노인이 사회와 국가를 이끌어가는 책임을 명확히 정립할 때가 되었다는 것이다. 한국형 고령사회에서의 노인의 가치와 이념을 새롭게 구축하는 것이 국민적 과제이기 때문이다. 고령사회 노인복지방향은 국가마다 환경과 노인의 특성이 다르며, 정책입안자 및 지도층의 욕구와 국민의 욕구가 다르다는 것을 전제하에 목표는 같을지라도 여러 가지로 고령사회 노인복지방향의 틀을 3가지로 요약하면, 노인의 정의를 새롭게 구축하는 것이 첫 번째 방향의 틀이며, 두 번째 방향으로는 현존의 국가가 소유하고 있는 법률과 제도를 고령사회 「노인복지법」과 제도로 보완개정 · 신설하는 법률적 · 정책적 개혁의 방향이다. 세 번째 방향으로는 R&D이다. 연구개발 동력 없이 모든 분야에 미래가 없다. 국립, 도립, 시립, 구립 노인복지정책 임상 등에 관한 연구소를 설치하여 국내 · 외에 필요한 노인복지 연구를 통한 국제화, 세계화, 노인복지 국으로 발전하여 노인이 살기 좋은 대한민국으로 발전되기를 바란다.

1) 소득보장의 강화

국민연금의 경우 현재의 소득대체율 60%가 가입기간 40년을 기준으로 한 것이므로 높지 않은 형편에서 향후 계속해서 40%까지 낮추겠다는 정부의 방침은 국민연금의 노후 소득보장 기능을 유명무실하게 만들 우려가 있다.

2) 의료보장의 강화

저수가 진료(감기 등)에 대한 본인부담금은 인상하는 대신, 피보험자의 경제적 부담이 높은 고수가 진료에 대한 건강보험 급여 확대가 바람직하다. 현재의 건강보험 급여체계에서는 값싼 의료처치는 보험급여의 대상에 포함되고, 만성질환, 희귀성 질병, 중증 환자 등에 대해서는 보험급여에서 제외되고 있어 위험의 진정한 사회적 분산이 이루어지지 않고 있다.

의료급여의 시행에서 정부가 의료기관에게 요양급여 비용을 적시에 지불해 주지 않기 때문에 의료기관에서 의료급여 환자를 외면하는 경우가 많다. 의료급여의 재정 안정화와 정부의 신속한 의료수가 지불 방침이 수립되어야 한다.

3) 고용정책의 강화와 확대

현행 고령자고용촉진제도는 장애인의무고용제도와 마찬가지로 기업들의 비협조와 인식부족으로 기대한 성과를 거두지 못하고 있다. 정부의 보다 적극적인 정책의지가 아쉽다.

노동부의 고령자 고용 적합 직종 선정 제도 역시 직종을 선정하여 발표만 할 뿐, 일자리와 노인인력을 연계시키는 전략은 제대로 시행되지 않고 있다. 적합 직종의 선정보다 적합 직종에 노인인력을 실제로 고용하여 배치하는 실행이 중요하다.

4) 노인복지시설의 다양화

노인들은 범주적으로 노인집단일 뿐만 아니라 독특하고 개별적인 문제상황과 욕구구조를 갖고 있는 개별적인 클라이언트들이기도 하다. 따라서 노인복지의 개별화의 원칙에 따라 노인복지시설도 다기능화 할 필요가 있다.

장기노인요양보험의 실시로 치매, 중풍 노인 등의 보호와 치료를 위한 전문요양시설이 확충되고 있으나 보험급여 대상 노인이 최중증, 중증 노인으로 한정되어 있어 수발 서비스의 적용 대상을 확대해 나가야 하며, 급여 항목에 주택개조급여를 점진적으로 도입하여야 할 필요가 있다.

5) 노인복지 전문인력의 강화

현행 사회복지사도 노인복지에 관한 전문지식을 보유한 전문가이지만, 사회복지사는 아무래도 장애인, 가족, 여성, 저소득층, 청소년 등 다양한 인구계층과 클라이언트 집단을 대상으로 사회복지서비스를 제공하는 종합복지사의 성격이 강하다. 그리고 장기노인요양보험 사업에 종사할 요양보호사를 양성하고 있으나 이들의 전문성이 의문시될 수 있으므로, 노인복지 전담 사회복지사의 교육과 자격제도를 강화하는 방안도 검토할 필요가 있다.

6) 노인교육 프로그램의 전문화

노인의 여흥과 오락을 위한 교육도 중요하지만, 좀 더 예방적이고 생산적인 전문 프로그램이 요구된다. 가령 죽음의 준비를 위한 다양한 프로그램을 개발하는 등 노인교육을 강화할 필요가 있다. 즉, 국가의 노인복지정책 확충과 아울러 지방자치단체의 적극적인 의지로서 정책결정과 집행의 행동주체로서 고령사회의 노인문제를 정확하게 판단하고 노인복지정책을 강화하는 노력을 경주해야 한다.

그리고 의료기관, 보건기관, 사회복지시설기관 등 노인복지와 관련되는 각 지방자치단체의 각종 조직, 기관, 단체의 적극적인 사업개발이 필요하며 각 지방자치단체의 다양한 특성을 내세울 수 있는 고령친화산업의 각종 사업을 개발하고 추진하는 민간사업자의 적극적인 역할이 요청된다.

7) 새로운 노인상 구축

(1) 새로운 노인상 구축의 필요성

지금까지 노인의 이미지를 노화이론의 "현대화 이론"에 초점을 두고 30~40년 몸과 마음을 다 바쳐 일한 직장에서 55~60세에 퇴직규정에 의해, 은퇴시키는 국가 및 사회가 대한민국이다. 왕권적인 기업의 50년 전통을 고수하는 일이며, 청년 일자리 핑계는 변명일 뿐이다. 노인 이미지와 존재가 폄하된 채, 사회변화에도, 정부와 기업이 변화되지 않고 있다. 이러한 연령차별의 근원은 과거 100~200년 전 노예시대의 영주와 군주가 인간의 인격과 존엄성과는 관계없이, 인간을 노동력집단으로만, 취급하던 발상이며, 노인을 하위계층으로 낙인을 찍는 행위일 뿐이다. 이런 사회적 불평등을 멈추기 위해 인간은 활동적 존재라는 이론(다양한 사회변화에 적극적 활동자이며 긍정적 자아개념을 유지하고 성공적인 생을 살아간다)과 지속적인 습관의 존재이론(노년기 이전과 동일하게 자신의 고유한 생활습관을 유지함) 등을 제언하여, 국가권력자와 기업경영자들의 비민주적이며, 이기적 · 영리적 습관에 대응한 사회학자들의 가역한 이론적 설득과 투쟁이 있는지 100년이 지난 지금도 정신적 · 육체적 건강한 장년들을 연령 잣대로 일터에서 몰아내는 일은 정부와 기업의 오랜 유착으로 빚어지며 그 피해는 국민 모두 가진다. 이제 사회가 바뀌고 시대가 바뀐 고령사회에서 100년 노동착취적인 고용자의 사고는 개혁되어야 하며 정부와 기업이 고령사회 인식을 새롭게 펼쳐갈 수 있도록 국민과 함께 노인들의 힘과 능력을 발휘해 주어야 한다. 이것이 고령사회노인의 역할이며, 국가의 경쟁력을 위한 일이며 장래 후손들의 미래를 위한 노인의 역할이다.

(2) 고령사회 노인의 이미지 정의하는 신 브랜드는 무엇인가

새 출발 노인, 브랜드 확보이다. 고령사회를 맞이하여 노인이 사회를 책임지는 일의 상징이며 노인상 정립에 이념을 확고히 개혁하고, 모든 노인이 이를 숙지·이행해야 한다. 노인이 사회적 활동을 책임지는 노인이라면, 노인만을 위한 일에서 청년과 중년, 장년을 포괄적으로 수용한 사회적 활동에 힘을 보여 줄 수 있어야 한다. 분명한 것은 이제 현대노인들은 정부와 기업에 두려워할 노인이 아니다. 새 출발 노인의 상징은 과거 권위, 직위, 경력, 이력을 말끔히 벗어버리고, 새롭게 구축되는 고령사회의 주역으로 국가미래를 책임지는 자세로 정부와 정치인이 어려운 일, 피하는 일에 노인의 힘으로 이 나라 이 국민을 위해 활동하는 것이다. 60년간 노인들이 이 나라를 수호하고 경제발전에 주역으로 헌신했다면 이제 국민의 생활안정을 위해 행정편의 주의적·체계유지적 발상을 제거해 주는데 노인이 봉사해 주어야 새로운 노인상은 만들어질 것이다.

우리나라에서 60년간 햇빛을 못 본 노인의 활동적 역할은 이제 신시대의 고령화사회에서 한국의 베이비붐 세대가 중심이 되어 세계로 퍼져 가기를 기대한다. 활동적 노인이론과 함께 20세기에 즐겨 사용하던 재출발노인재활이론도 폐기하고, "새 출발 이론"으로 개진하여야 한다. 20세기 장수생명 80세에서는 60세 은퇴 후 20년간 노후에 필요한 만큼의 생애에서는 타이어에 바람만 주입해서도 가능했겠지만, 이제 21세기 10년이 지난 2011년 100세 장수의 고령화사회에서는 40~50년 긴 인생여정을 타이어에 바람만 주입해서는 안 되며, 새 자동차로 새 출발해야 한다. 새 출발의 길은 두 가지로 대별할 수 있다. 협의적(미시적) 봉사로 마을 가꾸기와 청소년 선도 독거노인케어봉사도 중요하다.

이제 거시적 · 광의적 국가경제발전과 서민경제안정을 위한 생산적 국익사업 활동에 노인이 나설 때가 되었다.

노인의 이미지 중 허위 포장된 괴담에 불과한 내용이 너무 많다. 의존적 노인, 수혜적 노인 등이 일반적 노인상으로 비쳐지는 것은 60년 전 생각이다. 다만, 국가발전과 가족보호를 위해 몸 바쳐 일했을 뿐이며, 국가 사회 환경이 노후사회보장제도가 미비하여 노후 경제적 준비의 기차표를 상실한 것은 개인 노인의 잘못이기 전에 국가가 보상해 줄 책임이 있을 뿐이다.

(3) 기존의 법과 제도개혁의 보완시급

우리나라 고령사회 노인복지방향으로는 기존의 모든 법과 제도를 모두 보완개혁, 신설해야 한다. 사람도 사회와 국가세계가 변화되었는데 법과 제도는 30년, 60년 전의 것이다. 지금까지 사용하고 있는 법률과 제도는 국가경쟁력 13위, 국민소득 2만 달러 시대에서의 법률과 제도였다면 향후 국민소득 4만 달러 복지국가 상위국으로 변신하기 위해서 미래발전의 발목을 잡은 행정편의적인 방법이다. 즉, 고령사회 환경 구조와 인간욕구에 맞는 법과 제도로 새롭게 구축되어야 한다. 세상은 변하고 사회가 변화되어 인간생활이 모두 변화되었는데, 법과 제도 및 행정규제는 정부가 새로 시작될 때마다 개혁시도는 되어 가고 있으나, 좀 더 과감히 모든 법과 제도가 새롭게 보완되고, 필요한 법은 제정되어야 하며 국회, 지방자치단체의 인력도 시, 구의회 의원 모두 혈세로 운영되고 있는 거품은 제거해야 한다. 공직자연봉과 공무원연금도 국민화합차원에서 조정되어야 한다. 2013년 새로운 정권에서부터 기대한다. 분명한 것은 법과 제도가 고령사회 변화에 맞게 개혁 없이는 우리나라의 세계화에 미래가 없으며, 고령사회 발전은 멀어진다는 것이다. 마침 고령사회 진입시기에 2013년 새 정부가 출범하여 기대를 해 본다. 법률과 제도의 개혁과 보완기준은 소극적 · 국내적 입지의 기준과 잣대는 안 되며, OECD 국가로서의 위상에 맞아야 한다. 노인복지에서 신노인상의 정립이 새롭게 구축되어야 한다. 복지국가 지향에서 약자(아동, 장애우, 허약노인과 빈곤노인)의 국가적 · 사회적 보호는 세계 각국이 사회보장이라는 법규와 사회정책을 통해 보호지원하는 것을 당

위성 있는 사업으로 규정하고 있다. 빈곤 허약노인을 보호하는 것이 노인의 대표적 의미로 부여하는 것은 시정 개혁되어야 하며, 노인 스스로도 당당한 노인으로 거듭나야 하며, 과거 60년간 한국의 오늘을 만들어 놓은 주인공으로, 사회적 경륜과 경험과 능력을 인정받고, 자학에서 벗어나 새로운 국가발전 사업에 봉사해서 인정해 주는 사회적 인식이 뿌리내려야 하는 것이다. 새로운 고령화사회에서 특히 우리나라가 세계화에 상위권 국가로 진입하기 위해서는 유엔 등 국제사회 동향에 적극적 접근이 필요하다.

유엔이 1991년 유엔총회에서 노인을 위한 유엔원칙을 제정하고(한국은 1997년 10월 2일을 노인의 날로 지정) 노인의 인권보호를 위한 실천원칙을 ① 독립, ② 참여, ③ 보호, ④ 자아실현, ⑤ 존엄의 원칙을 선택하고 고령화는 전 생애에 걸친 과정이며 그렇게 인식되어야 함을 이미 천명한 지 오래다. 한편 전 인류의 노후준비는 사회정책의 통합적인 분야가 되어야 한다고 하고 정책요소에는 육체적 · 심리적 · 문화적 · 종교적 · 경제적 요소들과 건강 및 기타 필요한 요소들을 포괄해야 한다고 천명한 지 20년이 경과되었다. 정부는 2007년 11월에 노인복지시설과 노인인권보호 및 안전관리지침을 만들었고 노인학대, 노인자살예방 등의 법률을 제정하였으나 선언적 · 예방적 대안에서 공격적 대안을 마련해야 한다.

8) 고령사회 복지청 구축시급

복지국가론이 고령사회 국가발전전략으로 넘어서려면 최고 지도자의 의지가 중시된다. 그리고 많은 진보좌파 우파들의 깊은 고민과 함께 보좌인들의 R&D(연구개발)에 투자와 기간을 필요로 한다. 두 가지 정부정책대안을 제언하면 대통령 직속 「100세 노인생활대응책위원회」의 설치를 통해 노인문제가 더 이상 부정적으로 확대되기 전 장기적이고 체계적인 건강취업 사회적 참여, 그리고 필요한 전문 인력과 재원 등의 시스템 구축이 되어야 한다. 일본에서는 1989년에 고령자복지추진 10개년 전략(골드플랜)을 수립한 바 있다.

한편 미국에서는 1961년부터 10년마다 한 번씩 노인대책 백악관회의가 열리고 있다. 두 번째, 노인관련 국립 100세 노인연구원 설치가 구축되어야 하겠다. 과학적 뒷받침이 없는 시간과 자원을 낭비할 뿐이다. 현재 한국보건산업진흥원, 한국개발연구원, 한국보건사회연구원, 한국여성개발원과 국립연구원 등이 산재해 있고 대학과 노인단체가 있으나 산재한 노인복지연구를 결집하고 평가하며 상호네트워크를 연결하고 평가해 가면서 국제적으로 인정되는 전문인력의 양성 등의 거점기관을 구축하여 노인증가에 따른 예견되는 문제를 대응해 가는 세계적인 한국의 "국립노인연구원"이 속히 설치되어야 할 것이다. 과제와 쟁점은 또 있다. 정부에 의해 주도·설치되는 노인관련단체나 기관 설립 시, 30~40년 노인복지에 참여한 실무경험과 지식경륜을 갖고 있는 자는 배제되고, 정치적 인맥의 자들로 시스템이 구축되고 있다는 현실이다. 협력관제도의 실천도 중요하지만, 국가장래를 위한 전문 인력의 활동은 더욱 주요하다고 생각된다.

9) 노인복지연구 R&D 투자 강화

첫째, 우리나라 정부에 '노인복지청' 개설과 민간단체로 '한국고령사회복지연구소(가칭)' 또는 "한국노인국립연구소"(가칭)가 설립·운영되어야 한다. 2018년 고령사회 2026년 초고령사회 대비 고령사회 대응을 위한 영구적이고 국민이 인정하고 세계가 신뢰하는 거점 노인복지연구소가 없다. 그간 정부의 고령사회 대응책 노력으로는 2002년에 21세기 고령사회에 대비한 '노인보건복지종합대책'을 수립하여 노인에 대한 긍정적인 이미지 제고 및 연령 통합적 '사회지지적 환경구축'과 빈곤, 질병, 고독, 역할상실 등에 대한 범부처적으로 대응한다는 전략이다.

그러나 노인문제의 심각성 인식은 반영하였지만 실천, 실효성에서는 많은 문제점이 제기되고 있다. 즉, 국민이 모르고 노인관련종사자 간에 인식이 없다. 한편 2005년 5월 18일 「저출산 · 고령화사회기본법」이 법률 제7496호로 제정되어 9월 1일 시행령 제정으로 9월 8일 보건복지부 직제개편 '저출산 · 고령사회정책본부'가 신설·운영 중이다. 그리고 2007년 4월 27일 「노인장기요양보험법」이 제정되어 2008년 7월부터 급여실시 중이며 2009년 3월에 「요양보험법」 일부개정 실시 중이다. 법과 제도의 행정인력만으로는 '고령화사회' 노인복지대응을 성공할 수 없다. 정부 및 지방자치단체와 민간전문인이 수평적 통합된 노인복지 연구기관이 설치되어 연구개발 전담 거점기관이 절실히 필요하다는 것이다. 한편 국가적 새로운 시스템을 구축할 때 기존 정치인이나, 공무원 중심에서 선임되고, 실무경력과 지식기술이 검증된 사람들이 소외되고, 권력자 지인중심으로 선임되는 소위 낙하산 인사정책의 문제점도 함께 개혁되어야 한다. 현 정부, 과거 정부 모두 낙하산식 인사정책에는 '협력관제도' 만능으로 변함이 없다는 것이 한국의 국가발전 저해요인으로 지적되는 큰 대목이다.

아무리 좋은 제도라도 지도자가 누구인가에 따라 기관의 신뢰도와 가치가 인정받는다는 평범한 이치를 망각하는 지인 인사습관에서 벗어나야 한다. 최근 2011년 3월 11일 지인 인사습관을 계속 진행 중이라는 것이 한국지도자들의 해결과제이다. 해법은 간단하나 해결은 어렵다.

둘째, 최근 정부는 부처별로 운영돼 온 퇴직 전문 인력 활용사업을 종합하고 중소기업의 부족한 기술자문과 숙련 전수를 강화할 수 있도록 '신중년 퇴직 전문 인력 활용방안'을 발표했다. 초고령화로 인해 증가하는 50세 이상 퇴직 전문 인력을 중소기업에 연계하여 만성적 전문 인력 부족과 기술·인프라가 불충분한 중소기업의 기술력과 전문성을 지원하여 경쟁력을 키우는 사업을 진행하기로 하였다. 정부의 이러한 정책은 코로나19로 인해 기업의 경영상태가 악화되면서 고용조정에 따라 가장 먼저 50대 이상 퇴직자가 증가할 것에 대비하는 등 코로나19로 변화된 경제사회적 여건에 탄력적으로 대응하는 것이다.

주된 일자리에서 퇴직하는 평균 연령은 2019년 기준 49.4세이다. 조기 퇴직하는 신중년 전문 인력은 많지만 정부 고령인력정책은 복지 성격이 강한 노인일자리 위주로 진행되어 사회적 활용이 미흡한 현실이다.

그동안 정부의 퇴직 전문 인력 정책을 살펴보면 우선 퇴직 전문 인력 규모 대비 지원 정책 규모가 미흡했다.

2015년~2018년 50~64 신중년 퇴직 전문 인력은 누적 195천여 명으로 이 중 2019년 9월 기준 43.8%가 미취업 상태이다. 정부는 이번 정책 대상으로 이들 중 최대 131천 명 규모로 산정하고 있다. 2020년 전체 고령자 대상 사업 2조5781억 원(53개 사업) 중에서 5.8%에 해당하는 고령자 전문 인력 중심사업은 1500억 원(23개 사업) 규모로 운영된다. 이 사업을 통해 약 7천여 명의 전문 인력을 활용하게 되는데 이는 정책 대상 131천 명 대비 약 5.5%를 지원하는 것이다.

또한 앞선 지원 규모를 분석해 보면 산업계 수요가 있는 기술자문(19%)과 숙련전수(16%)는 미흡한 반면 사회활동 지원(39%)에 치중하였다. 이와 같이 기존 정부의 퇴직 전문 인력 정책은 숙련수준을 고려한 특성화가 부족했고, 전문 인력의 효율적인 활용을 위한 체계도 부족했던 게 현실이다.

이에 따라 정부는 5060세대 신중년 퇴직 전문 인력을 활용하여 중소·중견기업의 컨설팅을 강화하고, 중소기업 등에 인력 매칭과 인건비 보조를 통해 재취업을 연계하는 지원정책을 강화한다. 산업계 수요를 반영해 퇴직 전문 인력을 기술 자문·전문 인력으로 육성하고, 전문 인력·역량 부족으로 애로를 겪는 중소·중견기업에 매칭을 추진한다. 이를 위해 컨설턴트 육성과 컨설팅 수요기업 발굴·매칭, 사후 피드백을 통한 품질관리가 가능한 운영모델 개발에도 나선다. 숙련·전문 인력 DB 확충을 통한 수요기업의 컨설팅 연계를 강화하기 위한 일환으로 '산업현장교수'사업을 활용해 소재·부품·장비 분야의 중소기업 현장 자문 수요를 반영한 인력풀 확대를 추진하고, 과학기술 분야 고경력퇴직자는 중소기업 니즈가 큰 기술멘토링으로 연계할 계획이다. 또한 대기업·디자인 관련 단체와 연계해 디자인 분야 경력과 전문성을 갖춘 퇴직 전문 인력풀도 구축해 컨설턴트로 활용할 예정이다. 그리고 건설과 플랜트, 제조업에서는 엔지니어링 분야의 검증된 퇴직 전문 인력풀을 구축한다.

중소기업과 재취업을 연계하는 사업도 진행한다. 대·중견 강소기업 퇴직 전문 인력을 중소기업으로 취업 연계하는 퇴직 기술인력 중소기업 활용지원 사업을 추진하고, 중소·중견 기업의 연구인력 부족 해소를 위해 퇴직 연구인력 유치 시 인건비를 지원한다. 은행권은 퇴직(예정) 인력을 활용한 중소기업 재무·회계 컨설팅 후 재취업 연계를 추진하고, 근로 의욕과 역량이 높은 공공기관 시니어 근로자를 중소·벤처기업 지원에 적극 활용할 방침이다.

인구변동은 정해져 있다. 초고령화사회는 정해진 방향이다. 따라서 5060세대 신중년에 대한 일자리 정책은 매우 중요하다. 과거와 달리 매우 젊은 신중년이 계속 일을 하여 경제적 주체가 되도록 하여야 하며 그를 위한 일자리를 만드는 일은 매우 중요하다.

표 3-1 퇴직한 전문인력의 분야별 취업현황

(단위: 명, %)

구분	계	미취업[1]		취업					
				비전문 직종[2]		전문직종 (타 분야)[2]		전문직종 (동일분야)	
			비중		비중		비중		비중
전체	194,860*	85,020	43.8%	46,295	23.9%	16,505	8.5%	46,079	23.8%
과학기술	61,665	23,795	38.6%	15,906	25.8%	4,011	6.5%	17,953	29.1%
인문사회	54,719	27,417	50.1%	12,284	22.4%	6,075	11.1%	8,943	16.3%
보건의료	17,911	5,849	32.7%	1,663	9.3%	761	4.2%	9,638	53.8%
금융	3,895	2,145	55.1%	928	23.8%	366	9.4%	456	11.7%
디자인	514	287	55.8%	114	22.2%	82	16.0%	31	6.0%
기타 교육	10,620	5,272	49.6%	720	6.8%	585	5.5%	4,043	38.1%
기타 관리직 등	44,575	20,255	45.4%	14,680	32.9%	4,625	10.4%	5,015	11.3%

* 분류불능 961명 포함 수치

자료: 고용노동부, 2019.

표 3-2 퇴직전문인력 지원사업 유형

사업유형(인원)	주요 사업	유형별 비중
사회활동지원 (2,811명)	• 신중년 경력형 일자리 • 미세먼지 불법배출 민간점검단	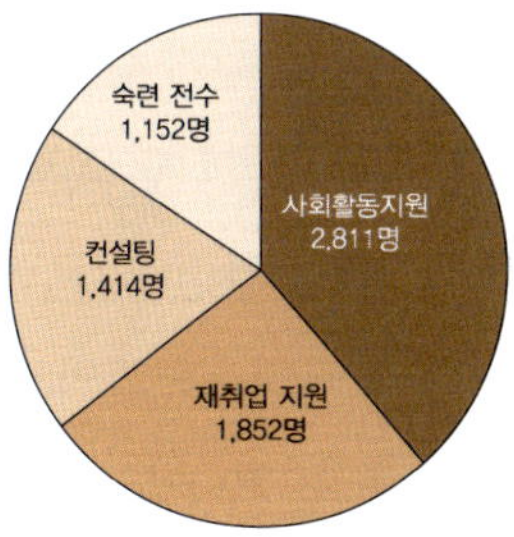
재취업 지원 (1,852명)	• 신중년 적합직무채용장려금 • 퇴직기술인력 중소기업 활용자원	
컨설팅 (기술자문 등) (1,414명)	• 고경력과학기술인 활용지원 • 스마트마이스터 • 대기업 은퇴인력 디자인 혁신팀 구성	
숙련 전수 (1,152명)	• 신중년 직업훈련교사 양성 • 현장코칭 숙련인력 양성	

자료: 고용노동부, 2019.

셋째, 수명은 100세 시대로 진입하는데 사회의 모든 제도 및 시스템과 국민 인식은 여전히 10년 전 2000년도(70~80세) 시대에 머물고 있다. 선진국 선경험 지원시스템과 정책 벤치마킹과 함께 우리 국민의 욕구에 맞는 맞춤형 고령사회 대응 ① 노인의 취업보장정책, ② 노인의 건강예방정책, ③ 노인의 고독과 사회참여증진 등의 새로운 정책기술개발과 지원을 위한 한국 장수사회 복지 정책개발연구소(가칭) 등을 설립하고 이를 거점으로 한 R&D 실천예산과 인력 시스템이 대폭 지원되어 국제적이며, 장기적인 고령사회대응책 준비에 정부가 적극적 투자를 하여야 한다.

고령사회 대응책 마련에 R&D에 얼마나 투자를 하는가에 따라, 고령사회 국가적 성공, 실패가 가름 되게 되어 있다. 정부의 주요 국책사업과 무상복지 등 쏟아붓기식 대신 저출산 대책이나 고령화사회 노인 인력개발 등 성장기반에 집중 연구개발을 시키고 생산적 지출과 무관한 지출의 비중을 줄이고 성장관련 부문의 재원을 확보할 수 있도록 방법을 찾는 것은 R&D이다.

넷째, 고령사회가 우리에게 하나의 큰 도전으로 다가오고 있다. 최근의 보건복지부 조사에서 현재 우리 사회의 노인부양문제에 대해 국민들의 84.7%가 심각하다고 느끼고 있으며, 대부분의 노인요양문제가 개인(가족)차원이 아닌 사회적으로 해결할 문제(87.5%)로 인식하고 있다. 그만큼 평균수명의 연장으로 노인인구가 증가하고 출산율의 저하로 청장년층이 감소하는 고령사회는 노인문제의 큰 숙제를 우리에게 던져 주고 있다. 우리나라는 고령사회가 급속히 진행되고 있다. 고령사회가 진전되어 노인문제가 크게 증폭되면서 노인복지정책의 과제가 본격화될 전망이다.

즉, 저출산과 핵가족화의 급격한 진전으로 노인·자녀 별거세대가 늘어나고 노인부양기능도 크게 쇠퇴할 것으로 전망된다. 이러한 사회구조적 변화 상황 속에서 노인의 건강 의료에 대한 욕구가 증대하고 노인의 경제적 생활안정의 문제도 확대되며, 노인의료복지시설의 입소증대와 노인의 주거생활, 여가활동 등 복지서비스 욕구도 늘어나게 될 전망이다.

노인복지정책은 당면한 노인문제를 해결하고 노인들이 건강하고 안락하게 생활할 수 있도록 하기 위한 선택과정이다. 그런데 노인복지정책을 수립하는 데 있어서 중요한 것은 우리 앞에 다가오고 있는 고령사회의 노인문제를 어떻게 보고 그 해결 방향을 어떻게 잡느냐에 따라 기본적 시각의 문제이다.

사회복지에 관한 제반정책은 그동안 국가에 의해서 기획되고 있기 때문에 사회보험, 공공부조, 사회서비스는 전국적으로 거의 획일적으로 운영되고 있었고, 참여정부부터 지방분권화 정책에 따라 보건복지부로부터 67개 국고보조사업이 지방에 이양되었으나 재정자립도가 좋은 일부 대도시의 주민만이 혜택 받을 수가 있다. 따라서 대부분의 지방자치단체는 재정자립도가 낮기 때문에 욕구에 맞는 부가서비스를 받기도 어렵다. 복지욕구는 크고 복지자원은 적은 상황을 어떻게 개선할 것인지가 직면한 과제이다. 흔히들 노인을 의존적인 존재로 파악하고, 노인문제를 부정적으로 보는 경우가 많다. 그러나 이와 같은 시각으로는 고령사회의 노인문제를 해결할 수 없다. 노인이 전 인구의 1/3이 넘는 사회가 될 때 이러한 시각으로 노인문제를 해결할 수 없다는 사실을 생각해 보면 답은 자명하다.

노인문제를 보는 시각의 전환이 필요하다. 노인을 긍정적으로 보아야 한다. 의료적인 문제가 아니라 스스로 생활할 수 있는 독립적이고 자율적인 존재로 보아야 한다. 고령사회의 많은 노인들은 이렇게 독립적으로 생활하고 경제적, 사회적 역할을 수행하며, 사회발전에 기여하도록 견인하여야 한다. 지역사회의 자그마한 부분이라 할지라도 자원봉사 또는 일거리를 만들어 주는 지방자치단체의 복지정책도 필요하리라고 본다. 특히 늘어가는 치매 · 중풍 등 중증노인성질환의 어르신들이 편안하게 생활할 수 있고 가족들의 부담을 경감시킬 수 있는 노인전문 의료서비스와 요양보호 대책을 더욱 확충하여야 할 것이다. 이들 시설의 운영형태도 수요자의 비용부담능력에 따라 무료, 유료시설로 다양하게 만들어야 하며, 병행하여 지역사회에서 재가노인복지서비스도 대대적으로 확대하여야 한다.

노인복지정책 중에서는 국가 차원이 아니라 지방 차원에서 해결해야 할 과제가 더 많다. **첫째,** 지방자치단체가 노인복지의 중요성을 인식하고 앞장서야 한다. 특히, 시 · 군 · 구 기초자치단체가 지방별로 노인복지종합계획을 수립해야 한다. 예를 들면 '○○시 노인복지복지계획'을 수립하는 것이다. ○○지역 노인인구와 생활 상태를 조사하고, 노인들이 당면하고 있는 문제를 소득문제,

건강의료문제, 사회적 서비스 문제 등 각 범주별로 파악한 후에 그에 대한 대책으로 지역사회복지협의체 등의 자문을 얻어 지방 차원에서 해결할 수 있는 정책, 서비스전달체계와 재정확보계획을 만드는 것이다.

둘째, 지역사회의 복지네트워크를 만들어야 한다. 각 지방자치단체 지역의 풍부한 인적·물적 자원이 있음에도 그동안 기업과 종교기관, 복지기관의 긴밀한 유대관계가 없이 산발적으로 일회성 후원 내지 봉사활동에 그치는 경향이 있었다. 그리고 지역사회복지시설, 기관의 실무자들의 실무협의체의 조직이나 긴밀한 협력체계는 이루어지지 않고 있다. 지역사회의 잠재되어 있는 자원을 하나로 결집하여 각 지방자치단체의 복지수준을 향상해야 할 것이다.

고령사회에서 노인복지는 다양한 자원을 전제로 하고 있다는 것을 인식하고 지방자치단체의 복지관계자의 조직화와 시민들의 복지의식을 고취하며 노인복지에 동참하는 적극적인 자세와 태도가 무엇보다 중요하다.

학습다지기

1. 다음에서 설명하고 있는 내용으로 알맞은 것은?(　　)

> 노인복지는 '모든 노인이 최저 수준 이상의 생활을 유지하고 사회욕구 충족과 생활상의 문제를 예방 · 해결하며, 노후생활에 대한 적응과 사회통합을 이루는 데 필요한 급여와 서비스를 제공하는 공공부문과 민간부문의 조직적이고 전문적인 제반 활동'이라고 정의할 수 있다.

① 노인복지의 정의　② 노인복지의 개념
③ 노인복지의 역사　④ 노인복지의 정책

2. 2000년대 노인복지관련 법 제정 내용으로 틀린 것은?(　　)

① 노인장기요양보험법 제정 - 2007년
② 효행 장려 및 지원에 관한 법률 제정 - 2008년
③ 기초연금법 제정 - 2014년
④ 저출산 · 고령사회기본법 제정 - 2005년

3. 노인복지의 목표로 맞지 않는 것은?(　　)

① 건강한 노후생활(Healthy Aging)의 보장
② 생산적인 노후생활(Productive Aging)의 보장
③ 재정 · 금융 및 산업구조의 변화
④ 노인의 사회통합(Integrated Aging)의 보장

4. 노인복지정책의 기본원칙의 내용으로 맞지 않는 것은?(　　)

① 사회정의의 원칙　② 세대 간 연대성의 원칙
③ 자발적 참여의 원칙　④ 세분화의 원칙

5. 노인복지의 과제 중 하나를 선택하여 의견을 설명하시오.

ANSWER ① 1 ② 4 ③ 3 ④ 4 ⑤ p65

CHAPTER 04 노년기 소득실태와 소득보장

1 노인의 소득실태

1) 노인의 소득

기본적인 생계유지와 노년기에 적응적 생활을 위해서는 어느 정도의 소득의 확보가 필요하다. 그러나 노년기에 이르면 질병이나 퇴직 등으로 근로소득은 감소하는 데 비해 노후준비의 미흡과 빈약한 제도로 인하여 대부분의 노인들이 소득의 감소로 예전에 비해 윤택하지 못한 노후를 살아가고 있다.

일반적으로 소득의 유형은 크게 공적 소득원과 사적 소득원으로 구분할 수 있다. 공적 소득원은 공적 연금 및 공적 부조 등 공적이전소득으로 구성되며, 사적 소득원은 다시 ① 노동을 통한 임금소득, 사업소득, 부업소득 등의 근로·사업소득, ② 저축·임대·이자소득·사적 연금 등에 의한 자산소득 그리고 ③ 자녀, 친척 등으로부터의 사적이전소득 등 세 가지 유형으로 분류할 수 있다. 이를 소득원의 영역에 따라 재정리하여 보면, ① 노동(work)과 사업, 부업을 통한 근로·사업소득, ② 시장(market)을 통한 자산소득, ③ 가족을 통한 사적이전소득, ④ 국가를 통한 공적이전소득으로 분류할 수 있다(Rein & Turner, 1999).

노인의 경우 가구형태별 소득수준을 살펴보면 노인독거가구의 경우 연 1,172.3만 원으로 가장 낮으며, 그 다음으로 노인부부가구 연 2,342.7만 원, 기타가구 연 3,147.9만 원, 자녀동거가구 연 4,396.9만 원의 순서로 높게 나타났다. 한편, 소득구성을 보면, 노인독거가구의 경우에는 사적이전소득 402.5만 원(34.3%), 공적이전소득은 467.2만 원(39.9%)이며, 노인부부가구의 경우도 사적이전소득 432.9만 원(18.5%), 공적이전소득은 852.6만 원(36.4%)이다. 이는 기초연금과 국민기초생활수급으로 인한 것으로 해석된다. 공적이전소득은 노인부부가구의 공적연금 수급률이 더 높고, 노인부부가 모두 기초연금을 수급하는 경우 수급 총규모가 더 높기 때문이다. 자녀동거가구의 경우 근로소득 2,673.6만 원(60.8%)으로 가장 높으며, 사업소득이 528.3만 원(12.0%)으로 다른 가구형태보다 높게 나타났다. 이는 자녀의 근로 및 사업소득이 반영된 것으로 판단된다. 기타가구는 근로소득 1,055.7만 원(33.5%), 사업소득 630.9만 원(20.0%)이며, 재산소득은 95.1만 원(3.0%)으로 노인독거가구보다도 낮다. 그러나 기타가구의 사적이전소득은 489.7만 원(15.6%), 공적이전소득 841.8만 원(26.7%)으로 높게 나타났다(2017년 보건복지부 노인실태조사).

보건복지부의 2017년 노인실태조사에 따르면, 노인의 91.3%가 가구원이 소유한 부동산이 있는 것으로 나타났으며, 부동산 규모는 2억 4,546.2만 원이다. 지역별로는 동부 노인(92.4%)이 읍·면부 노인(88.9%)보다 부동산 보유율이 높고, 보유 부동산의 가격도 동부 노인의 경우 2억 6,496.2만 원으로 읍·면부 노인의 2억 279.7만 원보다 다소 높은 것으로 나타났다. 성별로는 남자노인(93.8%)이 여자노인(89.5%)보다 보유 비율이 다소 높게 나타났으며, 부동산 규모 또한 남자노인은 2억 7,891.8만 원으로 여자노인 2억 2,074.7만 원보다 높다. 연령대가 높아질수록 부동산 보유율이 낮은데, 65~69세 연령군이 95.3%, 75~79세 연령군이 90.4%, 85세 이상 연령군이 80.2%이며, 보유 부동산의 가격 또한 각각 2억 6,465.0만 원, 2억 4,532.9만 원, 2억 1,005.0만 원으로 낮다. 또한 유배우 노인의 보유율은 94.8%, 무배우 노인은 85.3%로 나타나 유배우 노인의 보유율이 다소 높은 편이며 보유 부동산 규모 또한 유배우 노인이 3억 83.2만 원으로 무배우 노인의 1억 4,970.0만 원보다 더 큰 것으로 나타났다. 가구형태별로는 자녀동거가구의 경우 부동산 보유율이 96.0%로 가장 높고, 노인독거가구는 80.7%로 가장 낮다. 보유 부동산 가격은 자녀동거가구 2억 9,432.5만 원으로 가장 많으며, 노인독거가구의 경우에는 1억 1,763.7만 원에 불과하다. 즉, 노인독거가구의 경우 부동산 소유율도 낮고 부동산 가치도 크지 않다. 교육수준별로는 학력이 높을수록 부동산 보유율이나 보유가격이 높은 것으로 나타나 무학(글자모름)의 보유율은 79.7%로 가장 낮고, 보유 부동산 가격 또한 9,855.0만 원으로 가장 낮다. 반면에 전문대학 이상 졸업자의 경우 부동산 보유율은 95.8%로 가장 높고, 가격 또한 5억 7,100.0만 원으로 무학(글자모름)의 경우보다 약 6배 높다. 취업 노인의 보유율은 94.1%로 미취업 노인의 90.1%보다 4.0%포인트 높으며, 규모 역시 취업 노인이 2억 4,856.8만 원으로 미취업 노인의 2억 4,411.2만 원보다 다소 높게 나타났다. 따라서 부동산 자산액과 금융자산액을 합한 총자산 금액에서 부채액을 제외한 순자산 규모는 평균 1억 9158만 원 정도로 순자산 중에서 부동산 자산이 97% 정도를 차지하고 있어 전체 자산이 부동산에 묶여 있는 경향이 강한 것으로 나타났다(권중돈, 2019).

2) 노인 생계비와 용돈

현재 노인계층의 경우 노후 생계를 위해 여유자금을 저축할 수 있는 여력이 제한된 상황에서 생활해 왔으며, 노후 소득보장체계가 아직 미비하기 때문에 가족 등의 비공식 지지망에 의존하여 기본 생계비를 마련하는 경향이 높다. 통계청(2015)의 사회조사보고서에 따르면 노인인구 중에서 기본 생계비를 본인이나 배우자의 수입으로 마련하는 경우가 67%, 자녀나 친척의 도움으로 마련하는 경우가 23% 정도로 조사되어 대부분이 본인, 배우자, 가족의 힘으로 생활비를 마련하고 있는 것으로 나타났다. 성별에 따라서는 남성노인은 본인과 배우자의 수입으로 생활비를 마련하는 경향이 강하고 여성노인은 자녀와 친척의 도움으로 생활비를 마련하는 경향이 상대적으로 강했다. 그리고 연령에 따라서는 연령이 낮을수록 본인과 배우자의 수입으로 생활비를 마련하는 경향이 강하고 연령이 높아질수록 자녀와 친척 그리고 정부와 사회단체의 지원에 의존하는 경향이 강해지는 것으로 나타났다.

보건복지부의 2017년 노인실태조사에 의하면, 2016년 기준 월평균 소비지출은 162.2만 원으로 지역별로는 동부 노인 172.1만 원, 읍·면부 노인 140.8

만 원으로 동부 노인이 약 31.3만 원 정도 더 지출하였다. 성별로는 남자노인이 173.6만 원, 여자노인이 153.8만 원으로 남자노인이 여자노인보다 소비지출이 19.8만 원 더 많다. 연령별로는 65~69세 연령군의 소비지출이 183.8만 원으로 가장 많고, 70~74세 연령군이 159.4만 원, 75~79세 연령군이 150.3만 원이지만, 80~84세 연령군에서는 134.8만 원, 85세 이상 연령군에서는 160.8만 원으로 U자형의 지출구조를 나타냈다. 한편 결혼상태별로는 유배우 노인인 경우 178.5만 원, 무배우 노인의 경우 134.1만 원으로 유배우 노인이 44.4만 원 더 지출하고 있다. 가구형태별로는 노인독거가구인 경우 83.0만 원, 노인부부가구 151.4만 원 그리고 자녀동거가구 소비지출이 257.0만 원으로 가장 높으며, 기타가구는 195.3만 원이다.

한편 월평균 주거비지출은 17.8만 원으로 지역별로는 동부 노인 18.9만 원, 읍·면부 노인 15.4만 원으로 동부 노인이 약 3.5만 원 정도 더 지출하였다. 성별로는 남자노인이 18.5만 원, 여자노인이 17.3만 원으로 남자노인이 여자노인보다 주거비지출이 1.2만 원 더 많으며, 연령별로는 65~69세 연령군의 주거비지출이 19.2만 원으로 가장 많고, 70~74세 연령군과 85세 이상 연령군이 각각 17.7만 원, 75~79세 연령군이 16.8만 원, 80~84세 연령군이 16.2만 원으로, 연령이 높을수록 월평균 주거비지출이 적어지는 경향이 있다. 한편 결혼상태별로는 유배우 노인은 18.6만 원, 무배우 노인은 16.4만 원으로 유배우 노인이 2.2만 원 더 지출하고 있다. 가구형태별로는 노인독거가구가 14.2만 원으로 주거비지출이 가장 적고, 노인부부가구는 17.4만 원, 기타가구는 19.9만 원 그리고 자녀동거가구의 주거비지출이 21.8만 원으로 가장 많다.

2019년 60세 이상 고령자 가구의 순자산액은 3억 6,804만 원으로 전년 대비 446만 원 증가하였다. 연령대별로 보면, 60세 이상 고령자는 50대(4억 24만 원) 다음으로 많은 순자산액을 보유하고 있다. 고령자는 다른 연령대와 비교하여 자산 중 부동산(77.2%) 비중이 가장 높으며, 부동산 이외 자산 비중은 상대적으로 낮게 나타나고 있다.

표 4-1 **가구주 연령대별 가구 순자산(2019)**

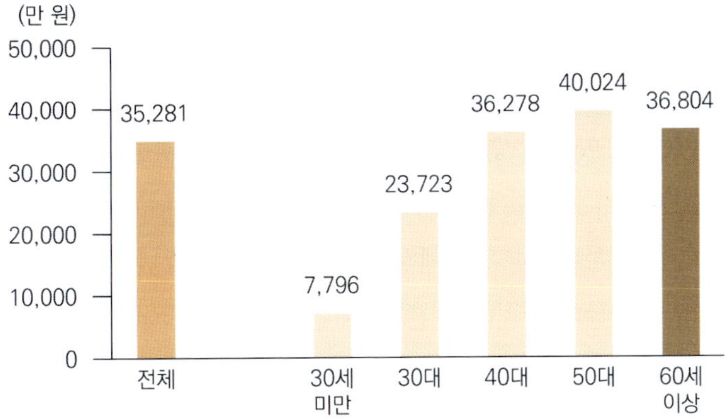

자료: 통계청 · 한국은행 · 금융감독원, 「가계금융복지조사」.

표 4-2 **가구주 연령대별 가구 자산 구성비(2019)**

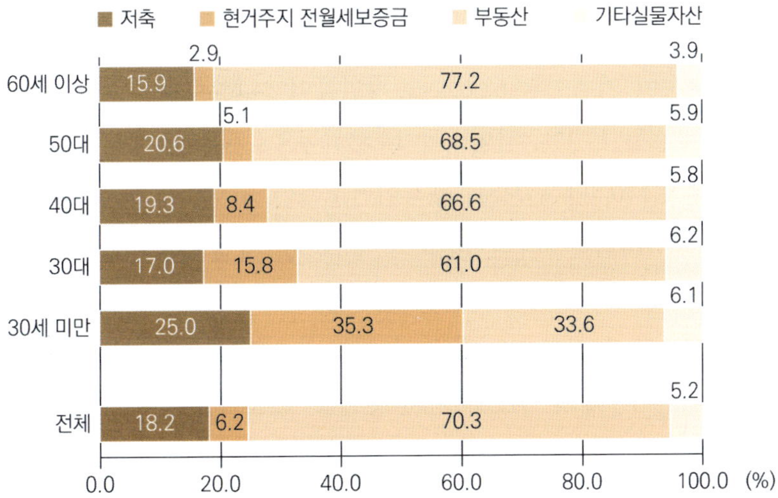

자료: 통계청 · 한국은행 · 금융감독원, 「가계금융복지조사」.

② 노인 소득보장정책

소득보장에 관련된 정책은 1998년 경로연금으로 시작되었으며, 정부지원 노인일자리 사업이 2004년 시작되어 현재까지 계속되고 있다. 한편 경로연금은 2007년 4월 「기초노령연금법」을 제정하여 2008년 시행, 기초노령연금에 흡수

되었다. 사회보험원리에 따라 노후 소득보장을 사회적으로 해결하기 위한 국민연금은 1988년 시행 후 납부기간이 20년 경과한 65세 이상 노인의 경우 수혜대상이 되고 있다.

2020년 통계청에 따르면 2018년 66세 이상 은퇴연령층의 소득 분배지표는 상대적 빈곤율 43.4%, 지니계수 0.406, 소득 5분위 배율 7.94배로 2016년 이후 모든 지표에서 소득분배 정도가 개선되고 있으나, 2017년 기준 우리나라 은퇴연령층(66세 이상)의 상대적 빈곤율은 경제협력개발기구(OECD) 가입국 중 가장 높은 수준으로 나타나고 있다. 2017년 보건복지부의 노인실태조사에 의하면 노인가구의 연 총소득은 2,589.7만 원이고, 근로소득이 가구소득의 가장 큰 비중을 차지하여 34.2%이며, 근로소득 다음으로 큰 비중을 차지하는 것이 공적이전소득으로 27.4%, 다음으로 사적이전소득이 15.2%, 사업소득이 13.1%이다. 노인 개인소득의 경우 가장 많이 갖고 있는 소득원은 사적이전소득으로 93.4%이며, 다음이 기초연금 68.6%, 공적연금이 34.6%이다. 이 외에도 재산소득 23.5%, 근로소득 17.1%, 사업소득 14.8% 등으로 나타났다. 또한 노인의 연간 개인소득은 1,176.5만 원으로, 공적이전소득이 36.9%로 가장 큰 비중을 차지하고 있으며, 다음은 사적이전소득 22.0%, 사업소득 13.6%, 근로소득 13.3%, 재산소득 12.2%, 기타소득 1.2%, 사적연금소득 0.8%의 순이다.

그리고 개인소득이 가구소득에서 차지하는 비중은 55.5%이고, 노인가구의 자산을 살펴보면 전체의 91.3%가 부동산을 갖고 있으며, 그 규모는 2억 4,546.2만 원 수준이다. 금융자산은 91.6%가 보유하고 있고, 규모는 3,631.8만 원, 기타 자산은 44.6% 수준이며, 규모는 855.3만 원이고, 노인가구의 29.0%가 부채를 갖고 있고 평균 부채 규모는 2,408.4만 원이다. 가구소비지출액은 월평균 162.2만 원이며, 동부 노인과 남자노인에게서 소비 지출액이 더 많다. 또한 가구소득 제5오분위 노인의 경우는 가구소비지출액이 314.7만 원인 반면, 제1오분위의 경우는 68.4만 원에 불과하다.

노인가구가 부담을 느끼는 지출 항목으로는 주거관련비가 가장 많이 언급되어 24.9%이며, 다음이 보건의료비로 23.1%, 식비 18.7% 등이고, 노인가구의 6.4%는 국민기초생활보장수급자이며, 의료급여만 적용되는 노인은 1.6%로 나타났다. 조사결과에 따르면, 조사대상자의 78.3%가 노인의 연령기준을 "70세 이상"으로 생각하고 있으며, 특히 75세 이상으로 응답한 비율은 31.6%로 2011년 노인실태조사보다 7% 증가하였고, 개인 소득 중 사적이전소득이 가장 많이 차지하고 있고, 노인 개인 소득의 구성 비율 중 공적연금소득 비율이 대폭 확대되었는데, 이는 기초(노령)연금 지급 및 국민연금 등이 성숙된 결과로 판단된다.

1) 연금보험(국민연금)

(1) 개 요

1960년대 추진된 경제개발계획으로 산업화, 도시화, 핵가족화, 노령화가 빠른 속도로 진행되고, 이로 인해 발생된 사회문제의 해결방안으로 1973년 「국민복지연금법」을 제정·공포하였으나, 1973년 발생한 석유파동의 영향에 의한 경제 불황으로 1974년 1월 시행 예정이었던 국민연금제도를 무기한 연기하였다.

노동시장 확대와 계속적인 출생률 저하 등으로 국민연금제도에 대한 필요성이 증가되면서 종전의 국민연금제도를 수정·보완하여 1988년 1월부터 시행하게 되었으며, 기금운용 등 효율적인 관리운영을 위해 1987년 9월에 독립기관으로 국민연금공단을 설립하여, 우선적으로 10인 이상 사업장에 근무하는 18세 이상 60세 미만의 근로자 및 사업주 대상까지 실시하였다.

또한 1992년 1월 1일 상시근로자 5~9명 사업장의 근로자와 사용자를 가입대상으로 포괄한 것을 기점으로 1995년 7월 1일 농어촌지역(군지역)으로 제도가 확대되었으며, 1995년 4월부터는 상시근로자 5명 이상 사업장의 외국인 근로자 및 사용자에게도 제도를 확대·적용하였다. 이후 1999년 4월 1일부터는 도시지역으로 확대 적용됨으로써 '전 국민연금' 시대가 열렸다. 2003년 7월부터는 5인 미만의 영세사업장, 근로자 1인 이상 법인, 전문 직종 사업장을 포괄함은 물론, 임시·일용직과 시간제 근로자의 가입자격을 보다 완화함으로써 보편적 노후소득보장제도로 거듭나게 되었다.

(2) 가입대상

가입대상으로는 국내에 거주하는 만 18세 이상 60세 미만의 국민 및 국내거주 외국인이다. 가입종별 가입자 구분으로는 사업장가입자는 가입대상자로서 1인 이상 사업장의 근로자와 사용자를 말하고, 지역가입자는 가입대상자로서 사업장가입자가 아닌 자를 말한다. 공적연금(국민연금, 공무원연금, 군인연금, 사립학교교직원연금, 별정우체국연금) 가입자 및 수급자의 무소득배우자, 18세 이상 27세 미만의 학생과 군인, 기초생활수급자, 1년 이상 행방불명자 등은 가입 적용대상에서 제외된다.

또한 임의가입자는 적용제외자 중 본인이 희망하여 가입한 자, 임의계속가입자는 납부한 국민연금보험료가 있는 가입자 또는 가입자였던 자로서 60세에 달한 자가 가입기간이 부족하여 연금을 받지 못하거나 가입기간을 연장하여 더 많은 연금을 받기를 원할 경우는 65세에 달할 때 신청에 의하여 임의계속 가입자가 될 수 있다.

(3) 연금보험료 부과

국민연금 보험료는 가입자 자격취득 시의 소득신고 또는 정기결정에 의하여 결정되는 기준소득월액에 현재 연금 보험료율인 9%를 곱하여 산정하되, 사업장가입자 경우 국민연금 보험료는 본인과 사업장의 사용자가 각각 절반씩(4.5%) 부담하며 사업장가입자를 제외한 지역가입자는 9% 전액을 본인이 부담한다.

(4) 국민연금 급여내용

국민연금 급여는 지급방법에 따라 매월 정기적으로 지급하는 연금급여와 일시금 급여로 분류되며 연금급여에는 노령연금, 장애연금 및 유족연금이 있고, 일시금 급여에는 반환일시금, 사망일시금이 있으며, 장애등급 4급에 해당하는 자에게는 연금이 아닌 일시보상금을 지급한다. 또한 외국인도 우리 국민과 동일하게 연금을 수급할 수 있는 요건에 해당되는 경우 연금급여를 모두 지급 받을 수 있다. 노령연금은 20년 이상 가입하고 60세에 달한 때부터 받게 되는 완전노령연금을 필두로 가입기간, 소득유무 및 수급 연령에 따라 감액·재직자·조기노령연금 및 제도 도입 초기 한시적으로 적용되었던 특례노령연금으로 구분된다.

표 4-3 국민연금 급여 내용

연금급여(매월지급)		일시금 급여	
노령연금	• 노후소득보장을 위한 급여 • 국민연금의 기초가 되는 급여	반환 일시금	• 연금을 받지 못하거나 더 이상 가입할 수 없는 경우 청산적 성격으로 지급하는 급여 • 외국인이 본국귀환을 사유로 출국이 확인된 경우
장애연금	• 장애로 인한 소득감소에 대비한 급여	사망 일시금	• 유족연금 또는 반환일시금을 받지 못할 경우 장제부조적·보상적 성격으로 지급하는 급여
유족연금	• 가입자(였던자) 또는 수급권자의 사망으로 인한 유족의 생계 보호를 위한 급여		

자료: 국민연금공단, 2020.

2) 공공부조 - 국민기초생활보장제도

「사회보장기본법」의 제3조(정의)에 의하면 "공공부조(公共扶助)란 국가가 국민의 사회권을 적극 보장하고 복지국가의 원리를 실현하기 위해 국민에게 제공하는 사회 보장 제도 중의 하나이고, 국가 또는 지방자치단체가 생활 유지 능력이 없거나 생활이 어려운 주민에게 최저한도의 생활을 보장해 주기 위해 일정한 보호 기준에 따라 현금이나 현물을 지원하는 제도이다.

공공부조는 자본주의 사회의 모순이 심화되면서 그 구조적 산물로 발생한 빈곤층을 보호하고 소득을 재분배하는 데에서 의의를 찾아볼 수 있다. 하지만 공공부조는 국가 재정의 부담을 증가시키고 빈곤층의 근로 의욕을 상실시킬 수 있다는 제한점도 지니고 있다. 공공부조에는 국민기초생활보장제도, 의료급여 등이 해당한다.

(1) 개 요

국민기초생활보장제도는 가족이나 스스로의 힘으로 생계를 유지할 능력이 없는 최저생계비 이하의 절대 빈곤층 국민을 대상으로 생계, 의료, 주거, 교육 등 기초적인 생활을 영위할 수 있도록 현금 또는 현물을 지원하는 복지제도를 말한다.

국민기초생활보장제도는 1997년 말 외환위기로 인해 실업과 빈곤문제가 심각했던 상황에서, 빈곤층의 인간다운 삶을 보장하기 위해 시민단체들의 청원과 여·야 국회의원들의 공동발의로 1999년 9월 7일 제정되었고, 2000년 10월 1일 시행되었다. 이 제도는 빈곤층에 대한 소득보장을 '사회권'의 하나로 규정하였으며, 근로능력 유무와 무관하게 모든 빈곤층에게 소득보장을 하도록 규정하였으며, 자활사업을 통해 근로연계복지(workfare)를 실시하고 있다는 점에서 한국 사회보장제도에서 매우 상징적인 의미를 갖고 있다.

(2) 주요내용

① 수급자 선정기준

기초생활 수급자 선정기준은 부양의무자가 없거나 부양의무자가 있어도 부양능력이 없거나 부양을 받을 수 없는 사람으로서 소득인정액이 급여종류별 선정기준 이하인 사람이다. 2021년에 기초생활보장제도에서 가장 큰 변화는 노인가구, 한부모가구인 경우에 부양의무자의 기준이 사실상 폐지된 점이다. 기초생활보장제도는 해당 가구의 소득과 재산이 낮더라도 부양의무자의 소득과 재산을 보아서 부양능력이 있다고 인정되면 생계급여와 의료급여를 제공하지 않았다. 2015년에 맞춤형 복지를 설계할 때 교육급여 수급자는 해당 가구의 소득과 재산만 보았고, 2018년부터 주거급여도 부양의무자 기준이 폐지되었다. 2020년에도 해당 가구 소득인정액이 기준 중위소득의 50% 이하면 교육급여 수급자로 선정되어 교육급여를 받고, 45% 이하면 주거급여 수급자로 선정되어 주거급여와 교육급여를 받을 수 있었다.

그런데 2021년부터 노인가구와 한부모가구는 생계급여에서 부양의무자 기준을 보지 않는다. 생계급여에서 부양의무자 기준의 일부 폐지는 기초생활보장제도의 큰 틀이 바뀌는 것이다. 노인만으로 구성된 노인가구, 18세 미만 아동을 양육하는 한부모가구는 더 이상 부양의무자의 소득과 재산을 보지 않고 생계급여 수급자로 선정될 수 있다. 생계급여에서 부양의무자 기준의 폐지는 아직 제한적이다. 부양의무자 가구의 소득이 연 1억 원(월 평균 834만 원) 이상이거나 재산(금융재산 제외)이 9억 원 이상인 경우에는 부양의무자 기준을 보기 때문이다. 정부는 2022년부터 생계급여 수급자를 선정할 때 모든 가구에서 부양의무자 기준을 보지 않기로 했으니 변화의 계기는 만든 셈이다. 부양의무자로부터 제대로 지원을 받지 못하지만, 부양의무자에게 부양능력이 있다는 이유만으로 생계급여 수급자로 선정되지 못한 문제점은 조만간 해소될 것이다. 또한, 부양의무자의 부양능력을 판정하기 위해 신청자가 '부양의무자의 정보이용동의서'를 제출하는 것이 아니라, 정부가 공적 자료를 통해 부양의무자의 부양능력을 산정하는 방식으로 바뀌었다. 신청자가 부양의무자의 '정보이용동의서'를 내지 않았다는 이유만으로 수급자로 선정되지 못하는 문제점도 해소될 것이다. 의료급여에서 부양의무자 기준은 남았다.

2021년부터 생계급여에서 부양의무자 기준은 점진적으로 폐지되지만, 의료급여에서 부양의무자 기준은 여전히 남아 의료 사각지대에 있는 사람은 적지 않다.

② 급여의 선정기준

2021년도 급여별 선정기준은 기준 중위소득 대비 일정 비율을 적용하며, 국민기초생활보장 수급자 선정기준인 기준 중위소득이 3%가량 인상된다. 가구 소득인정액이 중위소득의 50% 이하이고, 당사자가 복지로 웹사이트나 읍·면·동 행정복지센터에 신청하면 기초생활보장 수급자로 선정될 수 있다.

기준 중위소득은 매년 보건복지부장관이 공표하는데, 가구원수에 따라 금액이 다르다. 2021년에는 1인가구 182만7831원이고, 2인가구 308만8079원, 3인가구 398만3950원, 4인가구 487만6290원 등이다. 2021년 중위소득은 2020년에 비교하여 1인가구 4.02%, 2인가구 3.22%, 3인가구 2.93%, 4인가구 2.68% 인상되었다. 가구원수가 적을수록 인상률이 높은 것은 상대적으로 생계비가 더 들기 때문이다.

기준 중위소득이 인상되었기에 가구 소득인정액이 작년보다 더 많은 사람도 기초생활보장 수급자로 선정될 수 있다. 가구 소득인정액이 중위소득의 50% 이하일 때, 교육급여 수급자로 선정될 수 있다. 2021년에는 가구 소득인정액이 1인가구 91만3916원, 2인가구 154만4040원, 3인가구 199만1975원, 4인가구 243만8145원 이하일 때 교육급여 수급자로 선정될 수 있다.

또한, 가구 소득인정액이 중위소득의 45% 이하일 때 주거급여 수급자로 선정될 수 있고, 가구 소득인정액과 부양비의 합계액이 중위소득의 40% 이하일 때 의료급여 수급자, 합계액이 중위소득의 30% 이하일 때 생계급여 수급자로 선정될 수 있다. 따라서 2020년에 가구 소득인정액이 중위소득의 50% 이상으로 기초생활보장 수급자로 선정되지 않았지만, 실직하거나 사업이 부진한 사람은 일단 복지로 웹사이트나 행정복지센터에 신청서를 제출하면 수급자로 선정될 가능성이 높아졌다.

생계급여 수급자는 재산의 소득환산액을 산출할 때 공제 금액이 높지만, 의료급여 수급자는 공제 금액이 낮아서 '소득환산액'이 턱없이 높게 산정되는 문제점은 여전하다. 가구당 기본재산의 공제액이 생계 · 주거 · 교육급여 수급자는 대도시 6900만 원, 중소도시 4200만 원, 농어촌 3500만 원인데, 의료급여 수급자는 각각 5400만 원, 3400만 원, 2900만 원이다. 대도시에 사는 어떤 사람의 기본재산이 6900만 원이라면, 생계 · 주거 · 교육급여 수급자로 선정할 때에는 매월 소득환산액이 0원인데, 의료급여 수급자로 선정할 때에는 소득환산액이 62만5500원으로 간주된다.

주거용 재산의 한도액도 생계 · 주거 · 교육급여 수급자는 대도시 1억 2000만 원, 중소도시 9000만 원, 농어촌 5200만 원인데, 의료급여 수급자는 각각 1억 원, 6800만 원, 3800만 원으로 매우 불합리하다. 위의 사례에서 기본재산을 초과하는 재산 1500만 원이 주거용이면, 일반재산 소득환산율의 1/4를 적용받아 소득환산액은 매월 15만6375원으로 간주된다.

의료급여 수급자를 선정할 때에는 생계급여 수급자에서 점차 폐지되는 부양의무자 기준이 있고, 수급자의 기본재산과 주거용재산 한도액에서 차별이 있어서 수급자로 선정되기 어렵다. 의료급여 수급자는 선정되더라도 18세 미만 아동, 65세 이상 노인, 중증장애인만으로 구성된 가구는 1종이 적용되어 본인부담금이 별로 없지만, 18세 이상 65세 미만 사람이 있으면 2종으로 책정되어 본인부담금이 전체 진료비의 10%~15%이다. 본인부담금 때문에 질병 치료를 받아야 할 가난한 사람은 의료급여를 제대로 활용하기 어렵다.

3) 기초연금

(1) 도입배경 및 필요성

노년기에 경험하게 되는 가장 큰 어려움 중의 하나가 빈곤으로, 우리 사회처럼 실질적으로 은퇴하는 연령과 연금수급연령을 의미하는 공식적인 은퇴연령 간의 시차가 있는 사회에서는 노년기가 빈곤의 위험에 대비한 제도 마련이 보다 절실히 요구된다. 그러나 우리 사회는 아직 공적인 노후 소득보장제도가 충분히 정립되어 있지 못한 것이 사실이다.

공적인 노후 소득보장제도의 실효성이 낮아, 미래 세대뿐만 아니라 현 세대의 노인들 대부분이 공적인 노후소득보장제도의 사각지대에 놓여 있으며, 상당수가 빈곤상태에 놓여 있다. 국민의 안정된 노후생활을 위해 1988년부터 국민연금제도가 시행되었지만, 제도가 시행된 지 오래되지 않아 국민연금에 가입하지 못한 분들이 많고, 가입을 하였더라도 그 기간이 짧아 충분한 연금을 받지 못하는 분들이 많아 어르신들의 불안한 노후생활을 도와드리고 연금 혜택을 공평하게 나누어 드리기 위해 기초연금제도를 도입하게 되었다.

(2) 기초연금제도 개요

2007년 4월, 생활이 어려운 노인의 생활안정을 지원하여 복지를 증진하기 위한 기초연금제도 도입을 내용으로 하는 「기초노령연금법」이 2007년 4월에 통과되었다. 이러한 기초연금제도는 2008년 1월부터 70세 이상 노인 중 소득인정액 하위 60%에 해당하는 노인을 대상으로 시행되었으며, 2008년 7월부터는 65세 이상으로, 2009년 1월부터는 65세 이상 노인 중 소득인정액 하위 70%로 지급대상을 지속적으로 확대하였다.

2021년 개정된 기초연금법에 따라 월 최대 30만 원 지급 대상이 기초연금 수급자 전체로 확대된다. 매년 변경되는 선정기준액은 노인 단독가구 기준 2021년 169만 원으로 14.2% 인상된다. 2020년에 월 소득인정액이 148만 원을 초과해, 기초연금을 받지 못했던 단독가구 어르신도 올해 1월부터 월 소득인정액이 169만 원을 넘지 않으면 기초연금을 받을 수 있다(부부가구 270.4만 원 이하). 2020년 소득하위 40%까지 적용됐던 월 최대 30만 원 지급대상은 단계적으로 확대돼 올해에는 소득하위 70% 이하 기초연금 수급자 전체가 최대 지급액 대상자가 된다.

따라서 2020년 소득하위 70% 이하 최대 지급액인 25만4760원을 지급받던 어르신은 2021년 인상된 30만 원을 지급받아 매월 4만5000원의 연금액이 인상된다. 또한 일하는 어르신이 최저임금 인상으로 불이익을 받지 않도록, 2021년도 인상된 최저임금(2020년 8,590원→2021년 8,720원)을 반영해 근로소득 공제액을 98만 원으로 상향 조정했다.

2021년 달라진 기초연금제도의 혜택을 받기 위해서는 반드시 신청해야 하며, 올해는 만 65세에 도달한 1956년생 어르신들이 신규 신청 대상이다. 생일이 속한 달의 한 달 전부터 신청할 수 있으며, 신청 희망 시 주소지 관할 동 주민센터 및 읍·면사무소 또는 주소지와 관계없이 가까운 국민연금공단 지사를 방문하면 된다.

표 4-4 국민연금 소득대체율 기초연금 조합 방안

	1안 현행유지	2안 기초연금 강화	3안 노후소득보장 강화 1	4안 노후소득보장 강화 2
소득대체율 기본모형	40% 유지 (국민 40+기초 12) 52%	40%+기초연금 40만 원 (국민 40+기초 15) 55%	45% (국민 45+기초 12) 57%	50% (국민 50+기초 12) 62%
보험료율	9% 현행 유지 (직장가입자 4.5%)	9% 현행 유지	5년마다 1%p씩 인상 2031년 12%	5년마다 1%p씩 인상 2036년 13%
기초연금	2021년 30만 원	2022년 40만 원	2021년 30만 원	2021년 30만 원
실질급여액	86.7만 원	101.7만 원	91.9만 원	97.1만 원

	1안 현행유지	2안 기초연금 강화	3안 노후소득보장 강화 1	4안 노후소득보장 강화 2
실질대체율	34.7%	40.7%	36.8%	38.8%
소진시점	2057년	2057년	2063년	2062년

※ 실질급여액 및 실질대체율은 평균소득자(205만 원) 해당 소득대체율 25년 가입기준

※ 소득대체율: 국민연금 가입자가 추후 받게 되는 연금액이 생애평균소득과 비례해 얼마나 되는지를 보여 주는 비율. 2007년 연금개편 이후 매년 0.5%포인트씩 낮춰 2028년 40%까지 인하 계획

자료: 보건복지부.

(3) 지급결정 및 통지

읍 · 면 · 동 행정복지센터나 국민연금공단 지사에 제출한 기초연금신청서는 시 · 군 · 구의 통합조사 관리팀에서 '행복e음'을 통해 조사하면 특별자치도지사 · 시장 · 군수 · 구청장은 해당 내용을 검토하여 연금 지급 여부 및 연금액을 결정, 대상자에게 통지한다. 연금지급 방식은 신청일이 속하는 달부터 지급하되, 사전신청의 경우 만 65세 생일이 속한 달부터 결정 금액을 수급자 본인 명의의 금융계좌에 시장 · 군수 · 구청장이 매월 25일에 직접 개별입금 지급한다.

소득이나 재산이 전혀 없이 생활하는 등 경제사정이 어려운 어르신들이 많고, 어르신들을 부양하는 자녀들의 경제적 부담도 큰 편이다. 이와 같은 점들을 고려하여 생활이 어려운 어르신들에게 매월 기초연금을 지급함으로써 노인의 생활안전을 지원하고 복지를 증진함을 기초연금의 목적으로 한다.

1. 다음의 내용이 설명하고 있는 것은 무엇인가?(　　)

- 연금을 받지 못하거나 더 이상 가입할 수 없는 경우 청산적 성격으로 지급하는 급여
- 외국인이 본국귀환을 사유로 출국이 확인된 경우

① 사망일시금　② 반환일시금
③ 노령연금　④ 장애연금

2. 국민기초생활보장제도에서 수급자 선정기준으로 맞는 내용은?(　　)

① 부양의무자가 없거나 부양의무자가 있어도 부양능력이 없거나 부양을 받을 수 없는 사람으로서 소득인정액이 급여종류별 선정기준 이상인 사람이다.
② 부양의무자가 없거나 부양의무자가 있어도 부양능력이 있거나 부양을 받을 수 없는 사람으로서 소득인정액이 급여종류별 선정기준 이하인 사람이다.
③ 부양의무자가 없거나 부양의무자가 있어도 부양능력이 없거나 부양을 받을 수 있는 사람으로서 소득인정액이 급여종류별 선정기준 이하인 사람이다.
④ 부양의무자가 없거나 부양의무자가 있어도 부양능력이 없거나 부양을 받을 수 없는 사람으로서 소득인정액이 급여종류별 선정기준 이하인 사람이다.

3. 국민기초생활보장제도 급여의 선정기준으로 맞는 것은?(　　)

① 기준 중위소득 대비 생계급여는 40%, 의료급여는 50%, 주거급여는 43%, 교육급여는 60% 이하 가구이다.
② 기준 중위소득 대비 생계급여는 30%, 의료급여는 40%, 주거급여는 43%, 교육급여는 50% 이하 가구이다.
③ 기준 중위소득 대비 생계급여는 20%, 의료급여는 40%, 주거급여는 53%, 교육급여는 50% 이하 가구이다.

④ 기준 중위소득 대비 생계급여는 40%, 의료급여는 40%, 주거급여는 43%, 교육급여는 60% 이하 가구이다.

4. 국민기초생활보장제도의 급여 제공 형태로 맞는 것은?(　　)

① 생계, 의료, 주거, 교육 등 기초적인 생활을 영위할 수 있도록 현금을 지원하는 복지제도를 말한다.

② 생계, 의료, 주거, 교육, 자활 등 기초적인 생활을 영위할 수 있도록 현물을 지원하는 복지제도를 말한다.

③ 생계, 의료, 주거, 교육 등 기초적인 생활을 영위할 수 있도록 현금 또는 현물을 지원하는 복지제도를 말한다.

④ 생계, 의료, 주거, 교육, 장제 등 기초적인 생활을 영위할 수 있도록 현금 또는 현물을 지원하는 복지제도를 말한다.

5. 기초연금 도입배경 및 필요성을 설명하시오.

ANSWER ① 2 ② 4 ③ 2 ④ 3 ⑤ p93

CHAPTER 05 노년기 고용과 고용지원

1 노년기 일의 의미

사람이 일을 하는 이유는 일차적으로 경제적 목적을 성취하는 것이다. 즉, 모든 개인은 노동을 통하여 재화나 서비스를 생산해 냄으로써 생존과 생화유지에 필요한 자원을 획득한다. 하지만 사람이 일을 하는 이유는 경제적인 것에만 있지 않으며, 사회 심리적 목적에서도 일을 하게 되고 때로는 이러한 목적이 더 중요한 의미를 지닌다. 그래서 인간은 누구를 막론하고 생존을 위해서 일을 할 수 있는 권리를 보장받아야 한다. 우리 헌법 제31조에 "모든 국민은 근로의 권리를 가진다"라고 명시하고 있다. 노인복지법의 기본이념은 "노인은 그 능력에 따라 적당한 일에 종사하고 사회적 활동에 참여할 기회를 보장 받는다."라고 명시되어 노인의 취업에 관한 법적 근거를 두고 있다.

노인들의 취업과 근로의 기회를 임의적으로 탈취 및 배제하는 것은 인간의 기본권인 생존권의 침해에 해당되어 결코 있어서는 안 된다. 현재 우리 사회의 노인인구 증가 및 노인들의 취업욕구 정도에 비해 노인문제의 해결은 저조한 실정이며, 노인들에게 적합한 취업의 기회 제공을 통한 근로소득은 경제적 문제를 해결하여 노후 생활의 안정과 의식주의 기본욕구를 충족시켜 주는 것이다.

결과적으로 노인의 일자리는 인간의 기본욕구인 일하는 즐거움과 여가활동을 증진하여 결국 노인의 사회적 지위와 존재감을 갖게 하고 노후의 삶을 성공적으로 영위하게 하여 사회적 부담을 감소시키는 다중의 역할을 한다.

1) 노인취업의 필요

노인취업은 소득을 확보하려는 경제적인 측면만이 아니라 사회참여의 욕구까지 포함하고 있어 노인에게 매우 중요하다. **첫째,** 근로소득 보장을 통해 노인들의 생계, 용돈을 해결하여 부양가족들의 경제적 압박을 경감시키고, **둘째,** 사회적 역할 부여를 통해 무료함이 해소되고, **셋째,** 국가적 차원에서의 사회보장비의 절감, **넷째,** 정신적 유용감의 부여, **다섯째,** 건강증진에 기여한다(김성순, 2003).

2) 노인의 빈곤

사람이 인간다운 생활을 유지하기 위해서 의식주와 건강의 유지는 물론 사회참여 욕구와 문화적 욕구를 기본적으로 충족시킬 수 있는 수입이 필요하고, 특히 오늘날의 노인들은 생명의 연장으로 노년기의 생활이 더욱 길어져 경제적 부담이 가중될 선낭이다. 신체석 노화현상으로 의료비용이 더 필요하게 되고 노년기에 이르게 되면 질병이나 퇴직 등으로 인하여 근로소득이 급격히 줄어들게 된다. 현재 우리나라의 노인을 위한 연금제도와 공적 부조제도의 미성숙이 노인들의 소득 감소로 직결되어 노인들이 경제적 어려움에 처하게 된다.

통계청이 2020년 10월 발표한 장래인구 특별추계에 따르면 1955~63년에 출생한 '베이비부머' 약 723만 명이 차례로 노인 세대에 진입한다. 반면 2018년 기준 우리나라의 노인 빈곤율은 경제협력개발기구(OECD) 회원국 중 최고 수준인 43.4%로 확인됐다. 여러 정책적 노력으로 노인 빈곤율은 2017년 대비 0.6%포인트 감소했지만 갈 길은 여전히 먼 상황이다. 노인 빈곤율이 높고 공적연금 체계가 미성숙한 상황에서 노인일자리 사업은 기초연금과 함께 노년기 소득보장에 중요한 역할을 해 왔다. 우울감 해소, 의료비 경감 외에도 삶의 만족도를 높이는 등 건강하고 활기찬 노후 생활을 지원해 왔다.

2020년부터 베이비붐 세대의 은퇴가 본격화한다. 한국노인인력개발원에 따르면 베이비붐 세대는 숙련된 기술과 풍부한 근로 경험을 가졌다. 은퇴 후 사회참여 욕구도 큰 것으로 나타났다. 새로운 노인 세대 등장에 맞춰 새로운 정책이 필요하다. 양적 성과를 바탕으로 다양한 노인 세대 욕구에 맞는 일자리 개발 등 질적 변화를 모색해야 할 단계다. 특히 공공기관·기업과 협업해 지속가능한 일자리 개발에 힘쓰고 있다. 새롭게 개발한 시니어 산업재해 가이드의 경우 근로복지공단 지사에 배치돼 산재 상담 등에 임한다. 이들은 생애 경력을 활용해 다른 노동자의 권익을 보호하는 일을 한다.

정부에서는 2017년 47만 개를 시작으로 단계적으로 노인일자리를 확대했다. 2021년에는 총 80만 개의 일자리를 제공할 계획이다. 일자리 혜택이 더 많은 이들에게 돌아갈 수 있도록 참여 기준을 완화했다. 기존에는 참여할 수 없었던 의료·교육·주거급여 수급자도 올해부터 사업 참여를 신청할 수 있다. 특히 청년과 함께하는 세대 통합형 일자리, 노인 세대에 적합한 일자리 발굴 등 정책적인 노력도 추진할 것이다. 2021년 동절기 소득 공백을 완화하기 위해 시작한 일자리 참여자는 신종 코로나바이러스 감염증(코로나19)이란 어려운 상황에서도 80만 명을 훌쩍 넘는 노인들이 노인일자리 사업의 문을 두드렸다. 노인일자리 사업은 어르신들의 생계에 조금이나마 도움을 줄 뿐 아니라 이들이 인생의 의미를 찾게 하는 좋은 기회가 될 수 있다. 왜 노인일자리에 참여하시는지 물었더니 이번에 받은 활동비가 평생 첫 월급이라고 했던 참가자의 말이 기억에 남는다. 일자리 하나하나가 어르신들에게 각별한 의미가 있는 만큼 정부는 양질의 일자리 사업이 될 수 있게 최선을 다하여야 한다.

2020년 코로나19 상황에 급증한 빈곤층 숫자는 비관적 전망이 먼 미래의 일이 아니라 이미 현실로 다가왔다는 점을 분명히 보여 주고 있다. 기초생활보장 수급자와 차상위 계층을 합한 사회적 빈곤층은 272만 명으로, 문재인 정부 출범 초기에 비해 55만 명이나 늘어났다. 코로나19 영향이 가장 크지만 여기엔 정부의 잘못된 경제정책 운용 탓도 적지 않다. 코로나19가 확산되기 이전인 2018년(16만 명)과 2019년(13만8000명)에 이미 많이 늘어난 빈곤층 수는 소득주도성장의 그늘이라고밖에는 달리 해석할 수 없기 때문이다. 정부에서는 사회적 약자 보호를 앞세워 무리하게 최저임금을 인상하고 근로시간을 줄였지만 그 결과 영세 자영업자는 생계 기반을 임시직과 비정규직은 일자리를 잃어

빈곤층으로 떨어지고 있다.

또한 2019년 65세 이상 고령자 중 일(구직활동 포함)한 사람 비율은 33.8%로 5년 전보다 1.0%p 증가하였고, 日 평균 일한 시간도 1시간 28분으로 5년 전보다 2분 증가하였다. 일(구직활동 포함)한 행위자 비율은 남자가 41.5%로 여자보다 13.5%p 높고, 평일이 주말보다 10.0%p 내외 높게 나타났으며 평균 일(구직활동 포함)한 시간은 65~69세 고령자가 日 평균 2시간 17분으로 가장 많고, 70~74세 1시간 25분, 75~79세 1시간 10분, 80세 이상 31분으로 연령대가 높을수록 일(구직활동 포함)한 시간이 줄어들었다. 65~69세 고령자의 경우 평균 일(구직활동 포함)한 시간이 5년 전보다 14분 증가한 반면, 70~74세 고령자는 5년 전보다 12분 감소하였다.

2019년 65세 이상 고령자의 가사노동시간은 2시간 17분으로 5년 전보다 6분 감소하였고, 여자의 가사노동시간이 3시간 8분으로 남자보다 1시간 57분 더 많으나 5년 전보다 남녀의 가사노동시간 차이는 8분 감소하였다. 남자의 가사노동시간은 연령대와 상관없이 1시간 10분 내외로 비교적 일정한 반면, 여자의 경우 연령대가 높을수록 가사노동시간이 감소하여 65~69세 연령대와 80세 이상 연령대의 가사노동시간은 1시간 20분 차이가 났다.

표 5-1 OECD 주요국의 상대적 빈곤율(66세 이상, 2017)

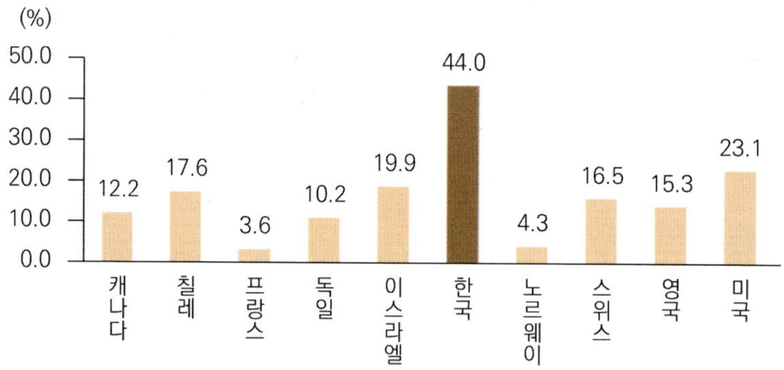

자료: OECD, 「Social and Welfare Statistics」(2020.8.19. 기준).

표 5-2 **고령자(65세 이상)의 고용률 및 실업률**

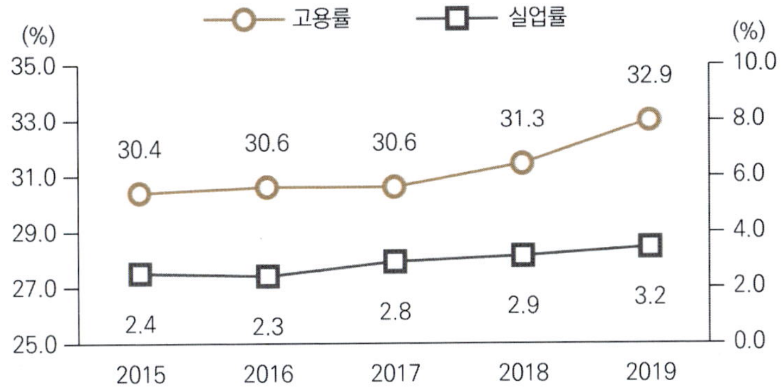

자료: 통계청, 「경제활동인구조사」.

3) 부양의식의 변화

우리 사회에는 자녀와 부모 사이의 지원관계를 규정하는 주요 규범으로서 효 이념이 오랜 시간 존재하여 왔다. 전통적으로 효란 물질적으로 신체적으로 노부모를 부양하는 것, 부모를 존경하고 받드는 것, 정신적으로 편하게 하는 것을 포함한다(성규탁, 1989). 전통적인 농경사회와 산업사회에서 효 이념은 사회를 구성하고 유지하는 최우선 규범으로 계승되었고 근래까지 존속되어 온 유교사회에서는 각종 산업현장에서 노인들이 체득한 경험이 후세대에게 자연스럽게 전승되어 집안에서 중심이 되는 역할을 하여 왔다. 특히 집안·문중에서의 노인은 공경의 대상이 되었고 자식은 연로하신 부모님의 생계와 부양을 게을리하지 않았다. 그러나 급격한 사회변동과 가족구성의 변화, 산업화·도시화의 급격한 진행으로 인구가 도시로 집중되면서 급격한 가족의 별거가 진행되고 결국 친족관계가 약화되어 전통적으로 유지되어 온 노부모 부양의식은 약화되어 사회문제가 되고 있다.

오늘날의 많은 노인들은 자녀의 무조건적 부양을 당연한 것으로 여기지 않는다. 현재의 노인은 자녀로부터의 부양에 대해서 부담을 크게 느끼고 있으며, 경제적·신체적 자립능력이 없는 처지에서 국가에서 지원이 없다면 자녀에게 의지할 수밖에 없지만 자녀들이 감당할 가중한 경제적 부양에 심적 부담을 크게 느끼고 있다. 이러한 부양의식의 변화는 산업사회의 가치관의 변화, 핵가족 및 단독세대의 증가로 앞으로 부양형태는 자식에게 의존하는 전통적인 부양형태와 국가와 사회가 일정 책임지는 부양형태로 공존하게 될 것이다.

2 일하는 노인에 대한 사회적 편견

우리 사회에는 일하는 노인에 대한 사회적 편견이 폭넓게 자리 잡고 있다. 이러한 노인 인력과 관련된 사회적 편견은 ① 일할 수 없을 정도로 병들어 있고, ② 은퇴하고 싶어 하고, ③ 업무상 재해나 사고를 일으키기 쉽고, ④ 생산성이 떨어지고, ⑤ 조직보다는 개인적인 일에 더 관심이 많고, ⑥ 창의성과 업무주도성이 낮고, ⑦ 질병 등을 핑계로 한 결근이 잦고, ⑧ 상사의 지도감독에 협조적이지 않고, ⑨ 새로운 지식이나 기술을 습득하는 데 시간과 비용이 많이 들고, ⑩ 일하는 것에 비해 급여를 많이 받고, ⑪ 동료와의 업무보조를 맞추기가 어려우며, ⑫ 이직과 전직이 빈번하다는 것이다(Thorson. 2000).

그러나 노인인력에 대한 사회적 편견은 대부분 사실이 아니며, 오히려 노인인력이기 때문에 가질 수 있는 다양한 강점이 있다. 산업노년학분야의 연구에 따르면, 노인은 ① 자신의 일에 대한 자긍심을 가지고, ② 일에 따르는 물질적 보상이나 지위 상승에 대한 욕심이 적고, ③ 지도감독자의 지시와 규칙에 더욱 순응하고 협력하고, ④ 일 자체에서 즐거움을 얻고, ⑤ 어떤 업무영역에서는 젊은 노동자에 비하여 생산성이 더 높고, ⑥ 결근이 적고, ⑦ 이직률이 낮고, ⑧ 젊은 노동자에 비하여 업무상 사고나 재해를 당하는 비율이 낮고, ⑨ 젊은 노동자가 기피하는 궂은 일을 마다하지 않으며, ⑩ 성실하고 양심적인 특성을 지닌다(권중돈, 2019).

표 5-3 고용 · 노동 분야에서의 노인의 경험

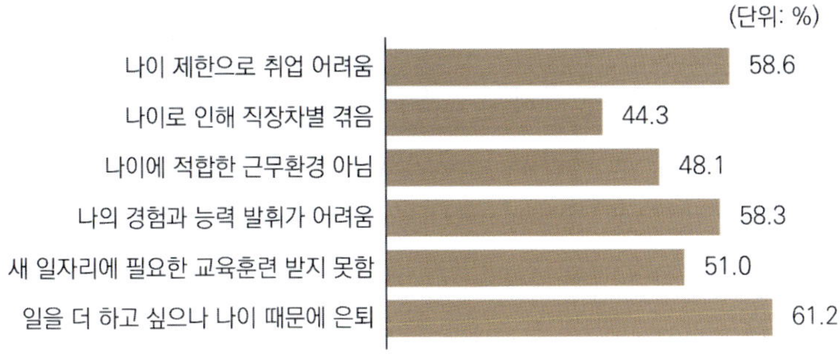

자료: 국가인권위원회.

3 노인일자리 사업 및 사회활동 지원 사업

1) 사업개요

2004년도부터 실시하고 있는 노인일자리 및 사회활동 지원 사업은 일하기를 희망하는 노인에게 맞춤형 일자리를 공급하여 노인에게 소득창출 및 사회참여의 기회를 제공하기 위한 직접적인 이유와 일을 통한 적극적 사회참여, 소득보충 및 건강증진, 자기만족과 성취감 향상, 지역사회 공익증진 등으로 노인문제 예방 및 사회적 비용 절감과 노인이 활기차고 건강한 노후생활을 영위할 수 있도록 공익활동, 일자리, 재능나눔 등 다양한 사회활동을 지원하여 노인복지 향상에 기여하며, 노인인력 활용에 대한 사회적 인식개선 및 민간참여를 도모함을 목적으로 한다.

「2017년 보건복지부 노인실태 통계」에 의하면, 경제활동에 참여하고 있는 노인들의 종사상 지위는 자영업자 38.0%와 임시근로자 33.3%가 가장 많은 비율을 차지하였으며, 무급가족종사자 11.7%, 일용근로자 9.2%, 상용근로가 5.6%이며, 2017년 처음 조사된 특수형태근로종사자는 0.9%로 나타났다.

동부와 읍 · 면부 노인 모두 임시근로자와 자영업자가 높고, 동부 노인은 임시근로자 비율이 44.7%로 가장 높으나, 읍 · 면부 노인은 자영업자 비율이 50.1%로 가장 높은 비율을 차지하였다. 남자노인의 경우, 자영업자가 53.7%로 절반 이상을 차지하였으며, 여자노인은 임시근로자 44.0%, 무급가족종사자 23.7%, 자영업자 20.4% 등으로 나타났다. 상용근로자는 65~69세 연령군에서 가장 높으며, 임시근로자는 75세부터 84세 연령군에서 40% 이상을 차지하지 있고, 일용근로자는 75세 미만의 연령군에서 10% 이상으로 나타났다. 자영업자는 75세 이상 연령군에서 40% 이상을 차지하고 있으며, 무급가족종사자는 74세 이하 연령군에서 13.0% 안팎으로 평균 이상으로 나타났다. 2015년 65세 이상 고령자 고용률은 30.6%로 2010년 이후 지속적으로 증가하였으나, 2015년에 증가세는 주춤하여 전년 31.3%보다 0.7%p 감소하였다. 남자 고령자의 고용률은 41.1%, 여자 고령자의 고용률은 22.9%이며, 최근 3년간 남녀 간 격차는 감소하였다.

일을 하고 있는 65세 이상 노인의 월평균 근로소득은 29만 원 이하가 32.5%로 가장 많은 비율을 차지하였으며, 150만 원 이상 17.8%, 100~149만 원 15.6%, 50~99만 원 14.9%, 없음 11.9% 그리고 30~49만 원 7.3% 순으로 나타났다.

현재 참여하고 있는 직업에 종사한 기간은 5년 미만이 34.8%, 30년 이상 30.3%, 10~20년 미만 14.8%, 5~10년 미만 12.2% 그리고 20~30년 미만 7.9%로 나타났다. 현 직업의 종사기간이 5년 미만인 비율은 동부 지역 거주노인(43.3%)과 여자노인(43.8%)에서 높게 나타났으며, 30년 이상 근무하고 있다는 응답자는 읍·면부 거주노인(45.8%)과 남자노인(37.1%)에서 높다. 그리고 현 직업 종사기간이 5년 미만인 노인의 연령대는 70~84세 연령군에서 상대적으로 높으며, 30년 이상 근무자는 전체 연령대에서 30% 안팎으로 고르게 분포하고 있는 것으로 나타났다. 무배우 노인의 51.7%는 현재 직업 종사기간이 5년 미만이며, 유배우 노인의 경우에는 30년 이상 근무자가 37.2%로 높게 나타났다. 노인독거가구의 52.1%는 현재 직업 종사기간이 5년 미만이며, 자녀동거가구의 38.1%, 기타가구의 34.6%도 현재 직업 종사기간이 5년 미만으로 나타났다. 교육수준이 낮을수록 현재 직업 종사기간이 5년 미만과 30년 이상이 높은 경향성이 있고, 교육수준이 높을수록 5~10년 미만과 10~20년 미만 비율이 높게 나타났다. 가구소득이 높을수록 5년 미만 근무자 비율이 낮으며, 30년 이상 근무자 비율이 상대적으로 높다. 신체적 기능상태의 제한이 있는 노인의 40.6%

는 현재 직업이 5년 미만이지만, 30년 이상인 비율도 29.7%를 차지하였다.

현재 일을 하는 이유를 살펴보면, 생계비 마련이 73.0%로 절대적인 비율을 차지하고 있으며, 용돈마련 11.5%, 건강유지 6.0%, 시간보내기 5.8% 등으로 나타났다. 생계비 마련을 위해 일을 하는 노인의 특성은 읍·면부 노인, 65세~69세 연령군, 유배우 노인, 소득수준이 높게 나타났으며, 용돈마련이 목적인 경우는 동부 노인, 여자노인, 75세 이상 연령군, 무배우 노인, 자녀동거가구 계층에서 높게 나타났다. 그리고 건강유지를 위해 일을 한다는 노인은 80~84세 노인과 전문대학 이상 졸업 학력을 가진 노인 계층에서 높으며, 능력발휘와 경력활용은 전문대학 이상 졸업 학력을 가진 노인에서 상대적으로 높게 나타났다.

표 5-4 2018년 노인일자리 및 사회활동 지원사업

구분	유형		참여대상
공익활동	노노케어		만 65세 이상 기초연금 수급자
	취약계층지원		
	공공시설봉사		
	경륜전수활동		
재능나눔			만 65세 이상
시장형(취업형)	시장형 사업단	공동작업형	만 60세 이상
		제조판매형	
		서비스제공형	
	인력파견형사업단		
	시니어인턴십		
	고령자친화기업		
	기업연계형		

자료: 보건복지부, 인력개발원 2018년 노인일자리 및 사회활동 지원사업.

표 5-5 2018년도 유형별 예산 지원 기준

유형		참여자 1인 예산 지원			
		활동비(월)	참여기간	부대경비(연)	계
공익활동		27만 원	9개월	14만 원	257만 원
		27만 원	12개월	16만 원	340만 원
시장형사업단	공동작업형	–	연중	210만 원	210만 원
	제조판매형	–			
	서비스제공형	–			
인력파견형사업단		–	연중	15만 원	15만 원

자료: 보건복지부, 인력개발원 2018년 노인일자리 및 사회활동 지원사업.

2) 노인일자리사업의 유형

노인일자리사업은 사업의 성격 및 운영방식에 따라 사회공헌형과 시장진입형의 두 가지 유형으로 크게 구분할 수 있다. 사회공헌형 사업은 노인일자리 예산에서 참여노인의 인건비와 부대경비 전액을 지원하는 형태로 운영되며, 여기에는 공익형, 교육형, 복지형(연중 일자리 포함) 일자리 사업이 포함된다. 또한 시장진입형 사업은 기업 등 노인인력 활용 업체에서 인건비를 지급하고 노인일자리 예산에서 부대경비를 지원하는 사업으로 인력파견형 · 시장형 사업이 이에 해당한다.

(1) 공익형

공익형 사업은 공공서비스 향상 및 지역사회 현안 문제 해결 등을 목적으로 창출한 일자리로, 공공의 이익에 부합하고 사회적으로 강한 일자리로 정의된다. 이러한 공익형 일자리사업은 ① 전문 기술이 없거나 고연령 등으로 인해 사회에서 소외된 노인층에게 사회에 공헌할 수 있는 기회를 제공함으로써 참여노인의 자존감을 고취하고, ② 지자체 고유 업무영역에서 노인일자리사업을 활용함으로써 지자체의 행정비용을 절감시키며, ③ 사업 추진을 통해 지역사회 현안문제 예방 및 완화 등에 도움을 제공하는 것을 그 목적으로 한다. 이러한 공익형 일자리사업에는 초등학교 급식도우미, CCTV 상시관제사업, 폐현수막 재활용사업 등이 포함된다. 2013년 기준 노인일자리사업 참여자 중 60.79%가 공익형 사업에 참여하고 있는 것으로 나타났고, 65.14%가 여성참여자로 구성되어 있었다.

(2) 교육형

교육형 일자리사업은 전문성을 갖는 노인이 다양한 계층을 대상으로 자신의 경륜과 지식을 전달함으로써 세대 간 문화전승의 효과를 살리고 교육대상자의 능력을 향상하는 일자리로 정의될 수 있다. 교육형 사업은 지역 내 교육기관 및 관련 시설에 강사를 파견하는 학습형과 지역 내 문화시설 및 자연생태 체험학습소 등에 노인 해설사를 파견하거나 전문능력을 활용한 상담 및 통번역 등을 제공하는 해설 및 기타형으로 구분될 수 있다.

이러한 교육형 사업은 ① 노인 인적 자원의 발굴과 개발을 통해 지역사회에 기여할 수 있는 기회를 부여하고, ② 참여노인의 전문능력을 향상할 수 있는 기회를 제공함으로써 자립 기반을 제공하는 것을 그 목적으로 한다. 교육형 사업에는 1-3세대 강사파견사업, 숲 생태해설사업, 보육교사 도우미사업 등이 포함된다. 2013년 기준 교육형 참여자는 31,080명으로 전체 사업 참여자의 10.65%였다.

(3) 복지형

복지형 사업은 사회 · 경제 · 문화적 소외계층을 대상으로 제공되는 사회서비스 확대를 도모하고 서비스 이용자의 사회적응 및 안정적 생활을 유지할 수 있도록 지원하는 일자리로 정의될 수 있다. 이러한 복지형 일자리는 ① 지역사회 내 다양한 분야의 사회서비스 확충을 위한 노인인력의 적극적 활용 도모와 ② 참여자의 자긍심 증진 및 서비스 이용자의 생활 · 정서적 안정의 도모를 그 목적으로 한다. 여기에는 노노케어 사업, 다문화가정 지원사업, 주거환경 개선지원 사업 등이 포함된다. 2013년 기준 복지형 참여자는 55,287명으로 전체 사업자 중 18.94%가 복지형 사업에 참여하고 있는 것으로 나타났으며, 이 중 여성참여자가 82.44%를 차지하고 있었다.

(4) 인력파견형

인력파견형 사업은 수요처의 요구에 의해서 일정 교육을 수료하거나 관련된 업무능력이 있는 자를 해당 수요처로 파견, 근무기간에 대해 일정한 보수를 지급받을 수 있는 일자리로 정의할 수 있다. 이러한 인력파견형 사업은 ① 부수적 수입이나 어느 정도 높은 안정된 소득을 희망하는 노인들의 욕구를 충족시키고, ② 시장 진입에 성공한 일자리에 대한 재교육 또는 대체파견 등의 사후관리를 통해 안정된 시장진입형(민간분야) 일자리가 계속 누적될 수 있도록 하는 것을 그 목적으로 하고 있다. 여기에는 시험감독관 파견사업, 주유원 파견사업, 경비 파견사업 등이 포함된다. 2013년 기준 인력파견형 참여자는 10,397명으로 전체 사업 참여자 중 3.56%가 이에 해당한다.

(5) 시장형

시장형 사업은 노인에게 적합한 업종 중 소규모로 창업 및 전문 직종사업단을 공동으로 운영하여 창출되는 일자리로서, 일정기간 사업비 또는 참여자 인건비를 일부 보충지원하고 추가 사업소득으로 연중 운영하는 일자리로 정의될 수 있다. 이러한 시장형 일자리는 ① 장기적 근로와 안정된 소득을 희망하는 노인의 욕구를 충족시키고, ② 점진적으로 국가지원에 대한 의존에서 벗어날 수 있는 기반을 마련하는 것을 그 목적으로 하고 있다. 시장형 일자리사업에는 공동 작업장 운영, 지역 영농사업, 매장 운영사업, 아파트 택배사업 등이 포함된다. 2013년 기준 시장형 참여자는 17,685명으로 전체 참여자 중 6.06%가 참여 중이다.

4 퇴직(은퇴)

퇴직(은퇴)은 고용상태의 어떤 직위에서 물러나 그 직위에 관련된 역할수행을 중단하게 되는 것을 의미한다. 공식적으로 직업을 가진 사람의 직업적 역할이 끝난 것으로 인정되는 절차로서 생활주기상 중년기에서 노년기로 진입하는 분기점이 되는 중요한 사건이다. 노인의 경험이 사회적으로 의미 있고 존중되었던 사회에서는 신체적 노화에 따른 노동의 강도 차이는 있었어도 사회적 생산 활동이나 직업 활동에서 완전히 벗어나는 일은 매우 드문 일이었다. 그러나 현대 산업사회에 들어서면서, 퇴직은 보편적으로 받아들여지고 있다(박성원, 2000).

퇴직(은퇴)에 대한 개념을 정의할 때 생활주기상의 사건으로 간주할 경우 퇴직은 새로운 발달 단계에 들어서는 것을 의미하며 동시에 직업적인 일을 중단하고 특별한 직업이 없는 생활을 시작하는 전환점이 되는 사건이라고 할 수 있다(최성재 등, 2003). 역할이란 관점에서 퇴직은 직업적인 지위나 역할 변화에 초점을 둔 것으로, 퇴직자는 경제적인 부양을 받을 수 있고 개인적인 시간을 자발적으로 관리할 수 있는 권리를 지닌다. 또한 개인적인 생활을 도움 없이 영위해 나가며 적절한 생활양식을 결정해야 하는 퇴직자의 의무도 포함한다(George, 1980). 퇴직을 과정이라는 측면에서 보면 퇴직이란 개인의 직업적 경력이 끝나거나 줄어드는 과정으로, 이전수입을 상실하였거나 자유시간이 증가된 것으로 인식되어 받아들여지며, 새로운 지위와 역할에 따른 사회화가 이루어지는 과정이라고 할 수 있다.

퇴직(은퇴)은 어떤 사람들에게는 긍정적인 생활사건이 될 수도 있고 혹은 부정적인 생활사건이 될 수도 있다. 즉, 퇴직은 후배나 후손들에게 사회적 책임과 의무를 남겨 주고 승진의 기회를 제공해 주며 그동안의 사회적 책임과 역할에서 벗어나 자유스러워진다는 점 그리고 새로운 삶을 시작할 수 있는 도전의 기회를 제공해 준다는 점에서는 긍정적일 수 있다. 그러나 직업생활을 함으로써 향유했던 모든 사회·심리적 기능을 상실함으로써 스트레스를 동반한 위기로 여겨 부정적으로 인식할 수도 있다. Atchley(2001)에 의하면 미국사회에서 퇴직이 개인에게 미치는 부정적인 영향은 미비하다고 하였으나 우리나라의 경우는 직업을 대신해 줄 수 있는 사회적, 개인적 대비가 소극적이어서 퇴직 이후의 생활이 예측 불가능한 두려움의 시간이 될 수 있다. 즉, 퇴직금이나 노후연금 등의 경제생활 보장제도가 미흡하고 여가활동에 대한 사회적 인식이 부족하며 고용상태에서 퇴직 이후의 생활을 준비하고 계획할 수 있는 경제적, 시간적 여유가 제한되어 있기 때문이다. 또한 퇴직 이후 경제력 상실로 무능력자로 비쳐지기도 하고 가족 내에서 자신의 새로운 위치를 찾지 못해 불안한 위치에 머물게 된다.

퇴직(은퇴)은 직업 역할에 대한 인식 차이에 따라 위기의 시기로 보기도 하고, 연속적인 생활의 일부분으로 보기도 한다. 퇴직을 인간발달상의 위기로 보는 위기이론에 의하면 현대 산업사회에서 직업이 취업자들에게 정체감을 주며, 역할을 정당화하므로 직업역할을 상실하는 퇴직은 기존의 직업역할을 대신할 수 있는 역할이 없는 상태로의 전환을 의미한다고 보았다. 이에 비해 지속이론은 퇴직을 생활주기상 겪게 되는 일련의 생활사건으로 바라보면서, 다른 생활사건과 마찬가지로 적극적인 역할수행을 통해 정체감의 혼란 없이 생활을 지속할 수 있다는 입장을 취한다. 그러나 위기이론은 직업적인 정체성을 모든 취업자에게 가장 중요한 역할이라고 간주하는 점에서 비판의 여지가 있고 지속이론은 퇴직이 특정 상황의 특정 취업자에게 미치는 중요한 영향을 간과할 수 있다는 측면에서 한계점을 갖는다(Walker, 1996).

퇴직(은퇴)은 늘어난 시간에 여러 가지 활동을 할 수 있고 하고 싶었던 새로운 일을 시작할 수 있는 기회로 볼 수 있지만, 우리나라의 경우 남성의 퇴직 전 생활이 직업활동을 중심으로 이루어진다고 할 수 있으므로 직업역할의 상실인 퇴직자로의 전환이 위기로 인식될 가능성이 상대적으로 크다고 볼 수 있다.

노인은 이러한 퇴직의 과정을 거치는 동안 이로 인한 다양한 생활의 변화를 경험한다. **첫째,** 수입이 급격하게 줄어들거나 상실되는 반면 지출은 지속적으로 이루어지기 때문에 퇴직 이후의 경제생활에 대한 준비 정도에 따라 달라질 수 있지만 경제적 어려움을 경험할 가능성이 높아지게 된다. **둘째,** 퇴직 이후에 신체적 건강상태나 정신건강이 악화될 가능성이 높다고 알려져 있다. 그러나 신체 및 건강 상태는 퇴직 전과 비교하여 변화가 없거나 오히려 스트레스 수준이 낮아지고, 규칙적인 운동을 포함한 건강관리시간이 늘어남에 따라 건강이 더 좋아지는 경우도 있다.

셋째, 퇴직으로 인하여 직장동료와의 관계가 단절되고 사회활동 참여도가 낮아짐으로써 사회적 소외와 고독을 경험할 가능성이 높다. 그러나 이전부터 사회관계망과 빈번한 교류를 통하여 원만한 관계를 유지해 온 경우에는 사회관계망이 다소 위축되기는 하지만 사회적 소외를 경험하지는 않는다.

5 퇴직연금

2005년 12월 1일부터 시행된 우리나라의 퇴직연금제도는 기업이 사내에 적립하던 퇴직금제도를 대체하여, 근로자들의 노후 소득보장과 생활안정을 위해 근로자 재직기간 중 사용자가 퇴직급여 지급 재원을 금융회사에 적립하고, 이 재원을 사용자(기업) 또는 근로자가 운용하여 근로자 퇴직 시 연금 또는 일시금으로 지급 받아 노후설계가 가능하도록 한 선진제도이다.

기존 퇴직금제도하에서는 기업이 도산해 버리면 퇴직금을 떼이는 경우가 많았다. 그러나 퇴직연금제도에서는 믿을 만한 금융기관을 선정하여 퇴직금을 맡겨 놓기 때문에 사업장이 도산해도 떼일 염려가 없다.

퇴직급여제도라 함은 「근로자퇴직급여보장법」('05.1.27 제정, '05.12.1 시행) 상의 퇴직금제 · 확정급여행퇴직연금제(DB) · 확정기여형퇴직연금제(DC)를 총칭하며, 5인 이상 근로자를 사용하는 사용자는 위 퇴직급여제도 중 하나 이상을 설정해야 한다. 퇴직급여제도를 설정 · 변경하기 위해서는 근로자 대표의 동의를 얻어야 한다. 근로자 대표의 동의를 얻지 못한 경우에는 원칙적으로 퇴직금제도가 적용된다. 동일 사업 내에서 일부 근로자에 대해서는 퇴직금 제도를 설정하고 다른 일부에 대해서는 확정급여형을, 또 다른 근로자에 대해서는 확정기여형을 설정할 수 있다.

2019년 65세 이상 고령자의 48.6%는 본인의 노후 준비를 하고 있거나 준비가 되어 있으며, 그 비중은 남자(60.9%)가 여자(39.3%)보다 높다. 노후를 준비하는 고령자의 비중은 계속 증가하여 10년 전보다 9.6%p 늘어나고 있다. 주요 노후 준비 방법은 국민연금이 31.1%로 가장 높은 비중을 차지하고 있으며, 그 다음은 예금 · 적금 · 저축성보험(27.9%), 부동산 운용(14.6%), 기타 공적연금(13.0%), 사적연금(8.1%), 퇴직급여(4.7%) 순으로 높게 나타나고 있다.

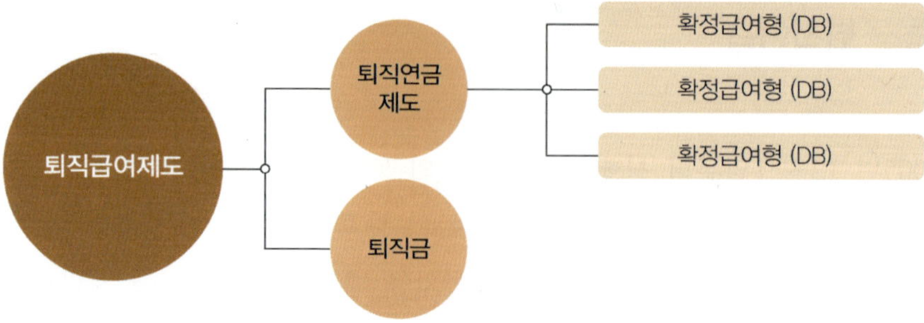

그림 5-1 고용노동부

학습다지기

1. 다음 설명의 내용으로 맞는 것은?(　　　)

> 사람이 인간다운 생활을 유지하기 위해서 의식주와 건강의 유지는 물론 사회 참여 욕구와 문화적 욕구를 기본적으로 충족시킬 수 있는 수입이 필요하고, 특히 오늘날의 노인들은 생명의 연장으로 노년기의 생활이 더욱 길어져 경제적 부담이 가중될 전망이다.

① 노인취업　　② 노인빈곤
③ 노인의 일　　④ 노인의 부양

2. 일하는 노인에 대한 사회적 편견으로 틀린 것은?(　　)

① 일할 수 없을 정도로 병들어 있다.
② 은퇴하고 싶어 하는 것이다.
③ 업무상 재해나 사고를 일으키기 쉽다.
④ 생산성이 높아진다.

3. 노인인력이기 때문에 가질 수 있는 다양한 강점의 내용이 아닌 것은?(　　)

① 자신의 일에 대한 자긍심을 가지고 있다.
② 일에 따르는 물질적 보상이나 지위 상승에 대한 욕심이 많다.
③ 지도감독자의 지시와 규칙에 더욱 순응하고 협력한다.
④ 일 자체에서 즐거움을 얻는다.

4. 노인일자리사업의 유형으로 맞지 않는 것은?(　　)

① 공익형　　② 복지형
③ 인력송출형　　④ 시장형

5. 노인일자리사업 유형 중 '복지형'에 대하여 설명하시오.

ANSWER ① 2 ② 4 ③ 2 ④ 3 ⑤ p109

CHAPTER 06 노년기 건강과 의료보장

1 노인의 건강실태 및 주요 질병

1) 노인의 건강실태

건강은 신체적 독립을 유지하고 개인의 일상생활을 영위하며, 삶의 목표를 추구하고 달성하는 데 필수 조건이다. 특히 노년기의 건강상태는 자립적이고 활기찬 노후생활을 유지하는 데 필수불가결한 요소이다. 노인의 건강상태를 유지하고 질병 치료와 재활을 지원하며, 일상생활 영위에 필요한 제반 서비스를 계획·실행하기 위해서는 의학적 진단뿐만 아니라 일상생활상의 기능수준도 확인해야 한다.

2017년 보건복지부의 노인실태조사에 따르면, 평소 자신의 건강상태가 좋은 것으로 평가하는 노인이 37.0%이고, 건강이 나쁜 것으로 평가하는 노인이 39.7%로 부정적 평가 비율이 조금 더 높았다. 매우 건강하다 2.2%, 건강한 편이다 34.8%, 그저 그렇다 23.3%, 건강이 나쁜 편이다 34.9%, 건강이 매우 나쁘다 4.8%이고, 3개월 이상 지속적으로 앓고 있으며 의사의 진단을 받은 만성질병이 있다고 응답한 비율은 전체 노인의 89.5%이고, 만성질병 1개 16.5%, 만성질병 2개 22.0%, 만성질병 3개 이상 51.0%로 나타났다. 즉, 만성질병을 2개 이상 지니고 있는 복합이환자가 73.0%에 달하며, 전체 노인이 평균 2.7개의 만성질병을 갖고 있다. 연령별 복합만성질환 유병률은 65~69세 연령군 64.8%, 70~74세 연령군 71.8%, 75~79세 연령군 79.9%, 80~84세 연령군

81.0%, 85세 이상 80.0% 등으로 연령군 간 차이를 보였다. 만성질병 종류별 유병률을 보면, 고혈압 유병률이 59.0%로 가장 높고, 그 다음은 골관절염 및 류머티즘 관절염(33.1%), 고지혈증(29.5%), 요통 및 좌골신경통(24.1%), 당뇨병(23.2%), 골다공증(13.0%) 등의 순이다.

전체노인의 21.1%는 우울증상[1])을 지니고 있었으며, 현재 3개월 이상 의사처방약을 복용하고 있는 비율은 전체노인의 83.5%이며, 의사처방은 받지 않았으나 3개월 이상 약을 복용하고 있는 비율은 10.9%이다. 3개월 이상 약(의사처방약+비처방약)을 복용하고 있는 비율은 85.1%이고, 복용 약 1~2개 23.5%, 3~4개 22.8%, 5개 이상 38.9%이고, 전체 노인이 복용하고 있는 약의 개(알)수는 평균 4.1개(의사처방약 3.9개+비처방약 0.2개)였다. 지난 1개월 동안 병원, 의원, 보건(지 · 진료)소, 한의원, 치과 등 보건의료기관을 이용한 경험이 있는 경우는 전체 노인의 77.4%이고, 평균 방문횟수는 2.4회이며, 지난 1년간 아프거나 다쳐서 병의원에 입원한 경험이 있는 노인은 16.8%로 나타났다.

2) 라이프스타일과 건강

라이프스타일은 외부의 환경요인이 개인의 태도나 신념 그리고 관심과 활동 등에 영향을 미쳐 형성되어 지속되는 일관성 있는 생활양식이며(Moschis, Lee, & Mathur, 1997), 가족 구성원의 생활양식에 맞추어 상품, 사건, 자원을 생활양식에 맞게 만들어 가는 행위를 의미한다(Plummer, 1974; Kotler, 1997; Lee, 2006). 또한 라이프스타일은 시간과 돈을 사용하며 살아가는 총체적 생활방식이며, 시간을 어떻게 사용하며 자신을 어떠한 관점에서 보는가에 의해서 결정되는 삶의 형태이다(Shin & Ko, 2015). 그러므로 라이프스타일은 각자 개인들이 살아가고 있는 생활양식을 나타내고 각자의 삶의 형태로 노년의 생활을 측정하는 중요한 변인으로 볼 수 있다(Moschis, Lee, & Mathur, 1997). 인간은 시간이 지남에 따라 노년기에 접어들면서 새로운 라이프스타일을 맞이하게 된다. 젊은 세대는 직업을 가지고 경제활동이 우선 되는 반면, 고령 세대는 은퇴하여 별다른 경제활동이 없는 상태에서 여가시간을 보내는 것이 일반적이다. 따라

1) 단축형 노인우울척도(SGDS)를 사용하여 8점 이상을 우울증상으로 정의함.

서 65세 이상의 고령세대는 분명히 라이프스타일이 젊은 세대와 다르며 그 차이는 경제력과 여유시간, 건강에 기인될 것이다(Gong, 2010).

우리나라 노인의 라이프스타일을 생활시간의 관점에서 연구한 결과를 보면, 65세 이상의 노인은 55세에서 64세의 성인과 비교했을 때 수면, 식사, 개인유지와 같은 필수 생활시간을 평균 36분 더 사용하였으며 노동, 가사노동, 학습과 같은 의무 생활시간은 2시간 36분 적게 사용하였고, 여가 생활은 1시간 59분을 더 사용하였다(Statistics Korea, 2014). 이러한 결과에서 알 수 있듯이 노인이 되면서 유급노동 및 가족을 중심으로 구성되던 성인기의 생활은 퇴직으로 인한 유급노동시간의 감소 또는 중단으로 커다란 변화를 겪게 된다. 이런 유급노동시간의 감소는 사회적 · 가족 내의 역할의 변화와 함께, 갑작스런 여가시간의 증가로 이어진다(권중돈, 2012).

더 나아가 이 시기의 노인들은 신체적 퇴행이나 질병으로 인하여 외부 활동이 감소되며, 경제활동의 부재로 소득이 감소하여 경제적 여유가 없어 여가의 내용이나 질은 오히려 단순해진다(Kim, 2006). 즉, 경제활동과 사회참여가 줄어듦에 따라 상실감과 낮은 자아존중으로 정신건강의 고립, 고독사의 위험 가능성이 높아지며(Kang, 2018), 신체활동의 감소로 안 움직이는 생활습관이 생기면서 지구력, 유연성, 근력이 감소되어 낙상의 위험이 증가할 뿐만 아니라 각종 만성질환에 이환될 가능성이 높아져 신체적 건강에 부정적 영향을 미치게 된다(Sun, 2008). 이러한 문제점으로 노인의 사회참여 활동화 방안이 필요하며, 일부 연구에서는 노인의 비교적 늘어난 여가시간을 이용하여 사회참여가 대체하는 방안을 제시하고 있다(지은정, 금현섭, 하세윤, 2012; Lee & Suk, 2015). 이에 최근 우리나라 정부는 노인형 일자리를 확충하여 소득 증대뿐만 아니라 건강증진을 통한 의료비 절감, 노인의 고독감 완화, 자존감 향상 등 노인 종합복지를 위한 정책을 추진하고 있다(보건복지부, 2019).

오늘날 노인의 건강문제는 개인의 문제일 뿐만 아니라 가족 및 사회적인 문제가 되므로 노인들의 건강상태를 파악하는 일과 이에 영향을 주는 관련 요인들을 찾는 일은 사회적으로 매우 중요한 의미가 있다. 따라서 고령화가 가속화되고 있는 현 시점에서 노인의 건강상태 증진을 위한 예방 측면에서의 노력이 필요할 것이다.

2 노인 의료보장정책

1) 의료보장의 이해

사회복지학에서는 국민이 빈부격차 없이 필요한 때에 필요한 의료를 받을 수 있는 제도를 말한다. 이 제도는 의료공영방식인 의료기관 자체를 사회화하는 방법이고 사회주의국가에서 볼 수 있다. 다른 하나는 의료비의 분담과 지불방법을 사회화하는 방법의 둘로 나뉜다.

행정의 의미로 보는 의료보장제도는 국가가 국민에게 제공하는 공적 보건서비스를 총칭하는 개념을 말한다. 의료보장제도는 국가가 생활무능력자 등에게 국가 부담으로 의료부조를 제공하는 의료보호와, 사회보험 서비스 형태로 운영되는 의료보험제도로 나뉜다.

의료보장은 질병을 개인적 위험이 아닌 사회적 위험으로 인식하는 것에서 출발한다. 의료보장은 사회적 위험으로서의 질병으로 인한 경제적 부담에 대하여 사회공동체가 공동으로 책임을 지는 정책이며 제도이다. 의료보장은 역사적으로 의식주를 위한 최소한의 생활보장과 함께 일찍이 현대 복지국가의 핵심적인 사회보장프로그램으로 제도화되었으며, 각국의 사회적 · 경제적 발전 정도에 따라 보장의 수준과 방식에는 차이가 있지만 대부분의 국가들은 의료보장체계를 갖추고 있다. 국가가 국민의 의료보장을 책임지는 것은 국민의 생존권보장과 직결되는 가장 중요한 국가의 의무이며, 의료보장은 노인을 포함한 국민의 권리로 인정되어야 한다. 의료보장제도를 비교하여 특징을 갖추려 보면 의료보장의 형태를 크게 사회보험방식, 조세방식 그리고 민간보험방식으로 나눌 수 있다. 노년기에는 신체적 · 정신적 기능 저하의 노인성 질병 발생으로 다른 연령층에 비하여 유병률이 높을 뿐 아니라 질병 자체가 만성적 · 합병적인 경우가 많아 장기적인 치료와 요양을 요하기 때문에 높은 의료비가 드는 것이 일반적이다.

「2019년 건강보험 통계 연보」에 의하면 2019년 65세 이상 노인인구는 746만 명으로 전체대상자의 14.5% 노인인구 증가는 노인진료비 증가로 이어져

2019년 노인진료비는 35조7,925억 원으로 2015년과 비교하면 1.6배 증가하였다. 노년기에는 경제활동 중단으로 인하여 소득기반이 취약하게 되는데, 이런 현상이 의료비 증가와 함께 나타나므로 노인인구의 경제적 부담과 고통은 가중되어 특별한 의료보장대책이 요구된다.

2) 노인의료보장정책의 현황

노인의료보장정책은 국민건강보험, 의료급여, 노인건강진단과 치매예방·관리, 노인장기요양보험제도로 나누어 살펴볼 수 있다.

(1) 국민건강보험

① 의의 및 연혁

국민건강보험은 국민의 질병·부상에 대한 예방·진단·치료·재활과 출산·사망 및 건강증진에 대하여 보험급여를 실시함으로써 국민보건을 향상하고 사회보장을 증진함을 목적으로 하는 사회보험제도이다(「국민건강보험법」 제1조).

사회보험으로서 건강보험은 **첫째,** 법률에 의하여 보험이 강제되고, **둘째,** 전 국민을 대상으로 하며, **셋째,** 보험료는 경제적 능력에 따라 차등 부담하고, 급여는 필요에 따라 균등하게 받을 수 있게 함으로써 소득재분배를 이루며, **넷째,** 장기보험인 국민연금과는 달리 회계연도가 1년 단위인 단기보험인 특성을 갖는다.

우리나라는 1963년에 최초로 「의료보험법」이 제정되었는데, 임의적용방식이어서 일부 시범사업만 실시되었을 뿐 유명무실하였다. 이는 사회적 상황과 경제적 여건이 갖추어지지 않은 상태에서 당시 군사정권의 정당성 확보차원에서 「의료보험법」 등 사회보장법을 제정하였다고 평가할 수 있다. 1970년에 와서 「의료보험법」을 강제적용방식으로 개정하였으나 그 시행령조차 마련하지 못하였다. 급격한 산업화에 힘입어 1976년 「의료보험법」이 전면 개정되었고, 1997년 7월 1일부터 5인 이상 사업장을 대상으로 강제적용방식의 의료보험이 실시되었다.

② 주요 내용

가. 적용대상

국내에서 거주하는 국민으로서 「의료급여법」에 따라 의료급여를 받는 자, 「독립유공자예우에 관한 법률」 및 「국가유공자 등 예우 및 지원에 관한 법률」에 의하여 의료보호를 받는 자를 제외한 자는 건강보험의 가입자 및 피부양자가 된다.

국민건강보험의 가입자의 종류는 직장가입자와 지역가입자로 구분한다. 모든 사업장의 근로자 및 사용자와 공무원 및 교직원은 직장가입자가 된다. 지역가입자는 가입자 중 직장가입자와 그 피부양자를 제외한 자를 말한다. 직장가입자와 피부양자는 직장가입자의 배우자, 직계존속(배우자의 직계존속 포함), 직계비속(배우자의 직계비속 포함) 및 그 배우자, 형제·자매와 같이 직장가입자에 의해 주로 생계를 유지하는 자로서 보수 또는 소득이 없는 자를 말한다.

나. 급 여

건강보험의 급여 종류에는 의료 그 자체를 보장하는 현물급여와 의료비의 상환제도와 현금급여 두 가지 형태가 있으며, 우리나라는 현물급여를 원칙으로 하고 있다. 급여는 법적 규정에 의하여 일정한 보험사고에 대하여 지급되는 법정급여와 재정상황에 따라 탄력적으로 그 시행 여부 등을 조정할 수 있는 부가급여로 구분된다.

다. 관리운영기구

국민건강보험은 보건복지부, 국민건강보험공단, 건강보험심사평가원에 의하여 관리, 운영되고 있다. 보건복지부는 건강보험사업의 관장자로서 건강보험 관련 정책을 결정하고 건강보험 업무의 전반을 총괄하고 있다. 국민건강보험공단은 건강보험의 보험자로서 「건강보험법」 및 「동법 시행령」에 의하여 가입자 및 피부양자의 자격관리, 보험료의 부과 · 징수, 보험급여비용의 지급 및 사후관리, 건강증진 및 예방사업 등의 사업을 수행하고 있다.

라. 재 원

국민건강보험의 재원은 보험료와 국고 및 건강증진기금 등 정부지원금으로 충당한다. 보험료는 직장가입자와 지역가입자의 보험료 부과방식이 다른데, 임금근로자가 대상인 직장가입자의 경우에는 소득비례정률제가 적용되고 있으며, 농 · 어민과 도시자영자 등 지역가입자의 경우에는 대상범위가 광범위할 뿐 아니라, 소득의 형태가 다양하고 정확한 소득파악에 어려움이 있어 소득비례정률제 대신 보험료부과점수(소득, 재산, 생활수준 등의 등급별 점수의 합)에 점수당 단가를 곱하여 산정한 금액을 적용한다. 직장가입자의 경우에는 가입자와 사용자가 각각 1/2씩 부담하며, 지역가입자의 경우에는 세대단위로 부과한다.

(2) 의료급여

① 의의 및 연혁

생활유지 능력이 없거나 생활이 어려워 저소득층을 대상으로 그들의 자력으로 의료문제를 해결할 수 없는 경우에 국가가 재정으로 의료혜택을 주는 공공부조제도로서 건강보험과 함께 우리나라 국민의료보장 정책의 중요한 수단이 된다. 의료급여는 「의료급여법」에 의하여 제공되는데, 「의료급여법」은 제1조에 “생활이 어려운 자에게 의료급여를 실시함으로써 국민보건의 향상과 사회복지의 증진에 이바지함을 목적으로 한다”를 목적으로 규정하고 있다.

의료급여제도는 1961년 「생활보호법」이 제정되어 동법에 의료보호에 관한 규정을 둠으로써 의료보호가 처음으로 법제화되었다. 1976년 9월 전국 의료보장 기반확립을 위한 ‘의료시혜 확대방안’이 마련되었다. 이어서 1977년 1월 4일 ‘의료보호에 관한 규칙’의 제정을 통하여 비로소 의료보호사업이 본격화되기 시작하였으며, 1977년 12월 31일에는 「의료보호법」이 「생활보호법」에서 독립하여 별도로 제정됨으로써 의료보호사업이 공공부조제도로서 정착할 기틀을 마련하였다.

② 주요 내용

가. 적용대상

1종 수급권자는 ㉠ 국민기초생활보장 수급자 중 근로무능력가구, 107개 희귀난치성질환자가 속한 가구, 시설수급자, ㉡ 행려환자, ㉢ 타법 적용자 중 이재민, 의상자 및 의사자의 유족, 입양아동(18세 미만), 국가 유공자, 중요무형문화재 보유자, 북한이탈주민, 노숙인보호시설입소자, 5 · 18 민주화운동 관련자가 해당되고, 2종 수급권자는 국민기초생활보장 대상자 중 1종 수급대상이 아닌 가구가 해당된다.

나. 급 여

급여의 내용은 국민건강보험제도의 요양급여에 해당하는 것과 마찬가지로 진찰 · 검사, 약제 · 치료재료의 시급, 처지 · 수술과 그 밖의 치료, 예방 · 재활, 입원, 간호, 이송 등의 서비스다. 의료급여수급권자의 진료비 본인부담에 있어 보호대상자별로 차이가 있다.

다. 전달체계

의료급여에 관한 업무는 수급권자의 거주지를 관할하는 특별시장 · 광역시장 · 도지사 · 특별자치도지사(시 · 도)와 시장 · 군수 · 구청장이 행한다. 이들 기관을 의료급여 보장기관이라 하며, 수급대상자의 선정 및 의료급여증 교부 등의 업무를 담당한다.

라. 재 원

의료급여 사업의 재원에 충당하기 위하여 시 · 도에 의료급여기금을 설치한다. 그 기금은 국가보조금, 지방자치단체의 출연금, 상환 받은 대불금, 징수한 부당이득금, 징수한 과징금, 기금의 결산상 잉여금 및 그 밖의 수입금으로 조성한다. 국가와 지방자치단체는 기금운영에 필요한 충분한 예산을 확보하여야 한다. 국가보조금의 비율은 보조금의 예산 및 관리에 관한 법령이 정하는 바에 의한다. 기금은 일반회계와 구분하여 별도의 계정을 설정하여 관리하여야 한다.

1. 다음 설명의 내용으로 적절한 것은?(   )

> 건강은 신체적 독립을 유지하고 개인의 일상생활을 영위하며, 삶의 목표를 추구하고 달성하는 데 필수 조건이다. 특히 노년기의 건강상태는 자립적이고 활기찬 노후생활을 유지하는 데 필수불가결한 요소이다.

① 노인의 건강실태 ② 노인의 영양상태
③ 노인의 근로상태 ④ 노인의 실업상태

2. 노인이 앓고 있는 만성질환별로 유병률 순으로 맞는 내용은?(   )

① 고지혈증(56.7%), 관절염(33.4%), 당뇨병(22.6%), 요통 · 좌골신경통(21.1%), 고혈압(19.6%), 골다공증(14.0%), 백내장(8.7%) 등의 순
② 백내장(56.7%), 관절염(33.4%), 당뇨병(22.6%), 요통 · 좌골신경통(21.1%), 고지혈증(19.6%), 골다공증(14.0%), 고혈압(8.7%) 등의 순
③ 저혈압(56.7%), 관절염(33.4%), 백내장(22.6%), 요통 · 좌골신경통(21.1%), 고지혈증(19.6%), 골다공증(14.0%), 당뇨병(8.7%) 등의 순
④ 고혈압(56.7%), 관절염(33.4%), 당뇨병(22.6%), 요통 · 좌골신경통(21.1%), 고지혈증(19.6%), 골다공증(14.0%), 백내장(8.7%) 등의 순

3. 라이프스타일의 건강 내용으로 알맞은 것은?(   )

① 가족 구성원의 식생활 양식에 맞추어 상품, 사건, 자원을 생활양식에 맞게 만들어가는 행위를 의미한다.
② 가족 구성원의 생활양식에 맞추어 상품, 사건, 자원을 식생활양식에 맞게 만들어가는 행위를 의미한다.
③ 가족 구성원의 생활양식에 맞추어 상품, 사건, 자원을 생활양식에 맞게 만들어가는 행위를 의미한다.
④ 가족 구성원의 건강 생활양식에 맞추어 상품, 사건, 자원을 생활양식에 맞게 만들어가는 행위를 의미한다.

4. 노인의료보장정책으로 맞는 것은?(　　　)

① 국민건강보험, 의료급여, 노인건강집단과 치매예방·관리, 노인장기요양보험제도

② 국민건강보험, 의료보호, 노인건강집단과 치매예방·관리, 노인기초연금제도

③ 국민건강보험, 의료급여, 노인생활집단과 치매예방·관리, 노인질병보험제도

④ 국민건강보험, 의료급여, 노인치매진단과 건강예방·관리, 노인장기요양보험제도

5. 노인 의료급여 적용대상을 설명하시오.

ANSWER ① 1 ② 4 ③ 3 ④ 1 ⑤ p124

CHAPTER 07 노인장기요양보험제도

1 장기요양보호(long-term care)의 개념

OECD에서는 회원 국가들의 전문가 의견을 수렴한 후, “노인 또는 이미 의존적인 상태에 빠져 있거나, 생활상의 장애를 지닌 노인에게 (사전적으로 정해져 있는 종료시점이 없이) 장시간에 걸쳐서 일상생활수행능력을 도와주기 위하여 제공되는 모든 형태의 보호서비스”로 정의하고 있다.

그리고 주요 국가 중에서 일본의 경우에는 최근 실시된 「공적 개호보험제도(公的 介護保險制度)」 내에서 “신체상 또는 정신상의 장애가 있어서 입욕, 배설, 식사 등의 일상생활에 기본적인 동작의 전부 또는 일부에 대해 후생성령으로 정한 기간 동안에 상시 수발보호가 필요하다고 보여지는 상태에 있는 자에게 제공되는 서비스”로 규정하고 있다.

독일도 「사회적 장기요양보험제도」 내에서 “신체적 · 지적 · 정신적인 질병이나 장애로 일상생활 과정 중에서 보통 정기적으로 반복되는 동작이 장기간 – 적어도 6개월 – 중등도, 또는 중도의 수발(介助)을 필요로 하는 자에게 제공되는 서비스”로 규정하고 있다.

영국은 「후생성 장기요양정책 보고서」에서 “의존적(비자립적)인 상태가 진행되고 영속적인 기간 동안에 제공되는 여러 유형의 (보건의료 및 복지)서비스”로 정의하고 있다.

이와 같은 여러 국가 및 기관의 개념을 기초로 다시 정리하면, ‘건강하지 못한 허약한 노인 및 그 보호자를 대상으로 질병 또는 장애, 재해로 인하여 발생된 제한적인 일상생활능력을 장기적으로 향상, 유지하는 데 필요한 각종 보건의료 및 복지서비스 체계'로 풀이할 수 있다. 이러한 장기요양보호를 필요로 하는 대상자는 노인뿐만 아니라 비노인계층도 포함되어 있는데, 이에는 장애인, 아동까지 포함되어 있다. 다만 장기요양보호 대상자의 상당한 부분을 노인이 차지하고 있다는 점이다.[1)]

기본적으로 장기요양보호체계에서의 서비스 대상자는 급성기의료체계에서 주 대상으로 하고 있는 질병(disease)이나 증상(condition)에 의해 선정되는 것이 아니라 기능적 장애(functional disability), 즉 자립적인 기능의 제한 때문에 서비스를 필요로 하는 자로 규정하고 있다. 따라서 보편적으로 이용하고 있는 기능장애의 척도로 일상생활수행능력(Activities of Daily Living, ADL; Instrumental Activities of Daily Living, IADL)이다.

2 노인장기요양보험의 이해

고령이나 노인성 질병 등으로 인하여 일상생활을 혼자 수행하기 어려운 노인 등에게 신체활동 또는 가사지원 등의 장기요양급여를 사회적 연대원리에 의해 제공하는 사회보험제도이다.

노인장기요양보험제도는 수급자에게 배설, 목욕, 식사, 취사, 조리, 세탁, 청소, 간호, 진료의 보조 또는 요양상의 상담 등을 다양한 방식으로 장기요양급여를 제공하며, 이미 오래전부터 고령화 현상을 겪고 있는 선진국들은 우리나라보다 앞서 다양한 방식으로 장기요양서비스를 제공 중에 있다.

1) 미국의 조사결과에 의하면, 장기요양보호대상자 중 55%가 65세 이상의 노인이 차지하고 있고, 42%는 생산가능연령에 해당하는 성인, 장애인, 나머지 3% 정도는 아동이 차지하고 있는 것으로 나타남(R. Binstock, et al. The Future of Long-term Care: Social and policy Issues, The Johns Hopkins University Press, 1996 참조.).

제1조(목적) 이 법은 고령이나 노인성 질병 등의 사유로 일상생활을 혼자서 수행하기 어려운 노인 등에게 제공하는 신체활동 또는 가사활동 지원 등의 장기요양급여에 관한 사항을 규정하여 노후의 건강증진 및 생활안정을 도모하고 그 가족의 부담을 덜어 줌으로써 국민의 삶의 질을 향상하도록 함을 목적으로 한다.

2007. 4. 2 「노인장기요양보험법」이 국회 본회의를 사실상 만장일치로 통과 후 4. 27. 공포됨으로써, 2008. 7. 1부터 노인장기요양보험제도가 시행되었다. 노인장기요양보험제도는 그간 가족의 영역에 맡겨져 왔던 치매 · 중풍 등 노인에 대한 장기간에 걸친 간병, 장기요양문제를 사회연대원리에 따라 국가와 사회가 분담한다. 노인장기요양보험제도는 노인뿐만 아니라 장기요양을 직접 담당하던 중장년층과 자녀 등 모든 세대에게 혜택을 주는 제도이다.

노인들은 더 이상 자식들에게 부담을 주지 않고 계획적이고 전문적 장기요양서비스를 받을 수 있어 보다 품위 있게 노후를 보낼 수 있다. 장기요양을 직접 담당하던 중장년층은 정신적 · 육체적 · 경제적 부담에서 벗어나 경제, 사회활동에 전념할 수 있다. 자녀들도 장기요양 부담이 해소된 가정에서 더 나은 교육과 보살핌을 받을 수 있을 것이다.

1) 노인장기요양보험 추진경과

고령화 시대에 대비, 「노인요양보장제도」 도입 발표	
2001. 08. 15.	대통령 경축사에서 노인요양보장제도 도입 제시
2002.	대통령 공약사항 포함

노인요양보장제도 시행 준비체계 구축	
2003. 03. ~ 2004. 02.	「공적노인요양보장추진기획단」 설치 · 운영
2004. 03. ~ 2005. 02.	「공적노인요양보장제도실행위원회」 구성 · 운영

「노인장기요양보험법(안)」 입법추진	
2005. 10. 19. ~ 2005. 11. 08.	입법예고
2006. 02. 16.	정부입법 국회 제출 • 한나라당 2건, 열린우리당 2건, 민주노동당 1건, 입법청원 1건 등(총 7개 법안 제출)
2007. 04. 02.	국회 통과(부대결의내용 포함) • 국무회의 의결(04. 17.)을 거쳐 '04. 27. 공포, '08. 07. 01. 부터 시행
2007. 06. 08. ~ 2007. 06. 28.	1단계 시행령 시행규칙 입법예고 완료 • 1단계 시행령 시행규칙: '07. 10. 01. 시행 • 2단계 시행령 시행규칙: '08. 07. 01. 시행
2007. 10. 01.	1단계 시행령 시행규칙 시행

시범사업추진	
2005. 07. ~ 2006. 03.	1차 시범사업 실시 • 6개 시 · 군 · 구 65세 이상 기초생활보장 수급노인 대상 • 시범지역: 광주 남구, 강릉, 수원, 부여, 안동, 북제주
2006. 04. ~ 2007. 04.	2차 시범사업 실시 • 8개 시 · 군 · 구 65세 이상 노인 대상 • 시범지역 추가: 부산 북구, 전남 완도
2007. 05. ~ 2008. 06.	3차 시범사업 실시 • 13개 시 · 군 · 구 65세 이상 노인 대상 • 시범지역 추가: 인천 부평구, 대구 남구, 청주, 익산, 하동
2008. 03. ~ 2008. 07.	노인장기요양보험제도 시행 준비 • 노인장기요양보험 운영센터 개소식
2008. 07.	노인장기요양보험제도 시행 • 노인장기요양보험제도 시행, 보험료 부과 및 급여제공 개시
2009. 03.	외국인 근로자 장기요양보험가입자 제외제도 도입 • 고용허가제로 입국한 외국인 근로자 보험료 부담완화
2009. 05.	농어촌지역 거주 수급자 본인일부부담금 감경 도입 • 농어촌지역에 거주하는 수급자의 경제적 부담완화
2010. 03.	장기요양기관장 의무 및 공단 장기요양기관 설치 근거 신설 • 장기요양기관장의 급여제공기록 자료 · 관리의무 및 공단의 장기요양급여 제공기준 개발 및 급여비용 적정성을 위하여 장기요양기관 설치 운영할 수 있는 규정 마련
2013. 08.	장기요양기관의 운영질서 확립 및 관리 강화 • 본인일부부담금 면제 · 할인 행위금지, 거짓 청구한 경우 위반사실 공표, 행정제재 처분의 승계 등
2014. 07.	노인장기요양 등급체계 개편 • 5등급(일명 '치매특별등급') 신설 등 3등급 체계에서 5등급 체계로 개편

2) 장기요양보호의 재원조달방식

(1) 장기요양보험료의 징수(「노인장기요양보험법」 제8조)

장기요양보험 가입자는 건강보험 가입자와 동일하며, 공단은 장기요양보험료와 건강보험료를 통합하여 징수한다. 공단은 통합징수한 장기요양보험료와 건강보험료는 각각 독립회계로 관리한다. 장기요양보험료는 건강보험료액에 장기요양보험료율을 곱해 산정한다. 장기요양보험료율은 복지부장관 소속 노인장기요양위원회의 심의를 거쳐 대통령령으로 정한다.

(2) 국가의 부담(「노인장기요양보험법」 제58조)

국가는 매년 예산의 범위 안에서 당해 연도 장기요양보험료 예상수입액의 100분의 20에 상당하는 금액을 공단에 지원한다. 국가와 지방자치단체는 의료수급권자의 장기요양급여비용 중 공단이 부담하여야 할 비용과 관리운영비의 전액을 대통령령이 정하는 바에 따라 각각 부담한다.

(3) 본인일부부담금(「노인장기요양보험법」 제40조)

- 재가급여: 당해 장기요양급여비용의 100분의 15
- 시설급여: 당해 장기요양급여비용의 100분의 20
- 「국민기초생활보장법」에 의한 수급자는 전액 면제
- 의료급여수급권자, 소득 · 재산 등 보건복지부장관이 정하여 고시하는 일정 금액 이하인 자는 본인부담금을 50% 경감

3) 급여종류 및 내용

(1) 재가급여

① 방문요양(방문당): 장기요양요원이 수급자의 가정 등을 방문하여 신체활동 및 가사활동 등을 지원하는 장기요양급여

② 인지활동형 방문요양(방문당): 장기요양 5등급 수급자에게 인지자극활동 및 잔존 기능 유지·향상을 위한 사회훈련을 제공하는 급여. 기존의 방문요양과는 달리 빨래, 식사준비 등의 가사지원은 제공할 수 없으나, 잔존기능 유지·향상을 위한 사회활동 훈련을 제공하는 방법으로 수급자와 함께 옷 개기, 요리하기 등은 가능함

③ 주·야간보호(1일당): 수급자를 하루 중 일정한 시간 동안 장기요양기관에 보호하여 목욕, 식사, 기본간호, 치매관리, 응급서비스 등 심신기능의 유지·향상을 위한 교육, 훈련을 제공하는 급여

④ 방문목욕(방문당): 장기요양요원이 목욕설비를 갖춘 차량을 이용하여, 수급자의 가정을 방문하여 목욕을 제공하는 급여

⑤ 방문간호(방문당): 의사, 한의사 또는 치과의사의 지시에 따라 간호사, 간호조무사 또는 치위생사가 수급자의 가정 등을 방문하여 간호, 진료의 보조, 요양에 관한 상담 또는 구강위생 등을 제공하는 급여

⑥ 단기보호(1일당): 수급자를 월 15일 이내 기간 동안 장기요양기관에 보호하여 신체활동 지원 및 심신기능의 유지, 향상을 위한 교육, 훈련 등을 제공하는 장기요양급여

⑦ 기타 재가급여(복지용구 급여)[2]: 수급자의 일상생활 또는 신체활동 지원에 필요한 용구로서 보건복지부장관이 정하여 고시하는 것을 제공하거나 대여하여 노인장기요양보험 대상자의 편의를 도모하고자 지원하는 장기요양급여

2) 휠체어, 전동·수동침대, 욕창방지 매트리스·방석, 욕조용리프트, 이동욕조, 보행기 등

(2) 시설급여

현재 시설급여는 노인복지법과 노인장기요양보험법에 규정된 '노인요양시설'과 '노인요양공동생활가정'에서 대부분 제공되고 있다. 보건복지부 관리지침에 규정된 시설급여 체계도와 내용은 다음과 같다.

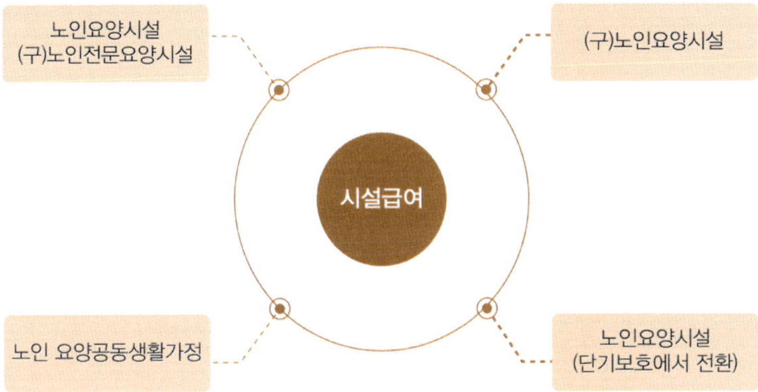

그림 7-1 시설급여 체계도

① (구)노인요양시설: 장기요양기관으로 지정신청(2008. 4. 4.) 이전 기존규정에 따라 설치 신고된 무료, 실비, 유료 노인요양시설로서 법에서 정한 5년 유예 기준에 따라 장기요양급여를 제공하는 노인요양시설

② 노인요양시설: 치매·중풍 등 노인성질환 등으로 심신에 상당한 장애가 발생하여 도움을 필요로 하는 자를 입소시켜 급식, 요양과 그 밖에 일상생활에 필요한 편의를 제공하는 시설

③ 노인요양시설(단기보호에서 전환): 보건복지가족부령 제161호 「노인복지법 시행규칙」 일부 개정령에 따라 단기보호를 제공하는 장기요양기관에서 노인요양시설로 전환한 시설

④ 노인요양공동생활가정: 치매, 중풍 등 노인성질환 등으로 심신에 상당한 장애가 발생하여 도움을 필요로 하는 자에게 가정과 같은 주거 여건과 급식, 요양 및 그 밖에 일상생활에 필요한 편의를 제공하는 시설

⑤ (구)노인전문요양시설: 장기요양기관으로 2008. 4. 4. 이전 기존규정에 따라 설치 신고된 법에서 정한 5년 유예 기준에 따라 노인전문요양시설, 유료 노인전문요양시설로서 장기요양급여를 제공하는 시설

(3) 특별현금급여(가족요양비)

수급자가 섬·벽지에 거주하거나 천재지변, 신체·정신 또는 성격 등의 사유로 장기요양급여를 지정된 시설에서 받지 못하고 그 가족 등으로부터 방문요양에 상당하는 장기요양급여를 받을 때 지급하는 현금급여

4) 등급판정

등급판정은 "건강이 매우 안 좋다", "큰 병에 걸렸다" 등과 같은 주관적인 개념이 아닌 "심신의 기능상태에 따라 일상생활에서 도움(장기요양)이 얼마나 필요한가?"를 지표화한 장기요양인정점수를 기준으로 한다. 장기요양인정점수를 기준으로 다음과 같은 5개 등급으로 등급판정을 한다.

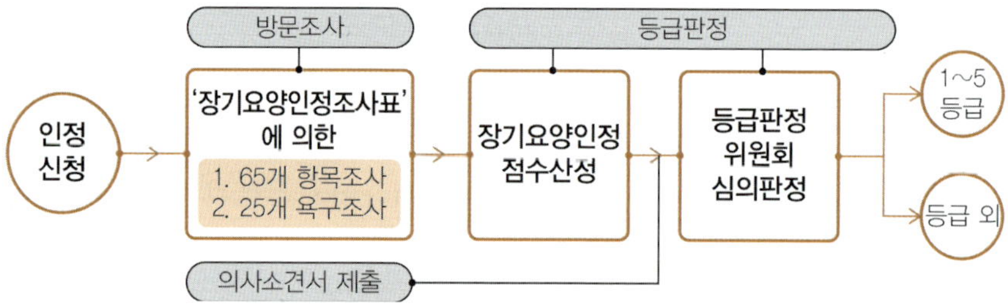

그림 7-2 등급판정절차

표 7-1 등급에 따른 심신의 기능상태

등 급	심신의 기능상태
1등급	심신의 기능상태 장애로 일상생활에서 전적으로 다른 사람의 도움이 필요한 자로서 장기요양인정 점수가 95점 이상인 자
2등급	심신의 기능상태 장애로 일상생활에서 상당 부분 다른 사람의 도움이 필요한 자로서 장기요양인정 점수가 75점 이상 95점 미만인 자
3등급	심신의 기능상태 장애로 일상생활에서 부분적으로 다른 사람의 도움이 필요한 자로서 장기요양인정 점수가 60점 이상 75점 미만인 자
4등급	심신의 기능상태 장애로 일상생활에서 부분적으로 다른 사람의 도움이 필요한 자로서 장기요양인정 점수가 60점 이상 75점 미만인 자
5등급	치매환자로서(「노인장기요양보험법」 시행령 제2조에 따른 노인성 질병으로 한정) 장기요양인정 점수가 45점 이상 51점 미만인 자
인지지원등급	치매환자로서(「노인장기요양보험법」 시행령 제2조에 따른 노인성 질병으로 한정) 장기요양인정 점수가 45점 미만인 자

(1) 방문조사

인정신청을 하게 되면 간호사, 사회복지사, 물리치료사 등으로 구성된 공단 소속 장기요양 직원이 직접 방문하여 「장기요양인정조사표」에 따라 조사한다.

(2) 등급판정위원회의 심의 · 판정

등급판정위원회는 방문조사 결과, 의사소견서, 특기사항을 기초로 신청인의 기능상태 및 장기요양이 필요한 정도 등을 등급판정 기준에 따라 다음과 같이 심의 및 판정한다.

- 요양필요상태에 해당하는지 여부를 심의한다.
- 요양필요상태인 경우 등급판정 기준에 따라 등급을 판정한다.
- 필요에 따라서는 등급판정위원회의 의견을 첨부할 수 있다.

그림 7-3 장기요양 등급 심의 · 판정 과정

학습다지기

1. **다음에서 설명하고 있는 제도는 무엇인가?(　　　)**

> OECD에서는 회원 국가들의 전문가 의견을 수렴한 후, "노인 또는 이미 의존적인 상태에 빠져 있거나, 생활상의 장애를 지닌 노인에게 (사전적으로 정해져 있는 종료시점이 없이) 장시간에 걸쳐서 일상생활수행능력을 도와주기 위하여 제공되는 모든 형태의 보호서비스"로 정의하고 있다.

① 노인질병보험제도　　② 국민건강보험제도
③ 노인기초연금제도　　④ 노인장기요양보험제도

2. **노인장기요양보험제도 재원조달 방식에서 본인 일부 부담액으로 맞는 것은?(　　　)**

① 재가급여 - 당해 장기요양급여비용의 100분의 15, 시설급여 - 당해 장기요양급여비용의 100분의 20, 「국민기초생활보장법」에 의한 수급자는 전액 면제, 의료급여수급권자, 소득 · 재산 등 보건복지부장관이 정하여 고시하는 일정금액 이하인 자는 본인부담금을 50% 경감
② 시설급여 - 당해 장기요양급여비용의 100분의 15, 재가급여 - 당해 장기요양급여비용의 100분의 20, 「국민기초생활보장법」에 의한 수급자는 전액 면제, 의료급여수급권자, 소득 · 재산 등 보건복지부장관이 정하여 고시하는 일정금액 이하인 자는 본인부담금을 50% 경감
③ 재가급여 - 당해 장기요양급여비용의 100분의 25, 시설급여 - 당해 장기요양급여비용의 100분의 20, 「국민기초생활보장법」에 의한 수급자는 전액 면제, 의료급여수급권자, 소득 · 재산 등 보건복지부장관이 정하여 고시하는 일정금액 이하인 자는 본인부담금을 60% 경감
④ 시설급여 - 당해 장기요양급여비용의 100분의 25, 재가급여 - 당해 장기요양급여비용의 100분의 15, 「국민기초생활보장법」에 의한 수급자는 전액 면제, 의료급여수급권자, 소득 · 재산 등 보건복지부장관이 정하여 고시하는 일정금액 이하인 자는 본인부담금을 50% 경감

3. 노인장기요양보험제도 급여의 종류로 맞는 것은?(　　)

① 방문요양(1회당)인지활동형 방문요양(방문당) - 주야간보호(방문당) - 방문목욕(방문당) - 방문간호(방문당) - 단기보호(1일당) - 기타 재가급여(복지용구 급여)

② 방문요양(방문당) - 인지활동형 방문요양(방문당) - 주야간보호(1일당) - 방문목욕(방문당) - 방문간호(방문당) - 단기보호(1일당) - 기타 재가급여(복지용구 급여)

③ 방문요양(방문당) - 인지활동형 방문요양(1회당) - 주야간보호(방문당) - 방문목욕(방문당) - 방문간호(간호당) - 단기보호(1일당) - 기타 재가급여(복지용구 급여)

④ 방문요양(방문당) - 인지활동형 방문요양(방문당) - 주야간보호(1일당) - 방문목욕(방문당) - 방문간호(1회당) - 단기보호(1회당) - 기타 재가급여(복지용구 급여)

4. 노인요양시설 급여 내용으로 맞는 것은?(　　)

① 치매 · 중풍 등 노인성질환 등으로 심신에 상당한 장애가 발생하여 도움을 필요로 하는 자를 입소시켜 급식, 요양과 그 밖에 일상생활에 필요한 편의를 제공하는 시설

② 치매, 중풍 등 노인성질환 등으로 심신에 일정한 장애가 발생하여 도움을 필요로 하는 자에게 가정과 같은 주거 여건과 급식, 요양 및 그 밖에 일상생활에 필요한 편의를 제공하는 시설

③ 치매, 중풍 등 노인성질환 등으로 심신에 경미한 장애가 발생하여 도움을 필요로 하는 자에게 가정과 같은 주거 여건과 급식, 요양 및 그 밖에 가정생활에 필요한 편의를 제공하는 시설

④ 치매, 중풍 등 치매환자 등으로 심신에 상당한 장애가 발생하여 도움을 필요로 하는 자에게 가정과 같은 주거 여건과 급식, 요양 및 그 밖에 가정생활에 필요한 편의를 제공하는 시설

5. 노인장기요양보험제도 등급에 따른 기능 상태를 설명하시오.

ANSWER ① 4 ② 1 ③ 2 ④ 1 ⑤ p136

CHAPTER 08 노년기 여가 · 문화 · 교육 · 자원봉사

1 성공적 노후생활

성공적 노화는 1960년대부터 거론되기 시작하였는데, 오늘날에는 노년학이나 사회정책영역에서도 중요시되고 있는 실정이다. 성공적 노화(successful aging)의 개념은 주로 미국과 유럽 지역을 중심으로 지난 30년 동안 의학 및 보건의료뿐만 아니라 심리학 · 행동과학 · 사회학 등 여러 학문분야에서 광범위하게 다루어져 왔다. 성공적 노화를 구성하는가, 성공적 노년을 보내는 사람들의 특징은 무엇인가에 대한 연구들은 신체적인 건강상태에 대해 가장 먼저 관심을 집중하다가 점차 심리적인 특징, 사회적 관계 및 경제활동으로 관심의 초점을 이동하면서 확장되고 있다.

최근에 성공적 노화의 개념에 대한 관심이 고조되고 있는 배경에는 인구의 변동과 사회현상이 복합적으로 작용하였기 때문이다. 우리나라의 경우에도 현 노인세대는 평균 75세 이상 매우 높은 연령에 이르기까지 생존을 하고 있고 앞으로도 기대여명은 계속 증가할 것으로 예측되고 있어 성공적 노화에 대한 관심이 높다. 1980년대 중반 이후 전 세계적으로 인구의 고령화가 진행되고 우리나라 역시 2000년에 고령화사회에 진입하고 빠른 시일에 고령사회로의 진입이 예견되는 가운데, 이에 대한 관심이 고조되고 있다. 미래의 노인층은 향상된 교육수준과 젊은 세대와의 격차 감소로 자신의 노후를 안락하고 풍요롭게 가꾸고 싶어 하는 욕구가 증가할 것으로 예상할 수 있다.

성공적 노화의 기준은 생활 중 몇 가지 일에 열중하고 자신이 살아온 인생을 의미 있는 것으로 간주하여 긍정적인 자아개념을 지니며 행복하다는 감정을 갖는 것이다(전길양 외, 2000). 성공적 노화의 구체적 기준으로는 다음 일곱 가지를 들기도 한다(Bengston & Kuyper, 1971; Pamore, 1976). 수명, 생물학적 건강, 정신건강, 인지적 효능, 사회적 능력과 생산성, 개인적 통제 생활만족도가 그것이다. 미국에서 10여 년에 걸쳐 노화의 긍정적인 측면을 연구한 맥아더 재단연구(MacArthur Foundation study)는 성공적 노화의 요소로 다음의 세 가지를 들었다.

첫째, 질병과 장애를 피하는 것(avoiding disability)이다. **둘째,** 높은 수준의 정신적 및 신체적 기능을 유지하는 것(maintaining high cognitive & function)이다. **셋째,** 잠재력만 아니라 실제 활동이 있어야 한다. 이는 '활기찬 생활'(engagement with life)이라 할 수 있다.

성공적 노화는 노후설계에 대한 개인적·사회적 준비를 하게 하여 노화에 대한 적응력을 높임으로써 보다 건강하고 행복한 생활이 가능하게 하여 노후생활의 만족도를 높일 수 있다. 나이가 들어서도 신체적으로 질병이 없으며, 계속 자기 자신을 성장시키고자 노력하고, 편안하고 행복한 상태를 유지하고자 주변 환경을 거부하지 않고 수용하는 태도를 가지며, 동시에 다른 사람에게 의존하지 않고 삶을 주체적으로 살면서 경제적인 자립이 가능한 상태를 성공적인 노화라고 할 수 있는 것이다.

2 노년기 여가

1) 노인여가의 개념

여가(餘暇, leisure, 문화어: 짬)는 직업상의 일이나 필수적인 가사활동 외에 소비하는 시간으로, 먹기, 자기, 일하러 가기, 사업하기, 수업에 출석하기, 숙제하기, 집안일, 일일 스트레스와 같은 의무적인 활동 전후의 자유시간이라고도 정의한다. 노동과 직무뿐만 아니라 일체의 용무(用務)나 책임으로부터 해방되어 개인이 자기 뜻대로 이용할 수 있는 시간을 의미하기도 하는데 자유 시간 또는 자유 시간을 갖게 된 데서 오는 자유로움이나 좋은 기회를 의미하기도 한다.

한국임상사회사업학회(2005)에서는 노인여가의 개념을 두 가지 측면에서 파악하였다. **첫째**, 고령기에도 일정한 사회적 또는 가정적 역할에서 그 역할을 추구하는 도중에 갖게 되는 여유 있는 시간, **둘째**, 자신에게 부여된 일정한 역할이 없어서 막연하게 보내는 긴 시간으로 보았다. 따라서 노인여가는 노동력 재생산을 위한 수단이 아니라 노동을 전제로 하지 않는 여가를 위한 여가라고 보았다. 노인여가는 일과 대립되는 개념으로 인간생활 중에서 생리적 또는 사회적 의무행위를 위해 구속되는 시간을 뺀 비구속시간 속에서 심리적으로 자유로운 의사에 따라 휴식, 기분전환, 자아실현 및 자기계발 그리고 사회적 성취를 이루기 위하여 행하는 활동을 의미하고 있어서 대부분의 경우 일거리가 없어서 자유시간의 여유를 가지는 노인의 경우와 다른 개념이라고 보았다.

노인에게 있어서의 여가개념은 재생산의 수단 또는 심신의 피로회복 등을 목적으로 하는 젊은이들의 여가 성격과는 근본적으로 그 유형을 달리한다. 노인의 경우는 언제 어디서나 여가가 넘쳐나는 생활을 해야 하는 입장이므로 여가 자체가 즐거움이라 하기보다는 문제를 제기하고 또한 그것은 노인들에게 정신적·정서적 고통을 안겨 주는 결과를 초래한다. 여가를 적절히 보내지 못함으로 인해서 제기되는 문제점을 어떻게 하면 감소시킬 수 있는가 하는 것에, 그리고 적극적으로 여가를 즐겁고 보람되게 보냄으로써 인생을 의미 있게 마무리 짓는 것에 초점이 맞추어져야 한다.

우리나라 노인들의 여가형태는 대체로 단순하고, 오락 위주이며, 여가형태의 다양성이 낮고, 특히 동적이고 외향적인 활동, 그리고 자기를 표현하고 성취감의 기회를 갖는 활동이 빈약하다는 데 문제가 있다. 노인여가란 "정신적·심리적·육체적 불편함으로부터 벗어나, 생리적 또는 사회적 의무행위를 위해 구속되는 시간 외적인 상태에서 심리적으로 자유로운 의사에 따라 만족스러워지려는 욕구충족을 위한 다양한 행위를 통해 건강, 사회성, 생활만족감, 자신감, 자립기능, 행복감 등의 확대와 증진효과로 삶의 질을 향상하는 것"이라 정의할 수 있다.

2) 노년기 여가의 의의

건강한 생활과 풍요로운 노년기 생활을 위해 노인욕구는 많은 양적 확대를 가져왔으며, 뿐만 아니라 질적으로도 많은 변화를 보여 주고 있다. 수명이 연장되어 노인인구가 급장하는 가운데, 가족의 양상은 변화되고 가족의 부양기능이 저하됨과 동시에 인구의 도시집중에 따른 지역사회의 상호부조 기능도 계속 저하되고 있다. 특히 후기 노년인구의 증가에 따라 허약, 와상, 치매 등의 이유로 수발 및 보호를 필요로 하는 노인이 계속 증가하고 있다.

또한 노인의 욕구가 질 높은 서비스를 요구하고 있다. 21세기 노인복지에 있어서 연장된 노년기에 삶의 질 확보가 당면과제가 된다 하겠다. 즉, 삶의 보람을 느끼면서 안정된 노년생활을 할 수 있을까? 특히 신체가 허약하게 되어 수발을 필요로 하는 경우에는 충분한 수발 또는 간호를 받을 수 있을까? 하는 등이 노인복지의 중요한 관심사가 될 것이다.

노인의 여가활동은 노인 자신이 가족뿐만 아니라 사회적으로도 다양한 의의가 있다고 할 수 있다. 노인의 여가활동은 개인적으로 가정 및 사회에서의 역할상실에서 오는 소외감을 해소하고 심신의 피로와 정서의 순화로 심리적 고통을 완화할 수 있다. 사회적으로는 공식적 역할과 의무에서 벗어나 노인이 사회참여 기회로 활용하여 자아존중감과 자아실현의 기회가 될 수 있다.

노인의 여가활동은 다음과 같이 몇 가지의 중요한 기능을 가지고 있다.

첫째, 취미생활과 오락 등을 통하여 무료감을 해소한다. **둘째,** 공동작업을 통하여 경제적 소득을 제공한다. **셋째,** 친구·동호인과의 집단생활에서 서로 격려하며, 생활위험에 대처할 자원을 확보할 수 있다. **넷째,** 보건, 의료 면에서 건강 체조, 스포츠댄스, 요가, 에어로빅, 게이트볼, 등산 등을 통하여 평상시 노인의 건강관리에 큰 도움이 되게 한다. **다섯째,** 사회 심리적으로 소외감과 무력감을 갖는 노인에게 소풍, 야유회, 회식, 노인교실, 상담 등을 통하여 삶에 대한 애착과 자신감을 갖게 한다. **여섯째,** 가정적으로나 사회적으로는 역할의 상실감과 박탈감에 빠진 노인에게 환경보호, 청소년 선도, 예절 가르치기, 교통정리, 방범활동, 문화재 보호활동 등의 자원봉사활동 등을 통하여 소속감, 성취감 및 사회적 존재감, 공헌 의식을 갖게 한다. **일곱째,** 정신적으로는 다양한 여가 프로그램을 통하여 일상생활 속에서의 압박감과 긴장감을 해소하고 적절히 정신적 자극을 받게 함으로써 정신건강 면에 많은 도움이 될 수 있다. **여덟째,** 인생주기에서 자아실현의 마지막 기회를 부여한다. **아홉째,** 생애 동안 축적된 삶의 지혜를 전수하고 전통문화를 계승·발전케 하며, 지역사회 내에서 건실한 공동체의 형성에 기여할 수 있다. 이는 노인이 지역사회에서 일상생활 중에 여가활동을 활용해서 얻을 수 있는 긍정적 측면을 제시한 것으로 볼 수 있다.

노인은 누구나 여가를 즐길 기회를 부여받을 권리가 있으며 국가와 사회는 노인들의 여가생활이 보다 안정되고 즐거울 수 있도록 관심과 노력이 필요하다. 노인에게 인생의 보람을 느끼고 사회적인 면에서도 보탬이 될 수 있는 노인여가활동을 개발하고 지원하는 것은 이제 우리 사회의 우선 과제이며, 노인의 욕구를 충족시켜 주기 위한 노인여가에 대한 연구와 개발 필요성이 매우 절실한 시점이라 하겠다.

3) 노인여가활동의 유형

노인여가활동유형은 노인여가활동에 영향을 주는 다양한 요인을 조합하여 한거형, 자기완성형, 근로형, 사교오락형, 사회참여형, 폐쇄형의 여섯 가지로 분류하였다.

첫째, 한거형은 비교적 여유가 있는 경제력과 시간을 활용하여 독서, 그림, 음악 등의 여가활동을 즐기며 심신의 안녕을 추구하는 형이다. **둘째,** 자기완성형은 은퇴 전에 하지 못했던, 또는 평소 하고 싶어 하던 활동을 여가와 연계하여 추진하는 것으로 주로 각종 교양강좌의 수강, 토론회 참여 등으로 인격의 완성을 위하여 노력하는 형이다. **셋째,** 근로형은 대부분의 농촌노인이 해당되며, 가정 내 소원, 시간제 일을 통하여 소액의 경제적 이득과 여가를 동시에 추구하는 형이다. **넷째,** 사교오락형은 대부분의 노인이 추구하는 여가활동으로 골프와 같은 스포츠, 낚시 또는 여행과 같은 취미활동을 통하여 사교 또는 오락을 즐기는 형이다. **다섯째,** 사회참여형은 각종 사회 및 지역사회활동에 적극적으로 참여하여 자아를 개발하는 형이다. 특히 자원봉사를 통하여 보람 있는 여가활동을 추구하는 형이다. 여섯째, 폐쇄형은 건강 또는 경제적 이유로 가정 내에서 머물며 여가활동을 영위하는 형으로 하루 종일 소일로 여가활동을 대치한다. 때로는 공원벤치에 앉아 혼자만의 시간을 갖기도 한다.

4) 노인여가활동의 특성

① 종교 활동, 사교모임, 노인모임활동 등에 대한 참여도가 높다.

② 정치 및 학습, 취미, 봉사, 스포츠 및 레크리에이션 등에 대한 참여율이 낮고 대부분 TV, 라디오 시청 또는 무료한 시간을 보낸다.

③ 노인의 경제적인 상황에 따라 여가활동을 하는 수준과 활용의 정도가 다르다.

④ 퇴직 후 여가활동에 대한 구체적인 계획과 노후대책이 부족한 실정이다.

⑤ 활동적이고 역동적인 활동보다는 정적이고 단순한 여가활동을 하는 노인 비율이 높다.

노인의 여가활동 프로그램이 부족하고 여가시설의 부족으로 인해 시간적·공간적 접근의 제약이 없는 활동에 집중되어 있으며 노인 여가에 대한 사회적인 인식이 부족하다고 판단된다.

5) 노인 여가활동 참여 실태

(1) 하루 일과와 생활시간

2020년 통계청 자료에 의하면, 2019년 65세 이상 고령자의 하루 시간 사용을 살펴보면, 필수시간은 12시간 10분, 의무시간은 4시간 59분, 여가시간은 6시간 51분으로 5년 전보다 필수시간이 24분 증가, 의무시간은 1분 증가, 여가시간은 25분 감소하였다.

필수시간에서는 건강관리 및 개인위생 시간 증가(17분)가 두드러지고, 여가시간에서는 미디어 이용시간 감소(14분)가 두드러지게 나타났다. 남자는 필수시간과 의무시간이 5년 전보다 각각 21분, 11분 증가하고 여가시간이 32분 감소한 반면, 여자는 필수시간이 26분 증가하고, 의무시간과 여가시간이 각각 4분, 20분 감소하였다. 연령대가 높을수록 필수시간과 여가시간은 증가하고, 의무시간은 감소하였다.

65~69세 고령자의 경우 의무시간은 5년 전보다 21분 증가하였고, 여가시간은 다른 고령자 연령그룹에 비하여 상대적으로 크게 감소(40분)하였다. 70~74세 고령자와 75~79세 고령자는 65~69세 고령자에 비하여 수면시간은 각각 12분, 31분 많고, 일 관련 시간은 각각 52분, 1시간 7분 적고, 미디어 이용시간은 각각 30분, 48분 많았다. 80세 이상 고령자는 65~69세 고령자에 비하여 수면시간은 1시간 이상 많고, 일 관련 시간은 1/5 남짓 수준(31분)이며, 미디어 이용시간은 4시간 39분으로 1시간 25분 많게 나타났다. 65세 이상 고령자의 평균 수면시간은 8시간 28분으로 5년 전보다 6분 증가하고, 연령대가 높을수록 수면시간이 늘어났고, 성별로 보면, 남자와 여자의 수면시간은 8시간 28분으로 동일하나, 5년 전과 비교하면 남자는 8분, 여자는 4분 증가하였다. 연령대별로 보면, 65~69세 고령자는 일 평균 8시간 5분 잠을 자고, 이후 5세 간격으로 연령대가 높아질수록 수면시간이 12분, 19분, 32분 증가하여, 80세 이상 연령대와 65~69세 연령대의 수면시간 차이는 1시간 이상이다. 주말 수면시간이 평일에 비하여 14~15분 더 많았다.

65세 이상 고령자의 31.0%가 평소 자신의 여가시간에 대해 만족하고, 19.1%는 불만족하는 것으로 나타났으며, 여가에 대한 만족도는 남자가 여자보다, 교육수준이 높을수록, 배우자가 있는 경우 상대적으로 여가에 대한 만족도가 높았다. 취업자의 경우는 여가에 대한 만족도가 비취업자에 비하여 낮았으며, 교육수준이 대졸 이상인 그룹의 여가 만족도가 50.0%로 모든 그룹 중 가장 여가 만족도가 높았다.

65세 이상 고령자 중 교제활동한 사람 비율은 64.0%로 5년 전보다 4.4%p 감소하였고, 평균 교제 시간도 46분으로 5년 전보다 5분 감소하였다. 대면교제 시간이 37분으로 5년 전보다 6분 감소하였으며, 행위자 비율도 50.1%로

6.2%p 감소하고, 화상·음성교제 시간은 8분으로 5년 전보다 1분 증가하였으나, 행위자 비율은 27.9%로 1.9%p 감소, 문자·메일교제 시간은 1분, 행위자 비율은 3.7%로 5년 전보다 소폭 증가하였다. 연령대별로 보면, 65~69세는 39분, 70~74세 48분, 75~79세 50분, 80세 이상은 52분으로 연령대가 높을수록 교제활동 시간이 증가하였다. 노인인구가 늘어남에 따라 5년 전에 비해 필수시간과 여가시간은 증가하고 있지만 의무시간은 감소하고 있다.

표 8-1 65세 이상 고령자의 여가 만족도

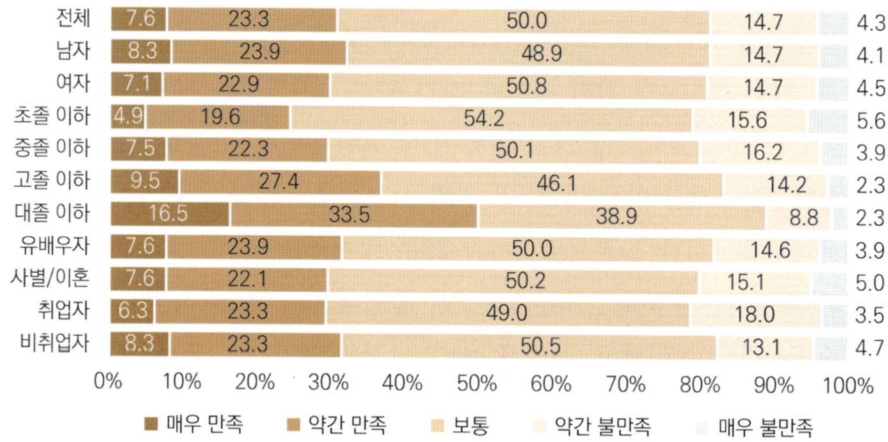

자료: 통계청, 2020.

(2) 여가활동 참여

문화체육관광부(2017)의 국민여가활동조사에 따르면, 15~19세의 평일 여가시간은 2.7시간, 20대와 50대는 각각 2.9시간, 60대 노인의 여가시간은 3.6시간, 70대 이상은 4.7시간으로 가장 길었다. 여가활동 유형별로 노인의 참여 비율을 살펴보면, TV시청을 위해 60대는 64.9%, 70대 이상은 68.5%, 개인적 즐거움을 위해 60대는 33.4%, 70대 이상은 31.8%, 마음의 안정과 휴식을 위해 60대는 20.7%, 70대 이상은 19.8%, 건강을 위해 60대는 18.7%, 70대 이상은 19.5%로 여가활동에 참여하는 것으로 나타났다. 또한, 단순히 시간을 보내는 데 목적을 두고 있는 경우도 60대는 4.3%, 70대 이상은 9.1% 정도에 이르는 것으로 나타났다.

표 8-2 평일 여가활동 유형별 참여율 (단위: %)

여가활동 유형	전 연령	60대	70대 이상
문화예술관람활동	39.5	25.8	13.6
문화예술참여활동	20.4	17.3	13.7
스포츠관람활동	47.0	38.4	25.9
스포츠참여활동	50.0	37.9	25.0
관광활동	50.6	56.1	49.9
취미오락활동	92.8	87.4	83.2
사회 및 기타활동	89.4	86.9	88.8
휴식활동	97.6	98.5	99.0

자료: 문화관광체육부(2017), 국민여가활동사.

6) 노인의 여가활동 참여 촉진 방안

인구의 고령화로 보다 길어진 노년기를 어떻게 하면 건강하고 유익하게 보내는가 하는 문제는 개인적인 문제인 동시에 사회적 큰 과제가 되고 있다. 노인문제를 극복하는 가장 중요한 방안은 노인들의 생활만족도를 높이는 것인데 그들의 생활만족도를 높이는 데 가장 효율적인 방안의 하나는 노인들의 여가활동을 활성화하는 것이다.

노인의 빈곤문제해결을 위한 소득보장이나 질병문제해결을 위한 의료보장은 노인의 건강을 유지하고 인간으로서의 기본적인 생계를 유지하는 데 절대적으로 필요한 당면 과제인 반면, 여가활동은 노인의 생존에 직접적인 영향을 덜 미치는 분야로 인식하는 것이 일반대중의 시각이다. 그러나 보다 신중히 생각해 본다면 노인의 여가활동도 의료나 소득보장 못지않게 중요한 기능을 갖는 바 그 이유는 다음과 같이 정리할 수 있다.

첫째, 노인도 젊은 사람처럼 국가와 사회의 구성원으로 평등하고 당당하게 가치 있는 삶과 무한한 성장을 추구할 수 있다는 원리, 즉 노인복지정책에 있어 '사회적 통합의 원리'와 '성장 및 발달욕구 충족의 원리' 측면에서 볼 때 노인에게도 젊은 사람처럼 여가활동을 즐기며 성장 및 발달욕구를 추구할 권리가 있다. **둘째,** 현대 산업화 사회에서 발생하는 노인문제의 하나인 '고독 및 소외감'은 우울증과 생의 의욕에 직결되므로 이러한 고독과 소외감을 해결하는 수단으로서의 여가활동은 곧 노인의 생존과 직결되는 문제이기도 하다. **셋째,** 정신질환, 치매, 중풍, 고혈압, 당뇨, 관절질환 등 노인의 만성퇴행성질환 대부분의 예방 및 관리는 실제로 여가활동의 형태로 이루어지는 경우가 많기에 여가활동은 곧 의료보장의 한 영역이 될 수 있다.

3 노인교육

21세기는 흔히들 지식창조사회 또는 지식기반사회라고 한다. 과거 농경사회, 산업사회 그리고 최근의 정보화 사회를 거쳐 여기까지 오는 동안 사회는 많은 발전을 했다. 특히 평생학습 관점에서 봤을 때 과거에는 개인이 주어진 역할에만 충실하면 되었던 것에 비해 오늘날은 자신의 역할을 창조해 가는 학습사회로 변화하였다. 지식기반사회에서 노인들은 자신을 개발하고 학습하지 않으면 사회로부터 소외되기 쉬운 계층이 되었다. 젊었을 때 사회활동으로 가족을 부양하고 사회에 주도적인 역할을 했으나, 나이를 먹고 신체적 기능이 쇠퇴하여 젊은 층에 비해 사회활동을 하기에는 역부족이 되었다. 100세 시대에 60대에 퇴직을 하고 어떠한 사회적 활동도 하지 않고 손자 손녀들의 재롱을 보는 것만을 낙으로 삼기에는 너무나 많은 시간이 남아 있다.

급변하는 사회분위기 속에서 노인들의 여가시간 문제, 경제문제, 사회구성원으로서의 기대되는 역할 문제 등 자신의 만족스러운 삶을 위해서는 새로운 지식, 기술, 방법 등에 대해 끊임없는 탐구와 교육이 필요하다. 결국 노인들이 행복한 나라를 만들기 위해서는 불안한 그들의 삶을 그냥 방치할 것이 아니라 적극적으로 이 문제를 해결해야 할 책무가 우리에게 있다. 정치 · 경제 · 사회적 문제가 많겠지만 우선적으로 노인교육을 통해 그들의 인식 개선과 자존감을 높이고 사회와 소통할 수 있는 방향으로 나아가야 한다.

1) 노인교육의 개념

노인교육의 범위는 일반적으로 알고 있는 것보다 훨씬 더 광범위하며, 노인교육은 쇠퇴와 조락의 시기로서 노년기에 초점을 맞추는 생물학적 모형을 넘어서서 인간의 발달은 생애 마지막 단계까지 계속된다고 하는 전 생애 발달의 관점 위에 자리한다. 따라서 노인교육은 평생에 걸친 발달과 성장이라고 하는 전 생애 발달과 평생교육의 관점에서 접근되어야 한다.

노인교육의 목적은 '노화에의 적절한 대응과 준비 및 세대 간의 이해 증진을 통하여 노인을 비롯한 모든 연령의 개인들이 자기 발달단계에서 최대한 잠재력을 발휘하고 자신의 발달과정에 더욱 효율적으로 적응해 나갈 수 있도록' 하는 데 있다. 이를 위한 노인교육은 노인학습자들을 대상으로 하는 '노인을 위한 교육'뿐 아니라, 노인을 포함한 모든 연령의 학습자들을 대상으로 노인에 대한 이해와 노화에의 적응 및 준비를 가르치는 '노인과 노화에 관한 교육', 노인이 주체가 되어 교육적인 서비스를 제공하는 '노인에 의한 교육'으로 구성된다(한정란, 2001).

노인교육의 세 영역, 즉 노인을 위한 교육, 노인에 관한 교육, 노인에 의한 교육은 서로 배타적이거나 독립적인 것이기보다는 상호 보완적인 관계에 있다. 그리고 이 세 영역을 한데 묶는 교량적인 역할에 있는 것을 세대공동체교육이라 할 수 있다.

(1) 노인을 위한 교육

노년기 교육이라 할 수 있는, 즉 노인학습자들을 대상으로 하는 교육적 실천과 연구를 포함하는 '노인을 위한 교육(education for older adults)'이다. 지금까지 노인을 위한 교육은 좁은 의미의 노년교육과 동일시되어 왔으며, 새로운 지식이나 변화를 다루기보다는 무료한 시간을 달래기 위한 여가교육 위주로 진행되어 왔다.

그러나 교육은 그들이 이미 습득한 기술을 유지하고 새로운 기술변화에 적응하는 수단일 뿐 아니라 삶에 있어서 자기만족이나 목적의식, 자아정체성을 강화하는 것이어야 하며, 개인이나 집단이 자신의 삶과 지역 및 전체 사회 속에서 힘을 갖도록 도와주는 것이어야 한다. 따라서 노인을 위한 교육은 지금까지의 사회적 편견처럼 불필요한 장식품이나 사치품 정도에 그치는 것이 아니라, 진정한 의미의 자기성장을 위한 공급원이자 노인이 가진 중요한 욕구를 충족시켜 줄 수 있는 원천이다. 노인을 위한 교육은 단순히 여가를 충당하는 수단에 그치지 않고, 노인이 자신의 삶에 대한 힘을 얻는 것(empowerment)과 관련되어야 한다.

(2) 노인에 관한 교육

'노화와 노인에 관한 교육(education about loder adults and aging)'이 있다. 노인에 관한 교육에서 학습자는 어린이에서 노인에 이르기까지 어느 연령집단이든지 언젠가는 노인이 될 사람들, 노인과 관련된 직업에 종사하기를 원하거나 현재 종사하고 있는 사람들, 그리고 퇴직을 준비하는 이들을 모두 포함하는 '잠재적 노인'이다.

노인에 관한 교육에서는 노화 과정의 특성과 노년기 과업 등 노화와 노인에 관한 지식들과 그에 적응하거나 그들과 상호작용하는 데 필요한 지식과 기술을 다룬다. 또 노인에 관한 교육은 초·중·고 및 대학 그리고 사회 교육기관에서 이루어지는 노인에 관한 교육뿐 아니라 노인과 관련된 직업에 종사하거나 그런 직업을 원하는 이들에 대한 전문적인 노년학 교육 그리고 퇴직을 앞둔 이들을 위한 퇴직준비 교육까지를 포함한다.

(3) 노인에 의한 교육

노인의 지혜와 경험을 활용하는 '노인에 의한 교육(education by older adults)'이다. 노인이 되기까지의 시간은 무의미하게 버려진 시간이 아니다. 그 긴 시간 동안 노인은 많은 경험을 하였고 그 속에서 귀중한 의미와 지식과 기술을 쌓아 왔다. 노인이 지닌 인생의 지혜와 경험이라고 하는 가치 있는 자원을 활용하는 것이 바로 노인에 의한 교육이다.

여기에서 교육이라고 하는 개념은 앞의 두 영역에 비하여 훨씬 광범위하다. 형식적이고 비형식적이고 무형식적인 교육 모두를 포함하는, 즉 좁은 의미의 교육장면뿐 아니라 봉사를 통한 교육적 의미 전달까지도 범위에 해당된다. 역사나 전통 그리고 전문영역과 관련된 다양한 교육, 전통예절이나 기술 전수, 다양한 장면에서 노인의 자원봉사와 사회참여도 모두 여기에 포함된다.

(4) 세대공동체교육

'세대공동체교육(community of generations education; intergenerational education)'은 여러 세대 혹은 여러 연령집단들이 어떤 교육적인 목적을 위하여 공동체 안에서 함께 활동해 나가는 것으로, 이때 각 세대는 공동체 속에서 자신들이 미처 경험하지 못했던 시간과 공간을 경험할 수 있을 뿐 아니라 서로를 통하여 더욱 많은 것을 배우고 얻을 수 있다.

세대공동체교육은 세대 간에 서로에 대한 오해와 편견을 줄일 수 있으며, 각 연령 집단이 갖고 있는 차이점보다는 세대 공통의 가치나 관점에 대한 이해를 더욱 부각하고 확대해 줄 수 있다. 또 다양한 배경과 연령 그리고 경험을 가진 사람 간의 상호작용 기회를 제공하며, 서로 다른 연령집단이 갖고 있는 각자의 이점과 능력을 통하여 서로에게 도움을 줄 수 있고, 더 나아가 한국 사회에 만연된 연령에 따른 분리와 차별을 분식시킬 수 있다(한정란, 2001). 앞서 설명한 노년교육의 세 부분은 별개의 것이 아닌 서로 맞물려 이루어지는 동시적인 것이며, 이 세 교육의 공통적 이해가 만날 수 있는 곳이 세대공동체 교육이다.

2) 노인교육의 의의

(1) 평생교육으로서의 교육

우리나라 「헌법」(1980) 제29조에 "국가는 평생교육을 진흥해야 한다."는 규정을 통해서 교육을 청소년기에 국한하는 것이 아니라 전 생애에 걸친 평생교육의 이념을 결합하였다.

평생교육의 일환으로 노인교육이라는 과제가 제시된 것은 1919년 영국 성인교육위원회의 보고서에서 시작된 것으로 인간은 한평생 공부를 계속해야 함을 강조하였으며, 1965년 12월 유네스코(UNESCO) 본부에서 프랑스인 Lengrand의 "개인의 전 생애를 통한 계속적 교육"이라는 사상이 받아들여지면서 노인교육이 학계의 주목을 끌었다. 이러한 평생교육의 이념에 입각한 노인교육은 급변하는 현대사회의 양상과 가치관을 이해하고 적절히 적응해 나갈 능력을 향상하여 노후생활을 보다 윤택하게 돕고자 한다.

(2) 상실에서 오는 고독을 극복하는 방법으로서의 교육

인간은 사춘기, 갱년기, 노년기에 세 번의 정서적 위기를 갖는다. 청소년기에는 소망에 대한 좌절과 같은 위기를 갖지만 노년기에는 상실에 대한 정서적 위기를 갖게 된다. 즉, 노년기는 상실의 시기로서 체력과 건강의 악화, 퇴직으로 인한 경제적 수입원의 상실, 사회활동을 통한 인간관계의 단절과 배우자와의 사별 등 신체적 · 심리적 · 사회적 어려움에 대처해야만 하는 시기이다.

이러한 상실에 노인교육은 매우 효과적이다. 노인교육을 통해 노인들은 기분전환, 새로운 만남, 자아발전 및 성취, 자아실현의 마련함으로써 상실에서 오는 불안과 불행을 극복하며 안정된 생활로 되돌아가는 것을 돕는다.

(3) 자아발전의 계기로서의 교육

Jung에 의하면, 개인의 자아실현은 많은 경험과 노력의 결과로 획득되는 것으로서 40대에서 50대에 이르면 정신에너지가 발달되어 외향적 관심이나 태도가 내향적으로 전환되어 자신의 가치체제를 재평가하게 되기 때문에 자아실현이 가능해진다고 하였다. 이것을 도와주는 것이 바로 노인교육이며 더 나아가 교육을 통해 노인들은 자신들의 커리어를 발전시켜 직업인생을 보다 길게 연장하며, 이를 통해 사회의 역할자로서의 긍지와 개인의 삶의 의미를 더욱 의미 있게 하는 계기를 마련한다.

3) 노인교육의 내용

노화란 신체적·심리적·사회적 요소들이 상호 긴밀히 관련되어 있으며 노화에 따른 많은 변화는 상실로부터 비롯된다. 또한 대개 40대 또는 50대의 장년층은 경제적인 고심이 많은 데 비해 50대 후반 이상이 되면 경제적인 고통 외에 병고라는 새로운 고민거리가 가중된다. 건강은 신체적 독립을 유지하고 개인의 일상생활을 영위하며 개인의 목표를 달성하는 데 필수적인 요건이 된다. 그러므로 현대사회에서 인간이 노령화함으로써 당면하는 문제들을 신체적·정신적·지적·사회적인 건강으로 분류할 수 있으며, 그 문제해결을 위한 교육내용 역시 그와 같이 분류할 수 있다.

(1) 신체적 건강

노년기의 신체적 변화는 노인의 행동과 적응능력에 영향을 주는 중요한 요인이라고 할 수 있으며, 노인의 가족생활뿐만 아니라 심리적·경제적·사회적인 생활에 많은 영향을 끼침으로써 노인의 모든 활동을 감소시키며, 자신의 건강상태가 좋지 않을 경우 의식·무의식적으로 그들을 돌보고 있는 자녀에 대해 원한을 갖게 되어 가족으로부터 심리적으로 소외감을 느끼게 된다. 신체적인 건강은 생활만족, 사회적 역할의 수행, 다른 사람과의 상호작용, 가족·지역사회에서의 소속감, 여가를 유용하게 보내는 데 영향을 미치고, 건강상태가 양호할 때 경제적 부담도 줄어들기 때문에 노년기의 건강은 노후생활의 원동력으로서 가장 중요한 요소라 할 수 있다.

노인질환에 따른 신체적·정신적 기능의 약화는 노인 자신은 물론 부양책임을 맡고 있는 가족들에게 커다란 부담이 된다. 더욱이 핵가족제도에서는 노인이 건강하고 생활능력을 갖고 있을 때에는 상호협조할 수 있으나 병에 걸려 장기간 간호를 요하거나 생활력을 상실하고 가족의 보호를 받지 못하게 되는 경우 노인의 건강문제는 사회문제를 야기할 수 있다.

(2) 정신적 건강

노년기에 접어들면서 심리적 적응의 문제는 환경적인 외적 요인과 내부적 요인의 두 가지로 나눌 수 있다. 외적 요인으로는 친구, 친족의 죽음과 같은 개인적 상실과 정년퇴직이나 노인에 대한 경시, 사회적 지위와 특권의 상실 같은 사회적 상실 등이 있으며, 이로 인해 미래가 매우 절망적이라고 보게 되는 우울증에 빠지기 쉽다. 내부적 요인으로 개인의 성격적 특성, 신체기능의 변화로 인한 행동장애와 함께 이로 인한 불안, 욕구불만 및 스트레스와 같은 심리적 갈등을 들 수 있다. 그러므로 노인세대들이 대개 고립과 고독의 시기에 놓여 있다는 것을 인식하고 생은 보람 있고 뜻있는 것이라는 자부심을 갖게 하며, 노인의 정신건강은 노인 자신의 태도에 좌우됨을 깨닫게 하는 데는 교육의 역할이 크다고 하겠다.

(3) 지적 건강

노인의 지적능력은 나이가 들수록 점점 쇠퇴한다는 것이 일반적인 생각이지만, 전 생애 발달 심리학자들은 연령증가에 따른 지능의 쇠퇴가 거의 없거나 극히 작다고 주장하고 있다. 이들은 지능의 감퇴가 연령에 따라 일어난다고 해도 장년기 또는 노년기 초기에는 별다른 쇠퇴가 일어나지 않으며, 지능에 있어 연령은 16~25% 설명할 수 있고 나머지 75~84%는 연령 외에 다른 요인 때문이라고 보고하였다. 그러한 요인들에는 출생동시집단, 교육수준, 생활의 경험, 불안수준과 심리적 스트레스, 신체적 건강수준, 동기 등 여러 요인이 있다고 한다.

또한 Baltes는 정상적인 노화와 성공적인 노화 및 병적인 노화 사이에는 중요한 차이가 있고, 더구나 노화는 연령에 따른 일률적인 과정이 아니므로 대개의 노인들에게는 상당한 정도의 잠재력이 그대로 유지되어 새로운 학습이 충분히 가능하며, 한계수준까지의 능력이 요구되지 않는 거의 모든 일상생활에서는 노화에 따른 쇠퇴를 거의 인식하지 못할 뿐만 아니라 오히려 경험을 통하여 축적된 지식과 기술은 노화에 따른 인지기능의 쇠퇴를 상쇄시킬 수 있고, 한편 노화에 따라 상실이 상대적으로 증가하지만 생물학적인 유지능력상의 쇠퇴를 충분히 보상할 수 있도록 자원을 적절히 배분하고 사회적 구조를 개선함으로써 최소할 수 있다는 명제를 제안했다.

(4) 사회적 건강

인간은 출생하면서 개인과 집단 간의 끊임없는 상호작용 속에서 살아가고 있다. 그러므로 역할은 개인이 집단이나 사회와의 관계를 갖는 가장 중요한 수단으로 개인은 역할을 통해서 사회에 참여하고 이것을 통해 개인의 사회적 가치가 인정되며, 또한 자아정체감을 유지하는 기반이 된다. 그러므로 노년기에 접어든다는 것은 노인으로부터 새로운 역할이 기대된다는 뜻이나 현실적인 문제는 노인이 수행해야 할 역할이 어떤 것인지가 점점 불확실해져 간다는 점이다. 그러므로 Havighurst는 노년기에는 세 가지 역할, 즉 잃어버리는 역할, 그대로 남는 역할, 새로이 맡게 되는 역할이 있다고 하여 자녀 독립 후의 부모로서의 역할은 점차 잃어버리게 되지만 계속 맡게 될 역할을 자각하고 새로이 발견해서 맡아야 할 역할이 무엇인가를 알아내는 것이 무엇보다도 중요한 일이라고 말하고 있다.

노인의 고독과 불안은 가정과 사회에서의 지위와 역할상실뿐만 아니라 정서적 부양의 결핍에서 오는 경우가 많다. 노년기에 부모와 성장한 자녀와의 관계에서 일어나는 문제는 주로 부모에 대한 부양의 책임 및 애정의 표현과 관심의 정도로서 나타난다고 할 수 있다. 더군다나 우리나라 노인들은 일반적으로 가족에 대한 의존적인 태도가 강하면서도 종적관계를 중시하는 가치와 규범을 내면화하고 있기 때문에 친자 간에 가치관이나 역할기대에서 갈등이 나타나기 쉬우므로 자식과 물리적으로는 동거하면서도 정신적으로는 별거하는 상황이 자주 나타난다. 부모 자녀 간에 공간적 · 물리적 동거보다 경제적 안정 및 심리적 · 정서적 유대의 중요성을 시사하고 있다. 노년기의 또 다른 중요한 문제는 여가문제이다.

현재의 노인은 빈곤사회에서 청장년기를 보냈기 때문에 여가활동에 대한 경험과 훈련이 부족한 데다 평균수명의 연장으로 인해 역할상실의 노년기 생활이 장기화되고 있어 문제는 더욱 심각하며 여가의 문제를 잘 해결하느냐 못 하느냐는 노령기의 삶을 성공적으로 영위할 수 있느냐 없느냐의 주요한 결정 요인이 된다. 따라서 노인복지의 기본 방향도 노인 스스로 여가를 창조적으로 활용하고 사회적인 적응을 위한 자세와 능력을 갖추게 하는 실천적 사회교육적 프로그램을 준비하는 것에 두어야 할 것이다.

4) 노인교육 프로그램의 원리

(1) 노인교육의 운영 원리

① 자발성의 원리: 비강압적이고 자율적인 동시에 노인의 흥미에 입각한 교육

② 참여의 원리: 노인교육은 비교육자의 흥미를 유발하는 등의 적극적 · 능동적으로 참여를 유발할 수 있는 교육

③ 문제 중심의 원리: 노인의 현재 문제와 관련된 이용 가능한 교육내용

④ 실용성의 원리: 생활에 직접 이용 가능한 교육내용

⑤ 다양화의 원리: 강의, 토론 및 다양한 학습자료를 이용한 교육방식

⑥ 경험화의 원리: 노인의 과거 경험을 이용할 수 있도록 짜여진 프로그램 운영

⑦ 개별화의 원리: 노인들 개인의 경험, 연령, 교육수준 등을 고려한 교육

⑧ 경로의 원리: 노인학교의 강사는 경로사상이 투철해야 한다.

⑨ 사제동행의 원리: 노인교육은 강사의 일방적 계획보다 학습자들과 공동의 계획 실천을 평가한다.

⑩ 사회화의 원리: 노인교육은 급격한 사회변화에 적응하는 방법을 배우도록 한다.

(2) 노인교육의 원리

① 자기학습의 원리

노인교육에서는 그 어느 교육의 영역에서보다도 학습자의 역할이 더 크게 강조된다. 노인교육은 형식적인 학교교육과는 달리 교수자에 의해 필요한 지식들이 학습자에게 전달되기보다는 학습자들이 관심 갖고 있는 내용에 따라 학습의 내용이 구성된다. 교사 중심적인 설명 위주의 강의보다는 토의식 교수나 문제해결 중심의 과제 수행, 실험과 실습, 견학, 회상 등의 학습자 중심의 학습활동이 보다 많이 요구된다.

② 유의미 학습의 원리

노인학습자들은 학습과제가 자신들에게 의미 있고 친숙한 것일 때 더 잘 학습하는 경향이 있다. 따라서 학습자들의 흥미와 발달단계, 직업, 관심사, 학습동기에 비추어 관련성을 갖는 유의미한 학습과제를 제시하고 거부감 없이 쉽게 접근할 수 있도록 친숙하고 현실적이고 구체적인 과제나 자료를 제시하는 것이 요구된다.

③ 융통성의 원리

융통성은 구체적으로 두 가지이다. **첫째,** 시간 조절의 융통성, 즉 자기보조(self-pacing)의 원리를 의미한다. 노인들은 시간제한이 엄격하거나 장기간에 걸친 학습에 적합하지 않다. 따라서 학습자들이 스스로의 능력과 특성에 맞게 학습시간을 조절할 수 있도록 해야 한다. **둘째,** 프로그램 운영 방법의 융통성이다. 노인교육에서는 학습의 주제나 교수방법, 집단 편성 등이 형식교육에서와는 달리 보다 융통성 있고 학습자의 요구 중심으로 언제든지 조정될 수 있어야 한다.

④ 학습자 중심의 원리

성인학습에서는 학습자의 역할이 일반적인 학교교육에 비하여 훨씬 더 중요하다. 즉, 노인교육에 있어 교수자와 노인학습자는 학습자의 요구와 필요를 진단하는 데 상당한 시간을 투자해야 한다. 노인들은 자신의 요구와 필요에 맞지 않을 때 언제든지 다른 활동으로 옮겨 갈 수 있다. 따라서 학습자에게 목표 설정에서부터 충분한 참여를 제공해야 하며 노인교육의 내용과 형식 그리고 그것의 제공은 학습자들의 요구와 필요에 근거를 두고 이루어져야 한다.

⑤ 상호존중의 원리

노인교육의 공간은 따뜻하고 부드러우며 온정적이어야 한다. 교수자와 학습자 간에 그리고 학습자들 상호 간에 존중하고 존경하는 분위기가 조성되어야 한다. 노인학습자들에게 있어 사회적 상호작용은 학습에의 참여를 위한 촉매제의 역할을 할 수 있으므로 다양한 상호작용 방법들을 개발하는 것이 중요하다.

⑥ 노인 중심의 원리

여러 다양한 연령집단이 한데 모여 있는 가운데, 학습에 있어 가장 취약한 위치에 있는 이들은 바로 노인학습자들이다. 오랜 기간 자의든 타의든 교육과 유리되어 있었고, 또 조심성의 증가나 여러 신체적 기능과 감각 등의 쇠퇴로 인하여 학습에서 가장 불리한 처지에 놓여 있다. 따라서 가능한 한 모든 교실 분위기나 환경, 과제의 준비에 있어 노인학습자에게 최대한 배려가 이루어지도록 해야 할 것이다.

5) 노인학습 교육방법 및 유의사항

(1) 노인학습 교육방법

노인학습자들은 젊은 세대의 학습자들과 다른 신체적 · 인지적 · 정서적 특성을 지니고 있기 때문에 이를 고려한 교육방법을 동원할 때 효과적인 교육이 가능하다. **첫째,** 노인 평생교육 프로그램은 개인적 관심과 흥미를 바탕으로 자발적으로 선택되는 프로그램이므로 학습자의 흥미와 감동을 위한 교육방법이 필요하다. 더불어 학습에 적극적으로 임할 수 있는 동기 부여에 있어서 스스로 즐겁게 임할 수 있도록 내적 동기 유발에 초점을 맞추는 것이 효과적이다. 일반 학교교육에서는 학습자의 태도와 수행 능력의 평가 결과에 따라 부진한 학습자에게는 부정적 피드백이 주어지기도 하지만 노인학습자에게는 긍정적 피드백을 제공하여 학습활동을 격려하는 것이 필요하다.

노인 평생교육 프로그램에서 노인학습자가 자신의 태도와 수행능력에 대해 부정적인 평가와 강화를 받게 될 경우 자존감에 상처를 받거나 학습 동기가 떨어져 프로그램 참여를 중단하게 될 수 있으므로 이러한 경우를 미리 예방할 필요가 있다. **둘째,** 노인학습자는 노화로 인해 일부 인지적 능력이 쇠퇴하고 있으므로 장시간의 일방적인 강의식 내용 전달은 의도한 효과를 거두기 어렵다. 따라서 학습자가 수업 과정에 몰입할 수 있도록 돕는 수업 방식을 선택하는 것이 중요하다. 필요에 따라 강의식 수업도 진행될 수 있지만 기억력과 암기력이 쇠퇴하는 노년기 학습자들에게는 여러 가지 다양한 학습활동을 전개하는 것이 보다 효과적이다.

예를 들면, 몸을 움직이며 참여하는 '만들기'와 '연극' 활동은 활력과 재미를 동시에 유발할 수 있는 장점이 있다. 교육 내용을 설명할 때 강의법을 활용한 언어적 전달과 더불어 적절한 시청각 교재를 활용하는 것도 교육 효과를 높일 수 있는 전략이다. 특히, 노인학습자에게 새로운 경험이 될 수 있는 기술적 또는 문화적 내용은 강의식 전달보다는 직간접적으로 체험(예: 실습, 견학, 문화기행 등)하고 느낄 수 있는 교육 방식으로 전달될 때 흥미 유발과 교육 효과를 촉진할 수 있다. 대화와 토의를 통해 각자의 인생경험과 지혜를 나누며 동료 학습자들에게 도움을 주고 유대감을 키워 나가는 것 또한 노인학습자에게 긍정적인 강화가 될 수 있고, 함께 배워 나가는 과정에 대한 흥미와 감동을 느끼게 해 주는 효과적인 방법이 될 수 있다.

셋째, 노인 평생교육 프로그램에 참여한 노인학습자들은 학습요구, 내적동기, 학력, 건강상태, 인지적 능력, 연령 등 다양한 부분에 있어서 크고 작은 개인차를 보인다. 이러한 개인차로 인해 동일한 교육 내용일지라도 개인이 이해하고 수용하는 폭과 깊이는 다를 수 있다. 결과적으로 동일 교육과정에 참여한 다양한 노인학습자들에게 똑같은 학습목표를 제시하고 동일한 성취 수준을 요구하는 것은 현실적이지 않다. 노인 평생교육은 개인의 학습 요구 충족과 이를 통한 삶의 만족도 증진에 그 의미가 있으므로 노인 평생교육 프로그램 담당자는 학습자들 개개인이 자신의 수준에 알맞은 실현 가능한 목표를 설정하고 성취해 나갈 수 있도록 돕는 것이 필요하다.

(2) 노인교육 시 유의사항

① 학습자 각 개인의 차이를 고려하여 반드시 목표 지향적으로만 교육할 수 없다.

② 학습의 경과는 학습에 동참하는 과정만으로도 만족해야 한다.

③ 모든 설명은 정신적 부담이 되지 않게 한다.

④ 학습에 대한 준비는 선행학습량에 의해 준비되어야 한다.

⑤ 노인교육은 체계적 반복교육이 효과적이다.

⑥ 학습자는 교수로부터 개인적이고 각별한 관심을 기대한다.

⑦ 강사의 자기소개로 친절감을 조성해야 한다.

⑧ 고령자도 칭찬과 격려가 필요하고 감시나 강요를 꺼린다.

⑨ 교육성과는 수시로 평가수립하여 교육발전의 자료로 제공되어야 한다.

6) 한국 노인교육의 과제

사람은 누구나 늙게 되고 언젠가는 죽는 것이 당연한 자연섭리이다. 인간의 수명이 점점 연장되고 이에 따라 노년기의 연장 또는 당연한 결과로 받아들여지고 있다. 인간교육이 학교교육이나 청소년교육으로 끝나는 것이 아니며, 인간은 평생을 배우며 살아가기 때문에 노인교육 또한 평생교육의 연장선상에서 나이와 위치에 걸맞은 성찰의 욕구를 충족시켜야 한다. 말로만 하는 노인교육, 생명력 없는 노인교육은 이제는 접고 제대로 된 체계적 제도와 틀, 재정적 지원, 총체적 수단을 강구하고 동원해야 한다. 현실적으로는 노인들이 스스로 그런 인식에 도달하고 더 나아가 인식의 실천을 위한 노력에 경주를 해야 한다. 따라서 노인 단체나 노인교육시설들이 더욱 앞장서야 할 것이다. 이것은 결코 집단적 이기주의나 세대이기주의가 아니다. 전 세대 앞으로 우리가 살아가야 할 복지의 기본인 것이기 때문이다. 또한 앞에서도 지적되었듯이 노인교육을 담당할 전문 인력의 양성을 위한 체계적인 과정이 수립되어야 한다.

첫째, 노인교육 행정체제 효율화 및 행·재정적 지원이 강화되어야 할 것이다. **둘째,** 노인교육의 전문성을 제고해야 한다. **셋째,** 노인을 인적 자원으로의 능력 배양을 위해 노인들의 사회참여를 확대하고, 노년기의 자립과 자활능력을 강화하기 위해 노인을 잠재적 인적 자원(hidden human resource)으로의 가치로 제고시켜야 할 것이다. **넷째,** 노인의 특성과 욕구에 맞는 프로그램을 제공해야 할 것이다. **다섯째,** 노인교육의 네트워크를 강화해야 할 것이다. **여섯째,** 노인교육의 활성화를 위해서는 노인과 노인교육에 대한 관련된 기초연구와 현장에서의 실천연구가 활성화되어야 할 것이다.

4 노인자원봉사

노인에 대한 인식의 전환과 함께 노인의 자원봉사활동 참여는 여가시간과 문화시간을 적절히 활용하고, 지역사회 공헌활동을 통하여 사회적 지위와 역할, 관계를 유지할 수 있는 다양한 효과를 지니고 있으므로 성공적인 노후생활과 선배시민(senior citizen)으로서 사회참여의 한 형태로 참여하고 정착시켜 가는 중요한 요소로 주목받고 있다.

1) 자원봉사의 개념

자원봉사(voluntarism)라는 말은 '의지(will)'라는 의미의 라틴어인 'volo'에서 '자유의지'라는 의미의 'voluntas'로 어원이 변화되면서 오늘날에 이르렀다(김영호, 1997). 이러한 자원봉사는 타인과 제도의 강요에 의한 것이 아니라 자신의 자유의지를 바탕으로 자발적인 행동을 실천하는 것이다. Manser와 Cass는 자원봉사를 '공동선(common good)의 어떤 요소를 증진 혹은 촉진하기 위한 자발적이고 개인적인 노력에 의해서 나타나는 활동'으로 정의하였으며, 자원봉사자들은 자원봉사활동을 통하여 다양한 사회생활의 과제를 학습하고 공공사회에 유익한 사회적 역할과 활동에 참여하여, 개인의 자아실현을 가능하게 하며, 자발성을 향상하며, 무보상성의 활동을 통하여 공공성을 체험하고, 보다 나은 사회인으로서 전인격적인 발전을 추구할 수 있다.

2) 노인자원봉사활동의 의의

노인이 자원봉사활동의 주체가 된다는 점에서 다른 연령집단의 자원봉사활동과는 구분되는데, 특히 노년기의 특성과 현대사회에서 자원봉사활동이 노인들에게 어떠한 의미를 가지고 있는지를 살펴보고자 한다.

은퇴한 이후 노년기의 일상생활은 대부분이 여가의 시간이며, 결국 노년기를 여가생활의 시기로 보아도 크게 틀리지 않다. 미국의 노년학자인 Rowe와 Kahn(1997)은 그들의 성공적 노화모델을 통해서 '적극적인 인생참여'를 그 해답으로 제시하고 있다. 물론 이를 위해서는 건강이나 인지능력, 친구관계나 사회적 관계, 자신에 대한 믿음 등이 바탕이 되어야 한다고 주장한다. 성공적 노화를 연구하는 많은 학자들은 '생산적 활동'을 통해 적극적인 인생참여가 가능하다고 말한다. 생산적 활동이란 '임금을 지급받는 것과 무관하게 지역사회에 혜택을 줄 수 있는 재화나 서비스를 생산하는 행위'라고 정의한다(Caro et al., 1993). 즉, 성공적 노화에서 생산성은 가족, 이웃, 친구 그리고 지역사회와의 연계와 기여로 보고 있다.

사회적 자본(social capital)에서 의미하는 시민사회와의 연계(civic engagement)와 유사한 의미이다. 이와 같이, 노년기의 자원봉사활동은 시민사회와의 연계를 통한 적극적인 인생참여를 유도함으로써 성공적 노화에 매우 중요한 역할을 한다고 볼 수 있다.

3) 노인자원봉사의 필요성

노인에 의한 지역사회주민과의 연계를 통하여 지역사회와의 신뢰와 이해, 그리고 상호지지를 이끌어 냄으로써 사회적 통합을 이루기 위한 사회적 비용을 절감할 수 있으며, 지역사회 내 노인들의 유휴인력을 효과적이고 효율적으로 활용함으로써 사회적 생산성을 향상할 수 있기에 자원봉사활동의 필요성을 살펴보면 다음과 같다.

(1) 사회심리적 욕구(need)를 적절하게 충족하지 못하면 활기찬 노후생활을 영위하기 어려우며, 이 욕구를 효과적으로 충족시킬 수 있는 활동이 자원봉사활동이다.

(2) 노인도 지역사회 구성원으로서 역할을 수행할 수 있도록 해야 한다. 그리고 노인이 인생의 선배로서 생활의 지혜와 경험을 공동체의 발전을 위해 노인상을 정립하여야 한다.

(3) 노인의 자원봉사활동의 참여는 사회의 개선과 발전에 큰 기여를 하게 되어 노인에 대한 비노인층의 시선이 긍정적으로 변하고 노인인력의 활용은 자원의 다원화로 국가재정 부담을 완화하고 사회통합을 가져오는 바람직한 방향으로 이끌어 줄 것이다.

4) 자원봉사의 특성

(1) 자발성

인간은 타인으로부터 간섭을 받지 아니하고 사물을 자발적이고 자주적으로 선택하고 독립하고 행동하려는 강력한 욕구가 있다. 이것이 소속과 사랑과 승인의 욕구와 함께 모든 인간의 의식 속에 내재된 가장 중요한 주체성의 발로인 것이다.

자발성이란 타인에 의해 강제로 하는 활동이 아니라 개인의 자유로운 의지로 선택하고 행하는 것이다.

(2) 무보수성

인간이 생활의 수단으로 참여하는 모든 사회적 활동은 반드시 참여활동의 가치에 상응하는 보상을 전제로 이루어진다. 그러나 인간의 욕망은 그의 욕구가 유한하지 않은 이상 어떤 명예나 지위나 재산이나 권력도 완전한 만족을 가져다줄 수는 없다. 따라서 인간의 욕망은 늘 갈증과 허무감뿐인 고독인 그 자체인 것이다. 그러나 인간에게 이러한 허무로부터 해방될 수 있는 유일한 방법이 있는데 바로 사랑이다. 사랑은 조건 없이 주기만 하는데도 항상 기쁘고, 즐겁고, 행복하다. 이것이 바로 자원봉사다. 자원봉사는 어떤 물질적인 대가를 요구하는 것은 아니지만 정신적인 보상을 통해 삶의 보람과 행복감을 얻을 수 있는 것이다.

(3) 사회복지성

인간은 "사회적 동물"로서 서로 돕고 의지할 수밖에 없는 존재이다. 복지성은 인간의 생명을 귀하게 여기며 이웃과 더불어 살아야 한다는 가치관에 바탕을 둔 동시에 지역사회의 발전과 지역공동체 구현을 목표로 하고 있다는 것을 의미한다. 즉, 자원봉사의 목적은 인간이 인간다운 처우를 받고 인간다운 생활을 영위할 수 있도록 도움을 주는 것을 의미한다.

(4) 이타성

인간에게 내재한 타인을 돕고 싶어 하는 정신을 이타성이라 한다. 이는 이웃의 생명을 존중하고 인간으로서의 존엄성을 회복하고자 하는 이상과도 관련이 있다. 자원봉사활동을 통하여 개인의 이타성을 실현할 수 있다.

(5) 공동체성

자원봉사활동은 타인에 대한 배려하는 마음 없이는 실천이 불가능하다. 타인에 대한 배려를 배우면서 모두가 힘을 합하여 사람이 사람답게 사는 공동체를 구현하고자 하는 마음이 길러진다.

(6) 헌신성

헌신이란 어떤 좋은 가치에 자신을 투신(commitment, 헌신)하는 것이다. 오랫동안의 헌신성이 자원봉사의 가치관과 철학에 스며져 있었기에 자원봉사가 긴 역사 동안 사라지지 않고 문화를 초월하여 전파되고 확장될 수 있었다. 우리가 자원봉사활동을 통하여 배워야 할 덕목 중의 하나라고 하겠다.

(7) 사회적 연대성

동시대를 살아가는 사람으로서 사회적 책임의식을 공유하고자 하며 더 밝고 살기 좋은 사회로 만드는 데 도움을 주고자 하는 의식을 고취하며, 그러한 자세를 체득하는 기회를 자원봉사활동을 하면서 만나게 한다.

(8) 자아실현성

인간은 누구나 어떠한 잠재력을 가지고 있으나 누구나 다 그 잠재력을 충분히 인식하고 있고 실현할 기회를 가지는 것은 아니다. 잠재력을 개발한다는 것은 자신을 충실하게 만들며 보다 완전하게 한다는 의미이다. 자원봉사활동은 새로운 업무와 새로운 사람을 만날 기회를 제공하며 다소의 한정된 책임은 있으나 전업의 책무보다는 자유로운 입장에서 자신의 잠재력을 발휘하는 기회를 가질 수 있다. 즉, 자원봉사활동은 개인의 인격적 성장과 잠재력을 실현할 수 있는 기회인 것이다.

5) 자원봉사의 기능

자원봉사활동은 봉사가 의미하는 "주는 자와 받는 자"와의 관계에서 일어나는 것과 같은 일방적이고, 일시적인 자혜심, 감상주의 또는 값싼 영웅주의 등에서 볼 수 있는 것과 같은 것이 아니라, 한 인간으로서 스스로 타인과 더불어 생활하며, 선한 활동을 하는 것을 통하여 자기실현을 위한 하나의 기회가 될 수 있다. 여기서 말하는 자기실현은 자신을 찾는 일임과 동시에 자기 성취를 위한 일인 것이다. 또한 그것은 계속적인 성장과 자기회복의 과정이라는 의미를 포함하고 있는 것이다. 일반적인 자원봉사활동의 기능은 다음과 같다.

(1) 개인의 자아실현의 기능

자원봉사활동은 사회참여를 통해 봉사자로 하여금 자아실현의 기회를 제공한다. 특히 자원봉사는 오늘의 가장 심각한 사회문제인 비인간화의 문제에 있어 "나는 누구인가"라는 물음에 대해 보다 새롭고 만족스러운 대답을 추구하고 그것에 관한 가장 알맞은 가능성을 찾아내는 데 도움을 준다. 자원봉사는 자원봉사자로 하여금 이 가능성을 찾음에 있어서 큰 도전과 기회를 제공하고, 개인의 능력 향상에 도움을 주며, 인격의 발전과 성숙을 가능케 한다.

(2) 시설 및 기관 서비스의 기능

시설과 기관에 있어서 자원봉사활동이 갖는 의미는 지역과 시설 간에 있을 수 있는 보이지 않는 심리적 장벽이나 거리감을 제거하고 시설직원들의 심리적·육체적 노동량을 덜어 주며 시설수용자들의 고독감을 잊게 해 줌과 동시에 삶의 희망을 갖게 한다. 또한 시설 아동의 올바른 인격형성과 사회진출에 이바지할 뿐 아니라 시설의 사회화를 촉진함으로써 사회복지실현에 공헌한다.

(3) 가정서비스의 기능

가정서비스의 기능은 자기가정과 이웃가정을 대상으로 하며 인간성 회복과 인간의 건전한 성장을 위하여 변화하고 있는 가정의 기능을 이해하고, 장애인이 있는 가정은 그들이 당면하고 있는 특수문제에 도움을 주며, 노인들의 소외감과 고독감을 덜어 주고 그들의 생활에 필요한 것을 지원하는 것을 말한다. 이 밖에도 주민들 사이에 자원봉사활동은 흔히 볼 수 있는 차별대우나 편견을 제거함으로써 지역의 연대적 인간관계를 형성한다.

(4) 지역사회 활성화의 기능

지역사회의 주인의식과 연대의식을 향상하고 '우리들'이라는 의식, 역할의식과 상호의존의식 같은 지역사회의 감정을 형성한다. 이런 의식 속에서 지역사회의 문제와 필요가 주민들의 협동과 노력으로 해결되고 예방될 수 있으며, 이런 참여능력과 처리능력을 향상한다. 이 기능은 주민들로 하여금 그들의 공동복지를 목표로 하는 지역사회의 정상화·통합화·민주화를 위한 공동노력을 하도록 하는 기능이자 그들의 목표를 위하여 각자의 책임을 수행하게 하는 기능이다.

(5) 사회정책의 개발과 수정 지원의 기능

이 기능은 개인이 사회에 대한 인식을 넓히고 문제의 해결을 도모하며 제도의 개선을 위한 계획과 활동에 직접 참여하도록 하는 기능이다.

(6) 복지사회의 기능

자원봉사는 국민의 자발적인 참여에 의하여 비로소 성립하는 것으로서 민주사회의 정착과 이를 토대로 복지사회를 실현시키는 데 필수적인 요소가 된다.

6) 자원봉사활동이 갖는 효과

(1) 자원봉사활동은 마음의 평화, 자기 존엄성, 지역사회 존중의 감정을 가져다준다. 따라서 자신에 대한 긍지와 위치를 확인하게 됨으로써 마음의 안성을 찾고, 사아를 발달시킬 수 있다.

(2) 일을 성공적으로 처리한 뒤에 얻는 성취감에서 자신감과 즐거움을 맛볼 수 있다.

(3) 자원봉사활동은 좋은 일을 하면 그 보상으로 지역사회에서 가치 있는 존재로 인정받을 수 있다는 것을 알게 해 준다.

(4) 자원봉사활동은 무언가 가치 있는 부분에 속해 남에게 필요한 존재가 되고, 사회에서 높게 평가받고자 하는 인간의 욕구를 충족시켜 준다.

(5) 자원봉사활동은 건전한 삶의 목적을 제시하기 때문에 신체적 · 정신적 · 정서적 건강을 지켜 준다.

(6) 자원봉사활동은 새로운 기술을 배울 수 있게 하며, 이미 가지고 있는 지식은 더욱 발전시키는 기회를 만들어 준다.

(7) 자원봉사활동은 현재의 내가 할 수 있는 흥미 있고 활력 있는 여러 가지 일감을 제공하기도 하고, 미래를 위한 계획과 일을 제시해 준다.

(8) 개인의 올바른 판단력과 잠재적인 지도력을 계발해 준다.

(9) 대인관계와 의사소통의 훈련 기회를 제공한다.

(10) 개인의 사교 범위를 넓혀 유익한 새 친구를 사귈 수 있는 기회를 준다.

(11) 개인의 직책, 직종, 성별, 나이에 따르는 인간관계의 폭을 넓혀 준다.

자원봉사활동은 자원봉사자에게는 삶의 가치를 깨닫게 할 뿐만 아니라 나와 가족 그리고 내가 속한 사회 전체를 아름답고 평화롭게 만드는 데 기여하고 있다.

7) 노인자원봉사 동기

노인자원봉사에서 노인들의 자원봉사 이유, 즉 동기를 파악하는 것은 자원봉사관리를 위해 매우 중요하다. 노인들의 봉사 참여 동기는 '목적 지향적 동기'와 '수단 지향적 동기' 그리고 '종교적 동기'로 나눌 수 있다.

첫째, 목적 지향적 동기: 목적 지향적 동기에는 '보람추구형', '가치추구형', '재미추구형'이 있다. **둘째,** 수단 지향적 동기: 수단 지향적 동기는 '자아실현추구형', '사회적 보상 추구형', '물질적 보상 추구형' 등으로 나눌 수 있다. **셋째,** 종교적 동기: 종교적 신념에 의한 자원봉사활동 또한 중요한 참여 동기이다.

8) 자원봉사활동을 위한 기술과 자세

(1) 타인과의 관계 형성을 위해서는 다음과 같은 다양한 기술이 필요하다.

① 타인에 대한 공감적 이해가 필요하다.
"자신이 직접 경험하지 않고도 다른 사람의 감정을 거의 같은 내용과 수준으로 이해하는 것" 이러한 태도가 상대방에게 전달되면 자신이 이해받

고 있다는 느낌을 갖게 되어 자원봉사자를 더욱 신뢰하게 된다.

② 자원봉사자는 상대방의 생각이나 행동을 있는 그대로 받아들이고 존중하는 자세가 필요하다.

③ 일관적인 태도로 성실하게 임해야 한다. 자원봉사활동은 단순한 자원봉사자와 수혜자의 관계 이전에 인간 대 인간의 교류이므로 자원봉사자는 상대방에게 개방적이고 정직하며 일관성 있는 태도를 견지해야 한다. 중요한 것은 성실성이다. 자신의 행동이 상대방에게 어떠한 영향을 미치는지를 생각하면서 진정성을 갖고 배려하는 자세가 필요하다.

④ 개인적인 감정은 자제한다. 자원봉사자는 도움수요자에게 자신의 감정을 솔직하게 표현하기도 하지만, 때로는 그것을 자제함으로써 자신의 역할을 잘 수행할 수 있게 된다. 감정의 표현과 자제를 적절하게 조화시키는 기술이 요구된다.

(2) 의미 있는 자원봉사활동을 위하여 다음과 같은 자세가 필요하다.

① 자신의 봉사활동이 자기 자신보다 상대방이나 사회를 위한다는 차원에서 시작해야 하며, 남들이 하지 못하는 어려운 일을 해낸다는 자부심과 함께 어려움을 극복해 내겠다는 책임감을 갖고 있어야 한다.

② 자원봉사자는 봉사활동기관이나 혹은 봉사활동의 대상자와의 약속을 꼭 지켜야 한다. 약속의 자신의 일상적인 활동에 무리가 가지 않는 범위 내에서 정해야 한다. 책임의식을 가져야 한다.

③ 자원봉사자는 자기 자신이 하고 있는 봉사활동에 대하여 항상 점검하고 기록하고 평가하여 보다 효과적인 봉사활동이 되도록 해야 한다. 또한 봉사활동 중에 발생되는 어려움과 문제점, 의문사항은 봉사활동을 주관하는 실무관계나 전문가 또는 동료 자원봉사자들의 상의하여 처리하도록 한다.

④ 자원봉사자들은 봉사활동을 시작하기 전에 반드시 가족의 이해를 얻어

야 한다. 자원봉사활동을 시작한 뒤 가족의 이해와 지원을 받을 수 있도록 한다. 자원봉사자들은 다른 어떤 사람들에 대해서도 편견이나 고집을 버려야 한다.

⑤ 자원봉사자들은 봉사활동 대상에 대한 잘못의 추궁과 비판을 하지 않도록 해야 한다.

⑥ 자원봉사자들은 가능한 한 초기 봉사활동 기간에는 쉬운 것부터 시작하고 점차 노련해지면 어려운 일을 맡는 것이 좋다. 또한 자기 주위에 있는 일이나 자신이 관심 있는 일부터 시작하는 것이 좋다.

⑦ 자원봉사자들은 봉사대상에게 항상 언행을 조심해야 한다. 특히 위로나 동정 투의 말은 삼가는 것이 좋다. 또한 사생활에 관한 질문은 되도록 피하도록 한다.

⑧ 자원봉사자들은 인간에 대한 평등의식을 갖고 있어야 한다. 모든 사람은 인종, 종교, 직업, 연령, 사고방식 등을 초월하여 누구에게나 존엄성이 있다는 생각과 동시에 사람은 누구나 무한한 가능성을 가지고 있는 소중한 존재임을 인식하고 있어야 한다.

⑨ 자원봉사자는 겸손한 태도, 감사하는 마음을 가지고 참여해야 한다.

⑩ 자원봉사자 스스로에 대한 이해가 이루어져야 한다. 즉, 나는 왜 자원봉사활동을 하려고 하는가, 나는 어떤 활동을 하려고 하는가 등 자신에 대한 솔직한 질문에서부터 출발하여야만 진실하고 책임 있는 자원봉사자가 될 수 있다.

학습다지기

1. 다음 설명의 내용으로 알맞은 것은?(　　)

> 첫째, 질병과 장애를 피하는 것(avoiding disability)이다.
> 둘째, 높은 수준의 정신적 및 신체적 기능을 유지하는 것(maintaining high cognitive & function)이다.
> 셋째, 잠재력만 아니라 실제 활동이 있어야 한다. 이는 '활기찬 생활'(engagement with life)이라 할 수 있다.

① 성공적인 회복　② 성공적인 재정
③ 성공적인 노화　④ 성공적인 건강

2. 노인여가의 기능으로 맞지 않는 것은?(　　)

① 취미생활과 오락 등을 통하여 무료감을 해소한다.
② 개인 작업을 통하여 경제적 소득을 제공한다.
③ 친구·동호인과의 집단생활에서 서로 격려하며, 생활위험에 대처할 자원을 확보할 수 있다.
④ 보건, 의료 면에서 건강 체조, 스포츠댄스, 요가, 에어로빅, 게이트볼, 등산 등을 통하여 평상시 노인의 건강관리에 큰 도움이 되게 한다.

3. 노인여가활동의 유형으로 맞지 않는 것은?(　　)

① 자기완성형　② 사교유희형
③ 사회참여형　④ 폐쇄형

4. 노인교육의 개념으로 맞지 않는 것은?(　　)

① 노인을 위한 교육　② 노인에 대한 교육
③ 노인에 의한 교육　④ 세대 차이에 대한 교육

5. 노인의 여가활동 참여 촉진방안을 설명하시오.

ANSWER ① 3 ② 2 ③ 2 ④ 4 ⑤ p149

PART III

노인복지 실천

CHAPTER 09 노인복지실천

1 노인복지실천의 이해

1) 노인복지실천의 개념

노인복지실천이란 노인을 대상으로 한 사회복지실천이다. 사회복지실천(social work practice)이란 "개인, 가족, 집단, 조직 및 지역사회 수준에서 원조를 제공하여 인간이 지닌 사회적 문제나 사회적 기능수행상의 어려움을 해결하기 위한 사회복지의 통합적 접근방법"이라고 정의할 수 있다(김융일 외, 1995).

이러한 사회복지실천에 대한 정의를 바탕으로 할 때, 노인복지실천은 개인, 집단, 조직 및 지역사회 수준에서 원조와 서비스를 제공하여 노인의 사회적 기능을 향상하려는 통합적인 노인복지 접근방법이라고 정의할 수 있다.

2) 노인복지실천의 목적

노인복지실천은 노인과 그를 둘러싼 환경, 특히 가족을 주된 대상으로 하며, 노인이 환경과의 상호작용 과정에서 갖게 되는 욕구나 문제를 예방, 경감, 해결하여 노인의 사회적 기능을 향상하는 것을 기본 목적으로 한다.

미국사회복지사협회(NASW, 1992)에서 제시한 사회복지실천의 목적을 근거로 하면, 노인복지실천의 세부 목표는 ① 노인의 문제해결능력, 대처능력 및 발달상의 능력 향상, ② 자원, 서비스 및 기회를 제공하는 체계와 노인의 연결, ③ 자원과 서비스를 제공해 주는 체계의 효과적이고 인간적인 작동, ④ 사회정책의 개발과 증진, ⑤ 위험에 처한 집단의 역량 강화를 통한 사회경제적 정의의 증진, ⑥ 전문 지식과 기술의 개발 및 검증이라고 할 수 있다. 그리고 미국사회복지교육협의회(CSWE, 1995)의 사회복지실천 목표에 근거하면, 노인복지실천의 세부 목표는 ① 노인의 사회적 기능 유지, 회복, 증진, ② 노인의 욕구 충족과 능력 개발에 필요한 사회정책, 서비스, 자원 그리고 프로그램의 계획, 형성, 수행, ③ 위험에 직면한 노인의 역량 강화와 사회경제적 정의를 증진하기 위한 옹호와 행동, ④ 노인복지와 관련된 전문 지식과 기술의 개발 및 검증이라고 규정할 수 있다.

노인복지실천은 위와 같은 목적과 목표를 추구하는 과정에서 예방, 회복, 치료적 기능을 수행한다(CSWE, 1995). **첫째,** 예방은 문제가 발생하기 전에 노인의 사회적 기능을 향상하는 것을 의미한다. 즉, 노인복지실천은 노인의 건강과 복리 증진을 위하여 현재의 신체적 · 심리적 · 사회적 기능 상태를 유지하고 발달과업을 성공적으로 수행하며, 환경의 요구에 대처할 수 있는 능력을 강화하고, 필요한 자원을 제공하거나 연결하여 사전에 문제를 예방하는 기능을 수행한다. **둘째,** 회복은 신체 및 정신적 문제나 장애로 약화된 기능을 되찾을 수 있도록 원조하는 데 초점을 두고 있다. **셋째,** 치료적 기능은 노인이 현재 겪고 있는 문제나 장애를 해결 또는 개선하는 것을 목적으로 한다.

2 노인상담

1) 노인상담의 정의

상담이 기본적으로 긴장되지 않은 상호작용에 기초한 '협력관계'이고, 클라이언트의 문제나 관심사를 해결하기 위한 '목적지향적 과정'이며, 클라이언트의 욕구와 관점이 존중되는 '클라이언트 중심'의 활동이라는 데는 합의가 이루어질 수 있을 것이다. 이러한 기본적인 원칙에 기초하여 노인상담을 도움을 필요로 하는 노인(가족)이 전문적인 훈련을 받은 사회복지사와의 관계에서 일상생활에서 경험할 수 있는 문제를 보다 효과적으로 해결하는 과정으로 정의할 수 있다.

2) 노인상담의 목적

Burlingame(1995)은 여러 학자들이 주장하는 노년기 발달과업을 정리하여 노인상담의 목적을 다음과 같이 여덟 가지로 제시하고 있다.

(1) 노인상담의 중요한 목적 중 하나는 필요한 의료적·사회적·정서적 지원을 효과적으로 동원하고 이용하도록 원조하는 것이다.

(2) 신체적 강점을 강화하고 건강약화에 적응하도록 원조하는 것이다.

(3) 보호 및 주거에 대한 욕구가 충족되도록 돕는 것이다.

(4) 지역사회에서 새로운 역할을 갖도록 원조하는 것이다.

(5) 손자녀, 친척 및 지역사회와의 관계를 수정하도록 원조하는 것이다.

(6) 배우자나 친구 등 중요한 사람들의 상실에 적응하도록 원조하는 것이다.

(7) 은퇴와 재정적인 변화에 대처하도록 원조하는 것이다.

(8) 삶의 통제력을 유지하도록 원조하는 것이다.

3) 노인상담의 종류

노인상담은 노인과 사회복지사가 만나는 형태에 따라 개인상담, 가족상담, 집단상담으로 분류할 수 있다.

(1) 개인상담: 한 명의 노인과 한 명의 사회복지사가 일대일로 만나는 형태

로 노인이 자신의 문제를 가족에게 알리기를 주저하거나 가족구성원이 상담과정에 참여하기 어려울 때 활용된다.

(2) 가족상담: 노인 가족을 대상으로 한 상담으로 '지금－여기'의 관점에서 즉각적인 해결책 계획에 초점을 둔 교육적이고 지지적인 활동이다.

(3) 집단상담: 15명 내외의 노인들을 대상으로 각 노인의 관심사나 대인관계 혹은 행동양식의 변화를 초래하기 위한 활동이다.

또한 Garland에 의하면, 집단은 다음과 같은 네 가지 형태를 취한다.

(1) 전통적인 정신분석에 근거한 통찰집단이다.

(2) 클라이언트의 자아 및 적응능력에 초점을 두는 지지 및 안정화 집단이다.

(3) 성장 및 교육 집단이다.

(4) 과제 및 활동 집단이다.

4) 노인상담의 기법

어떤 상담모델을 선택하느냐에 따라 서로 다른 상담기법이나 기술들이 활용된다. 그리고 여러 가지 모델의 기법이나 기술들을 절충 또는 통합적으로 활용할 수도 있으며, 일반적인 상담이나 정신치료에서 사용하는 다양한 기법들을 모두 사용할 수 있다. 이러한 노인상담의 기법과 기술을 간략히 제시하면 다음과 같다(권중돈, 2010).

(1) 주의집중과 경청

효과적인 의사소통과 상담이 이루어지기 위해서는 클라이언트의 관심사에 집중하여야 한다. 이를 위해서 상담자는 시선을 내담자의 넥타이 매듭부분과 눈 사이에서 이동하고, 몸은 앞으로 약간 숙이고, 팔다리를 꼬지 않는 태도를 보이며, 내담자의 보이지 않는 정서에 귀를 기울여야 하며, 제3의 귀, 즉 눈으로 적극적으로 관찰하여야 한다. 이러한 주의집중 기술과 함께 상담자는 클라이언트의 의사소통을 경청하여야 하는데, 경청을 위해서는 1 · 2 · 3의 원칙을 따르는 것이 바람직하다. 즉, 1분 동안 상담자가 얘기하고, 2분 동안 클라이언트의 의사소통을 귀담아 듣고, 3분 동안 클라이언트가 한 말의 의미를 깊이 되새기며 어떻게 반응할지에 대해 깊이 있게 생각해야만 적절한 경청이 이루어질 수 있다. 다른 주제로 1분 동안 말하고, 2분 동안 듣고, 3분 동안 공감하여 주는 것이 경청이다.

(2) 질문기법

노인 상담과정에서 질문을 할 때 지켜야 할 원칙은 일반상담과 동일하다. 노인상담에서 활용될 수 있는 해결 중심 단기치료의 다양한 질문기법으로는 초점질문, 해결중심질문, 순환질문, 기적질문, 대처질문 등이 있다(권중돈 · 윤경아 · 배숙경, 2002). 초점질문은 구체적 사항을 묻는 것으로 클라이언트를 특정 사항에 집중하게 하는 기법으로, "문제가 무엇입니까?", "문제가 생긴 지 얼마나 오래되었습니까?" 등과 같은 질문을 예로 들 수 있다. 해결중심질문은 해결에 초점을 두어 클라이언트의 생각이 문제보다는 해결방안 쪽으로 변화될 수 있게 하는 질문으로, "문제가 다소 좋아지는 때는 언제입니까?", "이러한 예외적인 일이 좀 더 일어나기 위해 어르신께 필요한 것은 무엇입니까?" 등의 질문을 예로 들 수 있다. 순환질문은 클라이언트로 하여금 문제나 문제해결과 관련된 부분들의 상호연관성을 파악하게 하는 질문으로, "친구분이 그렇게 할 때, 어르신께서는 무얼 하셨습니까?" 등의 질문을 예로 들 수 있다. 기적질문은 클라이언트로 하여금 미래지향적 사고를 갖게 할 목적으로 사용하는데, "기적처럼 어르신의 문제가 해결되었다면, 무엇이 달라지겠습니까?"와 같이 질문할 수 있다. 대처질문은 고통스러운 상황에서 생존하기 위해 클라이언트가 하고 있는 일에 초점을 맞추게 하기 위한 것으로, "지금까지 힘들었을 때 가장 도움이 되었던 것은 무엇입니까?"와 같은 질문을 할 수 있다.

(3) 인지적 행동수정 기법

지나친 일반화, 자기비하, 타인에 대한 비현실적인 요구, 자신에 대한 비현실적인 기대, 자신의 중요성에 대한 과장 등과 같은 노인의 비합리적이고 왜곡된 인지과정은 노인의 부정적 감정과 행동을 유발할 수 있다. 이러한 비합리적 인지를 재구조화하는 기법으로는 인지 재구조화기법, 인지적 자기지시, 인지적 심상기법 등이 있으며, 체계적 둔감화, 사고중단, 이완기법 등과 함께 사용된다. 인지적 재구조화 기법은 Mahoney(1974)가 개발한 기법으로 내담자의 사고에 내포되어 있는 잘못된 논리를 표현하게 하고, 불합리한 사고과정을 논리적이고 합리적인 사고유형으로 대치하는 기법이다. 이러한 인지적 재구조화기법은 먼저 내담자의 사고나 신념의 근거가 되는 비합리적 가정을 조사하고, 대안적 가정을 만들게 하고, 현실 상황에서 대안적 가정을 검증할 수 있는 행동을 하게 하고, 이러한 논리에 대해 환류를 제공함으로써 부적응적 행동의 원인이 되는 내담자의 잘못된 논리를 변화시키게 된다. 그리고 인지적 자기지시(cognitive self-instruction) 기법은 Meichenbaum(1977)이 개발한 기법으로 내적 대화(internal dialogues)와 겉으로 드러나지 않은 자기진술을 하게 함으로써, 어려운 생활사건에 대처하고 행동문제를 해결하게 하는 기법이다. 예를 들면 불안하여 "나는 할 수 없어"라고 말하는 클라이언트에게 "나는 최선을 다해 그걸 해 볼 테야"라는 말을 마음속으로 반복하게 함으로써, 부적응적 행동의 원인이 되는 자기 패배적 사고에서 벗어나게 하는 경우가 있을 수 있다.

인지적 심상기법(cognitive imagery techniques)은 공포나 불안을 야기하는 사건에 대한 비생산적 반응을 소거하기 위한 기법으로 홍수기법(flooding)과 내파기법(implosion)이 있다. 내파기법은 두려운 사건이나 자극 중에서 가장 두려웠던 경우를 상상하게 함으로써, 실제 두려운 상황에 직면하였을 때 이를 극복할 수 있도록 원조하는 기법이다. 홍수기법은 클라이언트에게 사건 중에서 가장 두려웠던 순간을 상상하게 하는 것이 아니라 실제로 두려움을 느끼는 상황을 상상하게 한다는 점에서 내파기법과 다르다. 그리고 Lazarus(1971)의 합리적 심상기법(rational imagery)은 불안이나 두려움을 느끼는 상황에서 즐겁고 유쾌한 상황이나 사건을 상상하게 하는 기법으로 불합리한 신념이나 가정에 도전할 수 있게 하고 불안을 야기하는 상황에 효과적으로 대처할 수 있게 해 준다.

(4) 회상요법

인생회고(life review) 또는 회상(reminiscence)은 과거의 사건이나 경험을 기억해 내는 과정을 통해 과거를 돌아보고 지나온 생을 정리하는 특성을 가진 노인들에게 적합한 상담방법이다. 이러한 회상을 통해 노인들은 ① 과거 자신의 긍정적인 자아상과 현재를 동일시함으로써 자아성취감, 충족감, 생의 의미를 발견하게 되고, ② 심리적 상실감을 극복하고자 통합을 성취하며 우울감이 감소하고, ③ 자신의 과거를 미화시키거나 합리화시킴으로써 죄의식과 갈등을 극복할 수 있지만, ④ 자신의 생애를 완전한 실패로 회고할 경우에는 외로움, 우울 및 죄의식이 심화될 수도 있다(전시자, 1989). 이러한 회상요법에서 사용할 수 있는 기법으로는 생애도표 기법이 있다. 이 기법은 과거의 자신을 그대로 수용하고 이해함으로써 앞으로의 생애를 더욱 알차게 살게 하기 위한 집단상담기법이다. 이 프로그램을 운영하는 데는 1시간에서 1시간 30분 정도가 소요되며, 필기도구와 16절지, 음악 테이프 등이 필요하며, 과거를 되돌아볼 수 있는 차분한 분위기를 조성하여야 한다. 이 프로그램의 진행절차는 다음과 같다(한국청소년개발원, 1996).

① 다음 글을 읽어 주면서 잠시 명상에 잠기도록 한다. "태어나서 이 자리에 오기까지 지나간 순간순간 애써서 살아오면서 기뻤던 일, 슬펐던 일, 고통스러웠던 일 모두에서 최선을 다해 살아왔습니다. 힘들었을 때 그 누가 건네준 말 한마디, 고통스러웠을 때 손 한 번 잡아줌이 얼마나 힘이 되었는지, 내가 슬퍼할 때 같이 해 준 친구 등 모든 이들을 잊을 수 없습니다. 이렇게 크고 작은 일 속에서 만났던 사람들을 생각하면서 인생살이의 각각 10년의 세월 속에 머물러 보십시오."

② 다음 그림에 지나온 세월을 10년 단위로 구분해서 일직선상에 점을 찍어 표시한다. 먼저 현재 자신의 나이에 해당하는 칸에 성공과 실패의 정도

를 고려하여 적당한 지점에 점을 찍고, 출생부터 지금까지 살아온 인생을 10년 단위로 성공과 실패감을 점으로 표시한 후, 각각의 연령대에 찍은 점을 연결하여 그린다.

③ 가장 성공했던 시기와 그때의 상황, 가장 힘들고 실패했던 시기와 그때의 상황 그리고 도움을 준 사람에 대해 자세히 회상하고, 기록한다.

④ 기록한 것을 서로 발표하고, 자신의 생애곡선을 참가자들에게 보여 준다.

⑤ 도움을 준 사람들을 기억하고 계속 관심을 기울였는지를 되돌아보고 반성하고, 앞으로 어떻게 살아갈 것인지에 대해서도 발표한다.

⑥ 발표가 끝난 후 서로의 느낌을 나눈다.

(5) 인정요법

인정요법 또는 정당화요법(validation therapy)은 치매노인과 같이 인지기능이 저하된 노인들에게 효과적인 개입방법으로, 비정상적인 행위일지라도 모든 행위 이면에는 어떤 논리가 존재한다는 전제를 근거로 한다. 인정요법에서 사용하는 기술은 집중(centering), 반복(rephrasing), 모방(mirroring)이 있다. 집중기법은 의심하거나 비난하는 노인 클라이언트와 상담할 때 상담자가 자신의 현재 감정을 솔직히 인정하고 심호흡을 하고 한 곳을 집중하여 쳐다보는 등의 방법으로 문제가 되는 감정을 해결하는 기법이다. 반복은 인지기능이 저하된 노인은 자신이 말한 내용을 다른 사람을 통해 듣게 되었을 때 종종 편안함을 느끼므로, 목소리 톤, 말의 속도 등을 똑같이 하여 노인 클라이언트가 한 말을 반복하는 기법이다. 모방 기법은 반복적 행동, 즉 상동증(常同症)이 있는 노인 클라이언트의 동작을 똑같이 따라 함으로써 클라이언트의 신뢰를 얻는 기법이다.

(6) 기타의 상담기법

이상에서 제시한 상담기법이나 요법 이외에 일반 상담이나 치료에서 자주 활용되는 기법들을 노인상담에서 활용할 수 있다. 먼저 역할전환기법은 클라이언트가 상대방의 역할을 수행해 봄으로써 상대방의 입장을 이해하게 하는 기법이다. 예를 들어 시어머니와 며느리 사이에 갈등이 있을 때, 상담자가 며느리가 되고, 클라이언트가 시어머니의 역할을 한 후 역할을 바꾸어서 수행해 봄으로써 서로의 입장을 더욱 빨리 이해할 수 있게 된다. 재정의(reframing) 또는 긍정적 의미부여(positive connotation) 기법은 클라이언트로 하여금 다른 시각에서 문제를 볼 수 있도록 하는 일종의 역설기법이다. 상담자가 문제나 관련된 상황을 긍정적 의미로 재해석하여 문제와 관련된 클라이언트의 정서를 변화시킨다. 이 기법은 세대 간 단절이나 고부갈등에 유용한데, '노부모를 자주 찾아오지 않는 아들'을 '사회적으로 성공한 자녀'로 재해석하여 의미를 전환하는 경우를 예로 들 수 있다.

① 지시(directive)나 과제부여 기법은 클라이언트에게 상담시간이나 가정에서 수행할 수 있는 과제를 부여하는 기법이다. 상담자는 상담시간 중에 언어로 설명만 하기보다는 그때의 상황을 재현해 보도록 하거나, 잘못된 의사소통 양식을 지적하고 개선 및 향상 방법을 지시하거나, 새로운 의사소통 방법을 교육하거나, 새로운 규칙을 따르도록 명령을 내리는 기법이다. 이러한 지시나 과제를 부과할 때 유의해야 할 사항은 과제는 수행가능한 쉬운 문제부터 시작하여 작은 변화를 일으켜 체계의 변화를 유도해야 한다. 그리고 명확하고 구체적인 것을 과제로 부과하여야 하며, 일상생활과 밀접한 과제를 부과하되 가족의 동의를 얻어야 하며, 과제를 부과한 이후에는 과제를 재검토하게 해야 하며, 과제를 이행하지 않았을 경우에는 반드시 유감스러움을 표현해야 한다.

② 역설기법은 노인 클라이언트의 저항이 심할 때 변화를 일으키는 기법으로 처방, 제지 등이 있다. 처방(prescription)은 증상을 지속하게 하거나, 과장하게 하고, 자의(自意)로 증상을 통제할 수 있도록 하는 기법이다. 제지(restraint)는 소극적 노력을 하는 클라이언트에게 재발을 예측하여 경고하거나, 변화의 속도가 지나치게 빠르다고 지적하는 기법이다. 세대분화기법은 가족체계 내의 세대 간 정서적 융합을 줄이기 위한 방법으로, 부분

화, 편들기, 충성심 표출, 면죄부 기법 등이 있다. 먼저 부분화(partiality) 기법은 상담자가 확대가족, 사망한 가족성원 등 가족과 관련된 모든 부분의 입장을 대변해 줌으로써 가족의 주관적 인식을 바꾸고, 가족신념체계에서 분화시키는 기법이다.

③ 편들기(siding) 기법은 가족성원 한 명 한 명에게 돌아가면서 감정이입을 하고, 그의 말을 경청해 주는 반면, 다른 사람에게는 적대적으로 대하여 분화를 촉진하는 기법이다. 충성심 표출(loyalty framing) 기법은 가족 내의 충성심 존재 여부, 충성심이 존중되게 된 과정, 다세대에 걸친 전수과정 등을 탐색하여 충성심의 윤곽을 제시하는 기법이다. 면죄부(exoneration) 기법은 성원들이 가족에 충성을 다하지 못함으로써 느끼게 되는 죄의식이나 자기비난 등의 문제를 해결하기 위하여 특정생활사건이 지니는 의미와 이 사건에 대해 개인적으로 갖고 있는 지각, 애도과정 등을 명확화해 주는 기법을 말한다.

④ 자원연결기법은 노인 클라이언트가 문제해결을 위해 활용할 수 있는 사회적 자원에 관한 정보를 제공하거나 직접 연결하는 기법이다. 노인상담에서는 상담실에서의 의사소통 교환행위와 아울러 노인에게 도움이 되는 직접적 서비스가 같이 병행되어야 한다는 점을 특히 유념해야 할 것이다. 즉, 효과적 노인상담을 위해서는 전문상담 이전에 노인에 대한 존경과 이의 행동적 표현이 바탕이 되어야 하며, 상담실에서의 '말'의 교환행위가 아닌 질병 치료, 생활비 지원 등의 직접적 서비스를 제공하는 '움직이는 상담', 즉 사회적 자원 연결이 매우 중요하다. 따라서 노년기의 사회적 관계망을 유지하고, 이들 관계망으로부터 다양한 차원의 지지를 유도해 낼 수 있는 사회적 자원 동원기법을 활용해야 할 것이다. 그 외에 노인상담에서는 전통적 의미의 상담과 치료에서 활용되는 기법 이외에, 음악치료, 미술치료, 작업치료, 원예치료, 문예요법 등의 다양한 재활치료적 접근방법의 세부적인 기법과 기술들이 활용될 수 있다.

5) 노인상담의 과정

(1) 사정단계

사정이란 노인이 처한 상황에서 노인의 강점과 취약점을 평가하여 적절한 서비스를 제공하는 데 필요한 계획을 세우는 과정이다.

① 사정단계에서 고려할 사항

첫째, 사정단계의 문제정의과정에서는 문제가 무엇인지 충분히 파악한 후에 문제를 정의하는 것이 중요하다. **둘째,** 사정과정에서 노인의 취약점과 강점을 균형 있게 조사하는 것이 중요하다. 사회복지사는 의도적으로 노인의 행동, 개인적 특성, 자원의 측면에서 노인의 강점을 파악하고 격려해야 한다.

② 사정의 요소

사정에서는 노인의 신체적 · 심리적 · 사회적 기능을 포괄적으로 고려해야 한다.

가. 신체적 기능

사정과정에서 사회복지사는 서비스 욕구에 영향을 미치는 노인의 건강상태와 일상생활수행능력을 평가하게 된다. 건강상태에 대해서는 노인의 주관적인 생각을 평가하는 동시에 노년기의 신체적 변화를 고려하여 노화과정에서 나타나는 전반적인 기능 저하에 대해서도 살펴본다.

일상생활수행능력에 대해서도 사정해야 하는데, 이 경우 일상생활수행능력(ADL)[1]과 수단적 일상생활수행능력(IADL)[2]을 체크하게 된다.

1) ADL: Katz 등에 의해 개발되어 스스로를 관리할 수 있는 능력을 평가하는 방법으로 폭넓게 사용되고 있다. 이 척도에서는 용모단장, 식사, 옷 갈아입기, 화장실 이용, 목욕, 집안에서의 이동 등을 측정한다.

2) IADL: 전화사용, 걸어서 집 밖으로 외출, 교통편을 이용한 외출, 쇼핑/장보기, 식사준비, 집안일, 약 복용 등을 평가한다. IADL에서 측정하는 활동은 노인의 사회적 안녕상태를 반영하는 지표가 되기도

나. 심리적 기능

심리적 기능과 관련하여서는 노인의 성격, 인지, 정서의 정상적인 측면과 비정상적인 측면을 사정하게 된다. 심리적 기능 사정에서는 성격을 통해 노인이 세상을 보는 방식이나 스트레스 대처방식에 관하여 파악할 수 있다. 융통성이 없고 부적응적인 특성 때문에 노인이 사회적 역할을 하거나 직업을 갖는 데 심각한 어려움을 겪을 수 있는 성격장애는 MMPI(Minnesota Multiphasic Personality Inventory)나 DSM-IV(Diagnostic Statistical Manual of Mental Disorders-IV)를 통해 파악할 수 있다.

노인의 심리적 기능 사정에서는 인지기능과 더불어 인지장애 여부도 사정하게 된다. 구체적으로 노인의 지능이나 기억력과 치매 여부를 사정하게 된다. DSM-IV에 의하면, 치매는 정신박약이 아닌 사람이 의식이 맑은 상태에서 일상생활이나 대인관계에 장애를 초래할 정도로 기억을 비롯한 여러 인지기능에 장애가 있는 상태다. 노인의 정서적 안녕상태는 정서적으로 안정적인 정도와 상황별 감정표현의 적절성을 통해 평가할 수 있다. 정서적 기능 상태는 우울증[3]을 통해 평가할 수 있다.

다. 사회적 기능

사회적 기능 사정 시 중요하게 고려해야 할 요소 중의 하나는 사회적 지원이다. 사회적 지원을 제공하는 사회적 지원체계는 가족, 친척, 친구, 이웃 등과 같은 사적 체계와 정부기관이나 사회복지기관 혹은 사회적 지원을 주고받는가를 사정하는 것이 중요하다. 이러한 사회적 지원에 대한 정보는 사회적 관계망 지도(social network map)나 사회적 관계망 표(social network grid)를 통해 수집할 수 있다.

한다.

3) 우울증: 정상적인 기분변화에서 병적인 기분상태까지의 연속선상에 있으며 근심, 침울함, 무력감 및 무가치함을 나타내는 기분장애를 말한다. 우울증진단에는 GDS(Geriatric Depression Scale), SGDS(GDS 단축형), CES-D(Center for Epidemiologic Studies Depression Scale) 등이 다양하게 사용되고 있다. 최근에는 국내에서 정인과 등이 개발한 한국형 노인우울검사도구도 활용되고 있다.

(2) 개입단계

① 개입단계 선택 시의 지침

Burlingame(1995)에 의하면, 개입방법을 선택하는 데 고려해야 할 지침은 다음과 같다. **첫째,** 노인의 능력보다 가정이나 이웃 등과 같은 환경의 사회적·물리적 요구가 다소 높도록 한다. **둘째,** 개입을 최소한도로 한다. 의료적인 처치에서와 마찬가지로 개입은 낮은 수준에서 천천히 이루어져야 한다. **셋째,** 노인의 도덕, 종교, 문화, 계층규범, 전반적인 태도 등에 기초하여 개입방법을 선택해야 한다. **넷째,** 노인의 상황에 따라 방어기제를 다룬다. 노인의 정서적인 고통이 클 경우에는 방어기제를 사용하더라도 정면으로 도전하지 않는 것이 중요하다. **다섯째,** 체계적 관점(순환적·전체적·상호작용적 접근)에서 노인과 그 가족에게 개입한다. 이때는 다른 사람에 비해 문제를 해결하려는 동기가 강하거나 강점이 있는 사람에게 먼저 개입하는 것이 유리하다.

② 개입기술

가. 인지행동치료

노인의 문제나 관심사에 따라 상담과정에서 정서적인 지지나 이해만으로도 상담의 목적이 달성되는 경우가 있다. 하지만 문제해결을 위해 노인의 바람직하지 않은 사고나 감정 혹은 행동을 수정해야 한다면 인지행동치료를 활용할 수 있다. 인지행동치료의 종류는 합리적 정서치료, 합리적 행동치료, 인지치료 등 다양하지만 미국 인지행동치료자협회에 따르면 대개 공통적으로 다음과 같은 특성을 갖는다.

첫째, 인지행동치료는 정서반응에 대해 인지모델에 기초한다. 즉, 인지행동치료는 인간의 감정과 행동은 사람이나 상황 혹은 사건과 같은 외부의 요소에 의해서가 아니라 자신의 생각에 의해 유발된다는 과학적인 사실에 기초한다. **둘째,** 인지행동치료는 다른 심리치료에 비해 짧고 시간 제한적이다. 인지행동치료는 매우 교육적이고 과제부여를 강조하기 때문에 보통 16회 정도의 짧은 회기 내에 치료를 끝낼 수 있다. **셋째,** 효과적인 치료를 위해서는 건전한 치료 관계 형성이 필수적이지만 그것에 초점을 두는 것은 아니다. 즉, 인지행동치료자들도 치료자와 클라이언트가 신뢰관계를 형성하는 것이 중요하다고 믿지만 그것만으로 충분하다고는 생각하지 않는다. **넷째,** 인지행동치료는 치료자와 클라이언트의 공동 노력으로 이루어진다. **다섯째,** 인지행동치료는 냉철한 금욕주의 철학에 기초한다. **여섯째,** 인지행동치료는 소크라테스식 문답교수법을 사용한다. **일곱째,** 인지행동치료는 구조적이고 교육적이다. 인지행동치료에서는 매 회기에 해야 할 일을 정하고 특정 기술이나 개념을 교육한다. **여덟째,** 인지행동치료는 교육적인 모델에 기초한다. 인지행동치료는 대부분의 정서, 행동상의 반응은 학습할 수 있다는 가정에 입각한다. **아홉째,** 인지행동치료의 이론과 기술은 귀납법에 기초하여 우리가 생각한 것과 상황이 다를 경우에는 생각을 하나의 가설로 받아들여 검토해 보고 실제 상황에 맞는 생각을 하도록 지원한다.

나. 인정요법

인정요법은 인지장애나 치매가 있는 노인의 욕구와 감정을 존중하고 인정함으로써 그들과 의사소통하는 방법으로 Feil에 의해 개발되었다. 인정요법의 주요 기술로는 감정조절과 반복, 동작 따라 하기, 극단의 사용, 회상, 접촉을 들 수 있다. 감정조절은 치매노인을 포함하여 분별력이 저하된 노인을 돌보는 사람이 케어과정에서 생긴 분노와 좌절감을 밀어내기 위해 호흡에 초점을 맞추는 기술이다. 감정조절은 3분 정도가 소요되는 상쾌하고 이완되는 과정으로 다음과 같이 수행한다.

㉠ 허리 아래 2인치가량 되는 지점에 집중한다.

㉡ 몸에 공기를 채우면서 코로 깊게 숨을 들이마시고, 입으로 숨을 내쉰다.

㉢ 내면의 대화를 중단하고 심호흡에만 집중한다.

㉣ 이러한 과정을 천천히 8회 반복한다.

반복이란 분별력이 저하된 노인의 말을 반복하는 것으로 핵심단어뿐만 아니라 목소리 톤이나 말의 속도도 똑같이 흉내를 내는 방법이다. 극단의 사용이란 노인의 불평 중에는 가장 극단적인 것을 생각해 보도록 하는 방법으로 최악의 상황을 생각해 보게 함으로써 자신의 감정을 보다 충분하게 경험하게 하여 다소간 안정을 찾도록 하는 것이다.

회상이란 분별력이 저하된 노인의 익숙한 대처방법을 재설정할 수 있도록 돕는 방법으로 노인이 과거에 사용했던 익숙한 적응기제를 탐색하도록 함으로써 현재의 상실에서 살아남을 수 있게 한다. 접촉은 대개는 지남력이 손상된 사람에게는 적절치 않은 방법이지만 시간에 대한 지남력이 손상된 사람에게는 효과적일 수 있다. 시간에 대한 지남력이 손상된 사람은 자신을 방어하기 어렵고, 시력이나 청력에 약해 외부의 시청각 자극을 받아들이기 어려울 수 있으므로 다른 사람의 존재를 인식하는 데 신체접촉이 도움이 될 수 있다.

인정요법은 시간, 공간, 관계 등의 분별력을 상실한 고령노인이 평화롭게 죽음을 맞이하기 위해서는 묻혀 있는 감정이 표현될 필요가 있다는 발달이론에 기초하며, 이 이론에서 중요하게 생각하는 신념과 가치는 다음과 같다(Feil, 2002).

㉠ 모든 사람은 독특하기 때문에 개인으로 대우받아야 한다.

㉡ 분별력을 잃은 정도와 상관없이 모든 사람은 가치가 있다.

㉢ 분별력이 떨어진 고령노인의 행동에는 그 이유가 있다.

㉣ 고령노인의 행동은 단순히 뇌의 해부학적 변화뿐만 아니라 전 생애를 통해 이루어지는 신체적 · 사회적 · 실미학적 변화의 영향을 종합적으로 받는다.

㉤ 고령노인의 행동은 강제로 변화될 수 없다. 행동은 노인이 변화를 원할 때만 이루어질 수 있다.

ⓑ 고령노인은 비심판적인 방법으로 수용되어야 한다.

ⓢ 특정 생애과제는 인생의 각 단계와 연관이 있다. 생애과제를 완수하는 데 실패하면 심리적인 문제를 초래한다.

ⓞ 감정이입은 신뢰를 쌓고, 불안을 감소시키며, 존엄성을 회복시킨다.

다. 회 상

회상은 과거의 사건이나 경험을 기억해 내는 과정으로 과거를 돌아보고 지나온 생을 정리하는 특성을 가진 노인들에게 적합한 개입방법이다.

ⓐ 과거 자신의 긍정적인 자아상과 현재를 동일시함으로써 자아성취감, 충족감, 생의 의미를 발견하게 되고,

ⓑ 심리적 상실감을 극복하고 자아통합을 성취하며 우울감이 감소하고,

ⓒ 자신의 과거를 미화하거나 합리화함으로써 죄의식과 갈등을 극복할 수 있지만,

ⓓ 자신의 생애를 완전한 실패로 회고할 경우에는 외로움, 우울, 죄의식이 심화될 수도 있다. 회상은 대개 이러한 긍정적·부정적 효과가 있지만 그 효과는 대상에 따라 다양하다.

(3) 종결단계

종결단계에서 중요한 활동은 평가와 종결이다. 평가란 개입과정 동안에 이루어진 활동의 결과를 연구하고 측정하는 것이며 상담관계를 종결하는 과정에서 종결의 시기, 이별의 슬픔, 의뢰, 종결 후의 방문, 추후지도의 문제 등에 대해 생각해 보아야 한다.

첫째, 종결의 시기와 관련하여 클라이언트와 사회복지사가 상호 합의된 상태에서 관계를 종결하기로 결정했더라도 클라이언트에게 추가회기를 권유하

는 것이 필요하다. **둘째,** 사회복지사는 종결과 관련된 클라이언트의 슬픔을 다루기 위해 클라이언트의 분노, 슬픔, 죄의식, 버려졌다는 두려움, 새로운 과정을 시작하는 데서 오는 흥분 등의 감정을 탐색해 볼 필요가 있다. **셋째,** 클라이언트를 다른 기관이나 전문가에게 의뢰할 경우에는 다음과 같은 활동이 필요하다. 필요한 기관이나 서비스에 대한 정보를 글로 써서 클라이언트에게 전달한다. 의뢰할 기관에 클라이언트의 욕구에 대해 개괄적으로 정리한 글을 보낸다. 클라이언트가 떠나기 전에 의뢰기관에 연락하여 클라이언트와 만날 약속시간을 정한다. 클라이언트가 의뢰기관에 가기를 꺼리거나 스트레스 상황에 있을 때, 혹은 거동이 불편할 때는 클라이언트와 함께 의뢰기관에 동행한다. 의뢰기관에 대해 객관적인 정보를 제공하여 비현실적인 기대를 갖지 않도록 한다. **넷째,** 상담이 효과적으로 진행되고 적절하게 종결되었다면 새로운 문제가 발생해도 클라이언트는 문제를 다룰 자원과 자신감을 가질 수 있다. **다섯째,** 추후지도를 실시하는 것이 중요하다. 추후지도란 클라이언트와 종결하고 어느 정도 시간이 흐른 후 클라이언트가 잘 지내고 있는가를 알아보기 위해 접촉하는 것이다.

3 노인사례관리

1) 사례관리의 개념 및 특징

사례관리라는 용어는 1990년대에 들어서 사회복지사, 간호사, 의사 및 다른 전문직들에 의해 애용되고 있지만 서비스가 제공되는 대상이나 서비스가 전달되는 세팅에 따라 다양하게 사용되고 있다. 또한 실천 분야에 따라서 사례관리의 강조점이 다르다. 예를 들어, 정신건강 분야에서는 사례관리과정과 사례관리자와 클라이언트의 관계 둘 모두의 치료적 특징이 강조된다. 그리고 노인복지 분야에서 일하는 사례관리자들에게는 특정 클라이언트의 욕구를 충족시킬 수 있는 보건 및 사회 서비스의 패키지를 계획하고 조정하는 역할이 강조된다.

사례관리는 클라이언트에게 상담, 치료 등의 직접개입과 환경에 대한 간접개입 모두를 제공한다는 점에서 '환경 속의 인간'을 강조하는 개별 사회사업의 전통을 이어받았다. 하지만 사례관리는 클라이언트를 기존의 프로그램에 맞추기보다 클라이언트의 욕구에 기초한 서비스 개발과 제공을 강조하고, 단편화되고 분산된 지역사회 서비스를 조정하고 통합할 필요성 때문에 대두되었다는 점에서 기존의 개별 사회사업과 다르다. 대상 면에서 볼 때도 사례관리는 대부분 만성적이고 복합적인 욕구를 가진 클라이언트를 대상으로 한다는 점에서 차이가 있다. 이러한 사례관리의 목적은 크게 네 가지로 대개 다음 중 하나 이상에 맞춰진다.

첫째, 노인이 적절한 서비스를 받을 수 있는 기회를 증가시키는 것이다. **둘째,** 보호의 연속성을 향상하기 위해 서비스를 조정하는 것이다. **셋째,** 노인의 건강상태와 기능수준을 향상하는 것이다. **넷째,** 효율성을 높이기 위해 전체적인 서비스 비용을 절감하는 것이다.

사례관리를 실행하는 데서 중요하게 지켜져야 될 원칙으로는 서비스의 개별화, 서비스의 포괄화, 서비스의 중복 금지, 자율성 조장, 보호의 연속성을 들 수 있다. 서비스의 개별화란 특정 노인의 특별한 욕구에 맞는 서비스를 개별화하거나 고안하는 것이다. 서비스의 포괄화는 주택, 여가, 고용, 사회적·경제적·의료적 보호, 정신건강 등 노인의 모든 삶의 영역을 포괄하는 서비스를 의미한다. 서비스의 중복금지는 중복을 피하고 비용을 통제하는 것이다. 서비스가 조정되지 않는 경우 어떤 욕구는 여러 기관에서 중복되게 서비스를 받음으로써 충족될 수 있지만 다른 욕구는 충족되지 않을 수 있기 때문에 이 원칙이 강조된다.

자율성 조정은 노인에게 최대한의 자기결정권을 부여하여 가능한 노인이 스스로 생활할 수 있도록 원조하는 것을 의미한다. 끝으로 보호의 연속성은 노인이 생활하면서 병원이나 지역사회 내에서 다양한 서비스를 받을 수 있는데, 이때 지속적으로 노인의 욕구를 점검하여 욕구변화에 민감하게 대처해야 한다는 것을 의미한다.

2) 사례관리의 필요성

사례관리는 보호가 필요한 아동, 장애인, 노인 분야에서 그 필요성이 특히 강조되고 있다. 재가노인 복지에서는 다음과 같은 이유에서 사례관리의 필요성이 증가된다.

(1) 노인은 다양하고 복잡하며 장기간 지속되는 문제와 욕구를 가지고 있다.

(2) 신체적이나 정신적으로 열악한 상황에 있는 노인들은 지역사회에 여러 가지 서비스가 존재해도 이를 이용할 수 있는 능력이 제한되어 서비스를 이용하기가 어렵다.

(3) 고령노인인구의 증가와 더불어 앞에서 언급한 특성을 가진 노인인구의 증가도 사례관리의 필요성을 높이고 있다.

(4) 생산적 복지 개념의 도입으로 사회복지 분야에도 비용절감을 위한 민간 분야의 자원동원이 요구되고 있고, IMF 관리체계 이후 노인시설의 확대나 복지서비스의 양적인 증가만을 요구할 수 없게 되었다. 이러한 상황에서 기존 서비스에 대한 효율적이고 효과적인 이용에 대한 요구가 증가할 수밖에 없기 때문에 사례관리의 필요성이 강조되고 있다.

3) 사례관리의 과정

(1) 사정단계

사례관리에서 사례관리자가 해야 할 기본적인 활동은 사정이다. 이 과정에서 사례관리자는 노인의 욕구를 파악할 뿐만 아니라 욕구와 관계된 노인의 사적 지원체계와 공적 지원체계의 능력을 평가하게 된다. 노인의 욕구를 파악하는 과정에서는 노인을 적극적으로 참여시키는 것이 중요하며 노인의 욕구가 파악된 후에는 서비스를 계획하게 된다. 이 과정에서는 다음과 같이 활동이 이루어진다. ① 욕구의 우선순위를 결정한다. ② 사례관리의 목적과 목표를 설정한다. ③ 사례관리에 포함될 자원체계를 파악한다. ④ 서비스 제공 및 목적 성취 시간을 파악한다. ⑤ 사례계획의 성취 정도를 평가할 결과측정도구를 개발한다. ⑥ 노인의 욕구충족과 관계된 개인이나 집단에 특정과업을 할당한다.

(2) 개입단계

이 단계에서 사례관리자는 노인이 필요로 하는 서비스를 제공하거나 연결한다. 이때 사례관리자는 상담가, 조정자, 옹호자로서 다음과 같은 역할을 수행한다.

① 노인과 가족이 필요한 서비스를 받는 과정에서 적절하고 효과적인 행동을 취할 수 있도록 모델링한다.

② 정신적·신체적 도움을 제공한다.

③ 노인의 행동이 서비스를 받는 데 장애가 된다면 적절한 방법으로 노인에게 그러한 사실에 대해 솔직히 이야기한다.

④ 서비스 제공자와 노인 간의 갈등을 조정한다.

⑤ 노인의 서비스 이용을 어렵게 만드는 서비스전달체계의 문제점을 파악하여 서비스전달체계를 알린다.

⑥ 새로운 서비스를 개발하도록 지원한다.

이 외에도 사례관리자는 임상상담이나 치료와 같은 직접 서비스를 제공하기도 한다.

(3) 종결단계

이 단계의 주요한 활동은 평가와 종결이다. 평가에서 재사정과 같은 활동이 이루어지지만 사례의 종결을 전제로 한다는 점에서 재사정과 다르다. 종결은 클라이언트의 욕구가 완전히 충족되어 더 이상 사례관리가 필요 없거나 기관 폐쇄 등으로 더 이상 서비스를 제공할 수 없을 때 하게 된다.

우리나라에서는 사례관리가 예산절감 차원이 아니라 국민의 다양한 욕구를 충족시키는 방편으로 시도되고 있다. 하지만 아직은 시설보호도 불충분하고 각종 연금제도도 제대로 갖춰져 있지 않다. 케이스 주관기관과 담당자, 협조기관도 선정되어 있지 않은 상태기 때문에 사례관리를 위한 기반조성이 취약한 상태다(류상열, 2000). 사례관리가 효과적으로 이루어지기 위해서는 다음과 같은 조건들이 필요하다(이현주, 2000).

첫째, 지역단위로 필요한 기본적인 복지서비스 제공기관이 확보되어야 한다. 한 명의 사례관리자가 보통 40명 이상의 사례관리 대상을 책임지고 있는 상황에서 사례관리 대상자에게 직접 서비스 제공과 자원개발의 역할을 하는 것은 거의 불가능하다. 따라서 효과적인 사례관리가 이루어지기 위해서는 지역사회에 클라이언트에게 필요한 최소한의 자원이 존재해야 한다. **둘째,** 사례관리는 복합적인 욕구를 가진 클라이언트를 대상으로 이루어지기 때문에 사례관리자는 클라이언트에게 필요한 서비스나 자원을 자신이나 자신이 일하는 기관 혹은 클라이언트가 가진 사적 자원들로부터 다 공급받을 수 없다. 이런 경우 지역사회의 서비스 기관에 클라이언트를 의뢰해야 하며, 의뢰가 효과적으로 이루어지기 위해서는 서비스 기관 간의 협력체계 구축이 중요하다. **셋째,** 지역사회에 존재하는 사회복지자원에 대한 정보를 지속적으로 수집하고 새로운 정보를 추가하는 작업은 효과적인 사례관리에 필수적이다. **넷째,** 사례관리자는 클라이언트에게 직접 서비스를 제공할 뿐만 아니라, 자원을 개발, 연결하고 클라이언트의 자원이용을 촉진하며 필요한 서비스들을 조정하는 등의 다양한 역할을 수행하여야 한다. 따라서 이러한 역할을 효과적으로 수행하는 데 필요한 실직적인 교육이 제공되어야 한다.

학습다지기

1. 다음의 내용은 무엇에 대한 설명인가?(　　)

> 노인과 그를 둘러싼 환경, 특히 가족을 주된 대상으로 하며, 노인이 환경과의 상호작용 과정에서 갖게 되는 욕구나 문제를 예방, 경감, 해결하여 노인의 사회적 기능을 향상하는 것을 기본 목적으로 한다.

① 노인복지 실천의 목적　　② 노인복지 실천의 태도
③ 노인복지 실천의 자세　　④ 노인복지 실천의 방향

2. 노인복지실천의 세부 목표로 맞지 않는 것은?(　　)

① 노인의 사회적 기능 유지, 회복, 증진
② 노인의 욕구 충족과 능력 개발에 필요한 사회정책, 서비스, 자원 그리고 프로그램의 계획, 형성, 수행
③ 위험에 직면한 노인의 역량 감소와 사회경제적 편의를 증진하기 위한 옹호와 행동
④ 노인복지와 관련된 전문 지식과 기술의 개발 및 검증

3. 노인상담의 목적으로 적절치 않은 것은?(　　)

① 지역사회에서 새로운 역할을 갖도록 원조하는 것이다.
② 손자녀, 친척 및 지역사회와의 관계를 수정하도록 원조하는 것이다.
③ 배우자나 친구 등 중요한 사람들의 상실에 적응하도록 원조하는 것이다.
④ 은퇴와 재정적인 변화에 대처하도록 지원하는 것이다.

4. Garland에 의한 집단으로 맞지 않는 형태는?(　　)

① 현대적 정신분석에 근거한 통찰집단이다.
② 클라이언트의 자아 및 적응능력에 초점을 두는 지지 및 안정화 집단이다.
③ 성장 및 교육 집단이다.
④ 과제 및 활동 집단이다.

5. 노인상담의 과정을 설명하시오.

ANSWER ① 1 ② 3 ③ 3 ④ 1 ⑤ p187

CHAPTER 10 노인학대

1 노인학대의 개념

노인학대(老人虐待, 영어: elder abuse, elder maltreatment, cruelty to elderly)란 노인을 괴롭히거나 가혹하게 대하는 학대이며, 주로 가정폭력의 일환으로 취급된다. 일반적으로 노인이 신뢰하고 있는 대상으로부터 학대를 당한 경우를 노인학대로 규정한다. 또한 노인에 대하여 신체적·정신적·정서적·성적 폭력 및 경제적 착취 또는 가혹행위를 하거나 유기 또는 방임을 하는 것을 말한다(「노인복지법」 제1조의2 제4호).

2006년에는 유엔에서 매년 6월 15일을 '세계 노인학대 인식의 날'로 지정했으며, 이후, 노인학대에 대한 인식의 제고 및 방지를 위한 다양한 행사가 개최되었다. 노인학대에 대한 심각성을 널리 알리고 노인에 대한 부당한 처우를 개선하는 것이 목적이다. 국제연합(UN)과 세계 노인학대방지망(INPEA)이 2006년에 제정하였다. 매년 세계 노인학대 인식의 날에는 전 세계 많은 나라들이 캠페인과 세미나 등 행사를 진행한다.

노인학대의 범주에는 신체적·정서적·언어적 학대뿐만 아니라 유기·방임으로 인한 소외도 포함된다. 우리나라에서는 보건복지부와 중앙노인보호전문기관이 '노인학대예방 캠페인' 등을 실시하는 등 노인학대에 대한 사회적 관심을 촉구하고 노인에 대한 부당한 처우 개선과 예방을 위해 노력하고 있다. 아동학대 가해자의 80%가 부모인 것과는 달리, 반대로 노인학대 가해자의 80%는 자녀인데, 이 중에서 60%가 아들이다. 노인학대의 경우, 피해자와 가해자를 제외하면 그 외의 특징은 아동학대와 별다른 차이가 없다.

2020년 통계청 조사에 따르면 2019년 65세 이상 고령자의 학대피해 경험률은 고령자 10만 명당 68.2명으로 '15년 이후 계속 증가하다가 '19년 소폭 감소하였고, 여자의 학대피해 경험률은 90.6명으로 남자의 경험률인 38.5명 대비 2.4배 이상 높은 수준이다. 연령대와 학대피해 경험률은 양의 상관관계를 나타내어, 80세 이상의 학대피해 경험률은 112.5명에 이르는 것으로 나타나고 있다.

표 10-1 학대피해 경험률(65세 이상)

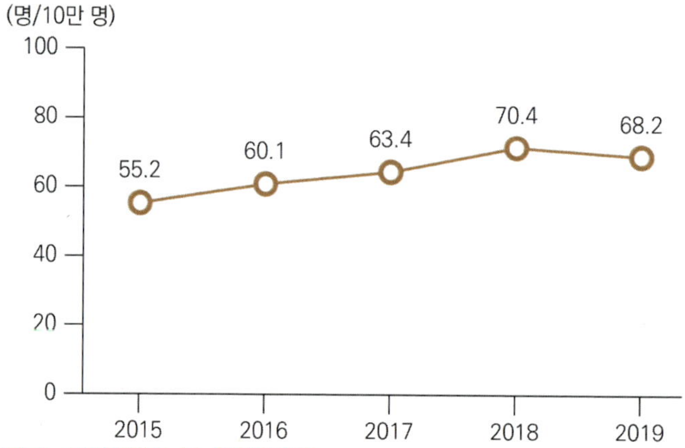

자료: 보건복지부, 「노인학대현황」.

표 10-2 성 및 연령대별 학대피해 경험률(2019, 65세 이상)

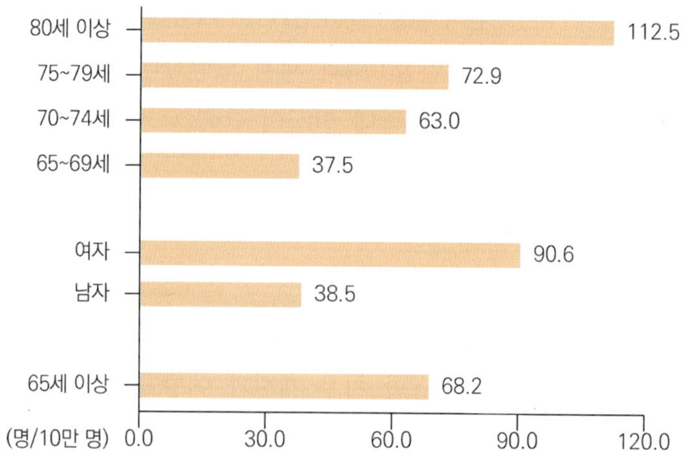

자료: 보건복지부, 「노인학대현황」.

2 노인학대의 유형

노인학대의 유형은 학대의 발생장소를 중심으로 가정 내 학대, 시설 내 학대, 자기방임 또는 자기학대의 세 가지로 분류되기도 하고, 학대의 행위와 관련해서 신체적 학대, 정서적 · 심리적 학대, 언어적 학대, 재정적 · 물질적 학대, 성적 학대, 소극적 또는 적극적 방임 및 자기방임 등으로 분류되기도 한다. 노인학대의 주요 유형은 다음과 같다.

1) 발생공간에 따른 분류

구 분	내 용
① 가정 학대	• 노인과 동일가구에서 생활하고 있는 노인의 가족구성원인 배우자, 성인자녀뿐만 아니라 노인과 동일가구에서 생활하지 않는 부양의무자 또는 기타 사람들에 의하여 행해지는 학대
② 시설 학대	• 노인에게 비용(무료 포함)을 받고 제공하는 요양원 및 양로원 등의 시설에서 발생하는 학대
③ 기 타	• 가정 및 시설 외의 공간에서 발생하는 학대

2) 노인학대의 형태적 분류

유 형	내 용
① 신체적 학대	• 물리적인 힘 또는 도구를 이용해서 노인에게 신체적인 손상, 고통 등을 유발하는 행위 • 폭행, 폭력, 흉기사용, 감금, 화상 등 신체적 손상을 주는 행위
② 언어 · 정서적 학대	• 비난, 모욕, 위협, 협박 등의 언어 및 비언어적 행위를 통하여 노인에게 정서적으로 고통을 주는 행위
③ 성적 학대	• 성적 수치심 유발 및 성폭력(성희롱, 성추행, 강간) 등의 노인의 의사에 반하여 강제적으로 행하는 모든 성적 행위
④ 재정적 학대(착취)	• 노인의 자산을 노인의 동의 없이 사용하거나 부당하게 착취하여 이용하는 행위 및 노동에 대한 합당한 보상을 제공하지 않는 행위
⑤ 방 임	• 부양의무자로서의 책임이나 의무를 의도적 혹은 비의도적으로 거부, 불이행 혹은 포기하여 노인의 의식주 및 의료를 적절하게 제공하지 않는 행위 • 필요한 생활비, 병원비 및 치료, 의식주를 제공하지 않는 행위
⑥ 자기방임	• 노인 스스로가 의식주 제공 및 의료 처치 등의 최소한의 자기보호 관련 행위를 의도적으로 포기 또는 비의도적으로 관리하지 않아 심신 또는 생명에 위험을 초래할 수 있는 행위
⑦ 유 기	• 보호자 또는 부양의무자가 노인을 버리는 행위

3) 노인학대의 구체적 행위와 증상

노인학대예방센터 업무수행지침에서 제시하고 있는 노인학대의 구체적 행위와 증상들은 다음과 같다.

(1) 신체적 학대

판정지표	대표적 행위
1. 노인을 폭행	• 노인을 밀치거나 넘어뜨린다. • 노인을 발로 찬다. • 노인을 주먹으로 폭행한다. • 노인의 몸을 벽에 박거나 바닥에 내리치는 행위 등을 가한다. • 노인의 머리나 목, 또는 몸을 강하게 잡거나 흔든다. • 노인의 목을 조른다. • 노인을 손 또는 몸으로 강하게 억압하며 짓누른다. • 노인의 몸을 발로 밟는다. • 노인을 질질 끌고 다닌다. • 노인의 머리채를 잡아당기거나 움켜잡아 뽑는다. • 노인을 할퀴거나 꼬집는다. • 노인을 입으로 물어뜯는다. • 몽둥이, 빗자루 등의 도구로 노인을 폭행한다. • 물건을 던져 노인에게 상해를 입힌다. • 칼이나 흉기를 사용하여 노인에게 상해를 입힌다. • 담뱃불 또는 도구를 이용하여 노인에게 화상을 입힌다.
2. 노인을 제한된 공간에 강제로 가두거나, 노인의 거주지 출입을 통제	• 노인을 집 안의 제한된 공간에서 나가지 못하게 통제한다. • 노인을 집 밖으로 나가지 못하게 통제한다. • 노인을 제한된 공간에 장치(자물쇠 등)를 설치하여 출입을 통제한다. • 노인을 집 밖으로 끌어낸다. • 노인을 집 밖으로 쫓아낸다. • 노인을 집에 들어오지 못하게 한다. • 노인의 거주지 주변 출입을 통제한다.
3. 노인의 신체를 강제로 억압	• 노인을 침대 등에 묶어 움직이지 못하게 한다. • 노인의 신체 일부 또는 모두를 사용하지 못하게 장치 (예: 끈으로 묶어두기, 수갑 채우기, 손·발목 묶기 등)를 설치한다.
4. 신체적 해를 가져올 위험성이 큰 행위로 노인을 협박하거나 위협	• 칼이나 가위 등 흉기를 사용하여 노인을 협박하거나 위협한다. • 물건을 던지거나 기물파손을 하는 등의 행위로 노인을 협박하거나 위협한다.
5. 노인의 신체적 생존을 위협할 수 있는 행위	• 노인을 기본 생존 유지에 필요한 장치(가스, 난방, 전기, 수도)로부터 단절시킨다. • 노인을 기본 생존 유지에 필요한 식사 또는 음료를 보관하는 물품(밥통, 냉장고)으로부터 단절시킨다. • 노인을 기본 생존 유지에 필요한 식사 또는 음료로부터 단절시킨다. • 노인을 치료 및 생존 유지에 필요한 약물(심장관련, 당뇨, 혈압 등)로부터 단절시킨다.

(계속)

판정지표	대표적 행위
6. 약물을 사용하여 노인의 신체를 통제하거나 생명을 저해	• 노인에게 의료적으로 불필요한 약물이나 주사를 강제로 복용 · 투입하게 한다.
7. 노인이 원하지 않거나 수행하기 어려운 노동	• 노인이 원치 않는 의사를 보였음에도 불구하고 일(노동)을 하도록 강요한다. • 노인을 강제로 수감하거나 위협하여 일(노동)을 강요한다. • 노인이 일을 수행하기 어려운 정신 및 신체적 상황임에도 불구하고 일(노동)을 하도록 강요한다. • 노인에게 정신 및 신체적 악화를 가져올 수 있는 일 또는 조건에서 일(노동)을 하도록 강요한다.

(2) 정서적 학대

판정지표	대표적 행위
1. 노인과의 접촉을 기피	• 노인을 쳐다보지 않고 무시한다. • 노인에게 말을 걸지 않거나 대화를 하지 않는다. • 노인의 말과 행동을 지속적으로 무시하고 반응을 보이지 않는다. • 노인의 일상생활(식사, 일상물품 사용 등)을 타 가구원과 별도로 하게 한다.
2. 노인의 사회관계 유지를 방해	• 노인이 친구나 친지들과 만나거나 연락하는 것을 방해한다. • 노인의 친구나 친지 등이 방문하는 것을 싫어한다. • 비방이나 폭력적 행동 등으로 타인이 노인과의 관계를 유지하는 것을 싫어하게 만든다. • 노인의 일상적인 사회활동이나 종교활동을 노골적으로 방해한다. • 비방이나 유언비어로 노인의 경제활동을 저해한다. • 노인의 이성교제를 방해한다.
3. 노인을 위협 · 협박하는 언어적 표현이나 감정을 상하게 하는 행동	• '죽이겠다'고 협박한다. • '시설로 보낸다' 또는 '집에서 나가라' 등의 위협 · 협박을 한다. • 노인의 요구를 무조건 무시한다. • 노인에게 고함을 지르거나 욕을 한다. • 노인에게 혐오스러운 말을 한다. • 노인이 수치심을 느끼게 하는 모욕적인 말을 한다. • 자존심을 상하게 하는 말을 한다. • 노인에게 창피를 준다. • 노인을 비웃거나 조소를 한다. • 노인을 재앙을 가져오는 사람으로 취급한다.
4. 노인과 관련된 결정사항에 대해서 의사결정 과정에서 소외	• 노인의 거취 결정에서 노인을 배제한다. • 노인의 소지품 처분을 결정할 때 노인의 의사를 반영하지 않는다. • 노인을 집안 경조사에 참여시키지 않는다.

(3) 성적 학대

판정지표	대표적 행위
1. 노인에게 성폭력을 행사	• 노인이 원치 않음에도 불구하고 강제적으로 성관계를 갖는다. • 노인이 원치 않음에도 불구하고 강제적으로 성관계를 강요 또는 시도한다. • 노인이 원치 않음에도 불구하고 입맞춤, 애무 등을 요구한다. • 노인이 원치 않음에도 불구하고 가슴이나 엉덩이 등 신체 일부를 만진다. • 판단능력이 없거나 의사표현을 할 수 없는 노인을 성폭행한다.
2. 노인에게 성적 수치심을 주는 표현이나 행동	• 노인의 신체를 빗대어 혐오감을 주는 언행을 한다. • 성적 언행 등으로 노인에게 굴욕감이나 혐오감을 느끼게 한다. • 사람들이 보고 있음에도 불구하고 노인의 성적 부위를 드러내고 옷 또는 기저귀를 교체한다. • 사람들이 보고 있음에도 불구하고 노인을 알몸으로 목욕시킨다. • 원하지 않거나, 판단능력이 부족한 노인임에도 불구하고 성적 신체 부위를 몰래 촬영한다. • 노인이 원치 않음에도 불구하고 학대행위자의 성기 및 자위행위를 보게 한다. • 노인이 원치 않음에도 불구하고 포르노 잡지나 비디오를 보게 한다. • 원하지 않거나, 판단능력이 부족한 노인임에도 불구하고 노인의 성적 신체 부위 전체 또는 일부를 알몸으로 노출시켜 놓는다.

(4) 유 기

판정지표	대표적 행위
1. 의존적인 노인을 유기	• 노인과 연락을 두절하거나 왕래를 하지 않는다. • 노인을 시설, 병원에 입소시키고 연락과 왕래를 두절한다. • 인지기능을 상실한 노인(치매, 약물중독, 알코올중독, 정신질환 등)을 고의적으로 가출 또는 배회하게 한다. • 노인을 낯선 장소에 버린다. • 배회하는 상태에서 발견된 노인에 대하여 부양의무자가 부양의무 이행을 거부한다.

(5) 경제적 학대

판정지표	대표적 행위
1. 노인의 소득 및 재산, 임금을 가로채거나 임의로 사용	• 노인의 허락 없이 임금, 연금, 임대료, 재산 등을 가로챈다. • 의사표현 능력이 없는 노인의 연금, 재산 등을 가로챈다. • 노인의 허락 없이 저축, 주식 등을 임의로 사용한다. • 공적 부조(예: 국민기초생활보장 수급자 생계비) 급여를 가로채거나 임의로 사용한다. • 노인의 허락 없이 노인명의의 은행계좌로부터 현금을 인출하여 사용한다. • 노인의 허락 없이 노인 소유의 귀중한 물건을 빼앗는다. • 노인 소유의 귀중한 물건을 파괴하는 등 재산적 피해를 준다. • 노인에게 빌린 돈을 갚지 않거나 귀중한 물건을 돌려주지 않는다. • 노인의 노동에 대한 대가를 정당하게 지급하지 않는다.

(계속)

판정지표	대표적 행위
2. 노인의 재산에 관한 법률적 권리를 침해하는 행위	• 노인 소유의 부동산을 노인의 동의 없이 임의로 사용하거나 강제로 명의 변경한다. • 노인의 허락 없이 수표 및 기타 금융 · 법적 서류에 서명을 날조한다. • 노인의 허락 없이 노인의 신용을 이용하여 이익을 취한다(명의 도용). • 노인의 허락 없이 노인명의로 은행 등에서 대출을 받는다. • 노인의 허락 없이 노인명의의 은행계좌, 보험 등을 해약한다. • 사기나 강압, 부당한 위력으로 유언장, 계약서, 위임장 등에 서명을 허위로 작성하거나 변조한다. • 대리권을 노인이 원하지 않는 방법으로 악용한다. • 노인부양을 전제로 재산 상속을 약속 또는 증여하였으나, 부양의무를 이행하지 않는다.
3. 노인의 재산 사용 또는 관리에 대한 결정을 통제	• 노인이 희망하는 재산 사용을 이유 없이 제한하거나 강요한다. • 노인 자신의 돈을 일상생활에서 마음대로 사용하지 못하게 한다. • 노인의 재산을 노인이 원하지 않는 방법으로 사용하도록 강요한다. • 노인의 재산관리 관련 결정을 제한하거나 강요한다. • 노인 명의의 재산을 불법적으로 소유하려고 협박한다. • 수표 및 기타 금융 · 법적 서류에 서명을 강요한다.

(6) 방 임

판정지표	대표적 행위
1. 거동이 불편한 노인의 의 · 식 · 주 등 일상생활 관련 보호를 제공	• 스스로 식사하기 힘든 노인을 방치한다. • 스스로 배변처리가 어려운 노인을 방치한다. • 노인 스스로 청결유지(목욕, 빨래 등) 또는 환경관리(청소 등)가 불가능함에도 불구하고 이를 방치한다. • 심각한 질환(치매 등)이 있는 노인을 홀로 거주하게 한다. • 노인에게 안정된 주거공간을 제공하지 않고 떠돌게 한다. • 노인이 부적절한 주거공간(컨테이너 등)에 거주하는 것을 방치한다.
2. 경제적 능력이 없는 노인의 생존을 위한 경제적인 보호를 제공하지 않는다.	• 경제적 능력이 없는 노인의 기본적 생존을 위한 생활비를 지원하지 않거나 중단한다. • 경제적 능력이 없는 노인의 생활 관련 업무(세금 및 각종 요금 납부)를 방치한다. • 경제적 능력이 없는 노인의 사회적 활동(용돈, 종교활동비, 경조사비 등)을 위한 경제적 지원을 제공하지 않는다.
3. 의료 관련 욕구가 있는 노인에게 의료적 보호를 제공하지 않는다.	• 노인에게 필요한 보장구(틀니, 보청기, 돋보기, 지팡이, 휠체어 등)를 제공하지 않는다. • 노인에게 필요한 의료적 처치를 제공하지 않거나 거부 · 방해하거나 혹은 소홀히 한다. • 질병으로 인해 거동이 불편한 노인의 간병을 소홀히 한다 (악취, 욕창, 염증 등 발생).
4. 자신을 돌보지 않거나, 돌봄을 거부함으로써 노인의 생명이 위협받는다(자기방임).	• 노인 자신이 의료처치 또는 약복용 등 의사의 지시에 따른 치료 행위를 거부한다. • 건강, 생활, 환경 등의 위험한 상황에서 노인이 도움을 요청하지 않거나 거부한다. • 노인 스스로 생존을 위해 필수적인 의 · 식 · 주 관련 행위를 거부함으로써 생명이 위협받는다. • 일상생활 수행을 위한 신체적 · 정신적 능력을 상실한 노인이 돌봄을 거부함으로써 생명이 위협받는다. • 건강에 치명적임에도 불구하고 노인이 약물이나 알코올 남용을 지속한다. • 노인이 자살을 시도한다.

(계속)

3 노인학대 요인

1) 부양자와 관련된 요인

요 인	내 용
① 신체적 · 정서적 장애	신체적이나 정서적으로 문제를 가진 부양자는 건강이 좋지 못하거나 의존적인 노인을 부양하는 데 위험률이 높다.
② 성격	타인을 비난, 비판하거나 냉담한 성격을 지닌 사람은 의존적인 노인을 돌보기가 어렵거나, 참을성이 많고 체념을 잘하는 성격을 지닌 노인일 경우 가정 내에서 학대를 받을 가능성이 크다.
③ 과거의 경험	아동기 때 학대를 받은 경험이 있는 부양자가 노인학대자가 되기 쉽다.
④ 스트레스	다양한 스트레스를 받고 있는 사람은 다른 사람을 부양할 의욕을 상실하는 경우가 있다.
⑤ 부양경험의 부족	부양했던 경험이 없는 사람이나 자기중심적 사고를 가진 사람은 의존적인 노인을 잘 부양할 수 없다.
⑥ 음주	술을 많이 마셔 문제를 일으키는 사람은 부정적인 감정을 가지고 행동하는 경향이 많다.
⑦ 약물남용	과다한 약물복용이나 남용으로 부양자가 자신이 제대로 부양을 하지 못한다는 것을 잘 알지 못하거나, 왜곡된 판단이나 인지로 인해서 학대를 하게 된다.
⑧ 기타	경제적 어려움이나 고립된 생활을 하는 사람은 노인을 부양하기에 부적당하다.

2) 노인과 관련된 요인

요 인	내 용
① 성별	대부분 노인학대 희생자들이 65세 이상의 여성노인인데, 그것은 여성노인이 남성노인보다 평균수명이 긴 관계로 여성노인의 수가 남성노인보다 많아서 여성노인이 학대를 더 받는 것으로 본다.
② 연령	나이가 많을수록 학대의 위험에 크게 영향을 미치는 원인이 된다.
③ 성격	참을성이 많고 체념을 잘하는 성격을 지닌 노인일 경우 가정 내에서 학대를 받을 가능성이 크다.
④ 신체적 · 정신적 건강	신체적 · 정신적으로 건강하지 못한 노인은 많은 보호를 필요로 하기 때문에 더 많은 학대를 받는다.
⑤ 과거의 경험	과거에 가족들에게 학대를 당한 경험이 있는 노인은 학대의 경험이 없는 노인보다 자신이 더 약해지고 의존을 해야 할 때 비슷한 행동을 더 나타내는 경향이 있다.
⑥ 세대 간 갈등	과거의 가족관계가 좋지 않은 경우에 학대문제를 일으킬 가능성이 크다.
⑦ 의존성	다른 사람에게 자신의 부양을 의존하고 있는 노인이 더 학대를 받기 쉽다.

(계속)

요 인	내 용
⑧ 고립	다른 사람들로부터 고립된 노인은 도움이나 중재를 받기가 쉽지 않으므로 학대를 받을 확률이 높다.
⑨ 음주	술을 많이 마시거나 알코올 중독의 노인은 자발적으로 어떤 활동을 하기가 어려울 뿐만 아니라 부양능력이 없을 수 있으므로 학대를 받을 확률이 크다.
⑩ 기타	건강이 나빠 의존적인 노인이 너무 과도한 요구를 한다거나, 고마움을 잘 모른다거나, 자제력이 없거나 당황스러운 행동을 하는 경우 부양자로 하여금 더 부담을 갖게 만들고 이러한 압박은 노인학대로 이어질 수 있다.

3) 가족상황적 요인

요 인	내 용
① 어려운 생활주기	노인을 부양해야 하는 시기가 생활주기에 있어 어려운 단계일 경우에는 부양자의 스트레스가 더해져 노인학대로 나타나기 쉽다.
② 의료비용의 과중한 부담	가족들의 스트레스의 원인이 될 수 있어 노인학대의 원인이 될 수 있다.
③ 내키지 않는 부양	마지못해 노인을 부양한다면 좋지 못한 부양결과를 초래할 것이다.
④ 부족한 가족지원	노부모를 부양하는 자가 일정기간 동안도 쉴 수 없다면, 부양으로 인한 부담감은 매우 클 것이다.
⑤ 부부간의 갈등	부부간의 문제로 인한 스트레스는 노인학대를 유발하는 원인이 될 수 있다.

4) 사회적 요인

요 인	내 용
① 노인차별주의	인종이나 성을 바탕으로 한 차별과 같이 능력의 직접적인 평가가 아닌 노인에 대한 선입감 때문에 우리 사회가 통상적으로 무능력하다는 이유로 사회의 많은 활동으로부터 노인을 이탈시키는 것이다.
② 가족 내의 구조적 변화	핵가족화 현상으로 인해 부양자의 역할을 수행할 자녀의 수가 적어지고 지리적으로 떨어져 생활하기 쉬워 노인이 외부와 고립된다.
③ 가치관의 변화	부모에 대한 효(孝)의 의식에도 큰 변화가 초래되었다.
④ 노인복지시설의 부족	주간보호 및 노인을 위탁 보호하는 시설 등과 같은 적극적인 개입이 필요하다.

4 노인학대 신고

1) 신고 대상

(1) 학대피해노인

노인학대를 현재 당하고 있는 당사자 노인이 직접 신고를 의뢰할 수 있다. 피해자의 이야기를 충분히 수용하도록 하되 피해 여부가 사실인지, 학대의 응급성이 요구되는지에 초점을 두고 자료를 수집하여야 한다.

(2) 타 인

노인학대를 발견, 목격하거나 학대가 의심되는 경우에 노인과 다양한 관계를 맺고 있는 사람들이 신고하거나 사례를 의뢰할 수 있다. 가족 및 친지, 지역주민 및 이웃, 기관(동사무소, 경찰서, 보건소, 병원, 사회복지 관련 기관 등)

2) 신고의무자

① 「의료법」 제3조제1항의 의료기관에서 의료업을 행하는 의료인
- ㉠ 의료기관: 종합병원, 병원, 치과병원, 한방병원, 요양병원, 노인전문병원, 의원, 치과의원, 한의원, 조산원
- ㉡ 의료인: 의사, 치과의사, 한의사, 조산사, 간호사

② 노인복지시설의 장 및 그 종사자

③ 「장애인복지법」 제48조의 규정에 의한 장애인복지시설에서 장애노인에 대한 상담 · 치료 · 훈련 또는 요양을 행하는 자

④ 「가정폭력방지 및 피해자보호 등에 관한 법률」 제5조 및 제7조의 규정에 의한 가정폭력 관련 상담소의 상담원 및 가정폭력피해자보호시설의

종사자

⑤ 「노인복지상담원 및 사회복지사업법」 제14조에 의한 사회복지전담공무원

3) 신고 시기

신고의무자는 그 직무상 노인학대를 알게 되거나 노인학대가 의심되는 경우 '즉시' 신고하여야 한다.

4) 신고방법

① 연중 24시간 긴급전화 1389 운영

② 노인학대예방센터 홈페이지 등 인터넷을 통한 신고 접수

③ 직접 방문 상담 접수

④ 이동상담, 가정방문 상담 접수

⑤ 서신에 의한 접수

⑥ 병원, 보건소, 재가복지센터, 기타 전화상담센터 등으로부터 의뢰된 사례 접수

5) 신고자의 권리

① 「노인복지법」 제39의6제1항: 누구든지 노인학대를 알게 된 때에는 노인보호전문기관 수사기관에 신고할 수 있다.

② 「노인복지법」 제39조의6제3항: 신고자의 신분은 보호되어야 하며, 그 의사에 반하여 신분이 노출되어서는 아니 된다.

③ 「노인복지법」 제39조의11: 학대노인의 보호와 관련된 업무에 종사하였거나 종사하는 자는 그 직무상 알게 된 비밀을 누설하지 못한다.

PART Ⅲ 노인복지 실천

5 노인학대 처벌법(「노인복지법」 제39조의9)

법	내 용	비 고
노인복지법	1. 노인의 신체에 상해를 입히는 행위	7년 이하의 징역 또는 2천만 원 이하의 벌금
	2. 노인의 신체에 폭행을 가하는 행위	5년 이하의 징역 또는 1천5백만 원 이하의 벌금
	3. 노인에게 성적 수치심을 주는 성폭행, 성희롱 등의 행위	
	4. 자신의 보호 및 감독을 받는 노인을 유기하거나 의식주를 포함한 기본적 보호 및 치료를 소홀히 하는 행위	
	5. 노인에게 구걸을 하게 하거나 노인을 이용하여 구걸하는 행위	
	6. 노인을 위하여 증여 또는 급여된 금품을 그 목적 외의 용도에 사용하는 행위	3년 이하의 징역 또는 1천만 원 이하의 벌금

6 노인학대사례 처리절차

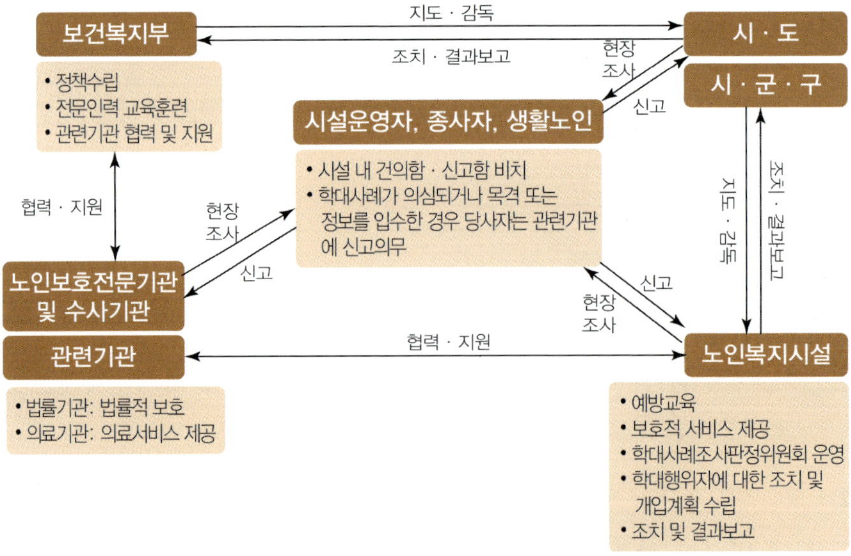

그림 10-1 노인학대 예방 및 학대사례 처리절차

7 시설 생활노인 학대사례 개입 및 대응

1) 학대사례의 발견과 신고

① 시설은 노인학대 방지를 위하여 건의함, 신고함 등과 같은 노인학대사례를 조기에 발견하기 위한 조치를 취해야 한다.

② 시설은 노인학대를 사전에 예방하기 위하여 시설운영위원회에 거주자 대표 또는 보호자 가족을 1인 이상 참여시켜, 노인들의 요구와 불만사항을 청취하고, 불만사항에 대해서는 신속하게 처리하여야 한다.

③ 시설 종사자는 생활노인에게 서비스를 제공하는 과정에서 노인의 신체, 심리적 건강 상태를 주의 깊게 살펴야 하며 노인학대의 증상이 있는지를 면밀히 관찰하여야 한다.

④ 모든 시설 종사자는 동료 종사자 또는 생활노인에 의해 이루어지는 구체적 학대행위를 목격하거나, 노인이 각각의 학대 유형과 관련된 증상을 보이는 사실을 목격하였거나, 노인이 학대 받을 우려나 위험이 있다고 판단되는 경우 즉시 해당 시설과 노인보호전문기관, 수사기관, 노인학대 관련 기관(보건복지콜센터: 전화 129), 시 · 군 · 구 노인복지 담당부서의 관계 공무원 또는 노인복지상담원 등에 신고하여야 한다.

⑤ 학대 위험상황에 처하거나 학대를 당한 생활노인은 해당 시설과 노인보호전문기관이나 수사기관에 학대 위험 또는 그 사실을 신고할 수 있다.

⑥ 생활노인이 동료 생활노인의 학대 위험 또는 학대를 당하는 것을 목격한 경우 해당 시설과 노인보호전문기관 또는 수사기관에 신고하여야 한다.

⑦ 촉탁의 또는 외부 의료기관의 의료진은 노인을 진료하는 과정에서 학대가 의심되거나, 학대를 당한 것이 확실한 경우 이를 해당 시설과 노인보호전문기관 또는 수사기관에 신고하여야 한다.

⑧ 시설의 생활노인 학대와 관련된 정보를 접한 노인복지상담원, 사회복지

전담공무원 등의 관계자는 노인보호전문기관 또는 수사기관에 시설의 학대의심 사례를 신고하여야 한다.

⑨ 시설은 「노인복지법」 제39조의6제3항에 의거하여 신고인의 신분을 보장하여야 하며 그의 의사에 반하여 신분을 노출시켜서는 안 되며, 학대사례 신고를 이유로 어떠한 불이익을 주어서도 안 된다.

⑩ 신고를 받은 시설운영자는 지체 없이 노인보호전문기관과 공동으로 학대 의심사례에 대해 조사와 조치를 취해야 한다.

⑪ 신고 받은 학대사례에 대한 응급조치와 안전조치가 요구되는 경우(학대행위자로부터 신체적 학대가 지속적으로 이루어지고 있다고 의심되며 노인의 상처가 심각한 경우, 노인 유기 및 노인의 영양상태 불량 등으로 생명이 위급한 사례, 방임 사례일 경우 노인의 연령과 건강상태, 학대의 지속성 정도에 따라 위험하다고 판단되는 사례) 신속한 조치를 취해야 한다.

⑫ 시설은 업무일지 또는 별도의 상담일지에 신고된 학대사례에 대한 접수, 상담기록과 서비스 내용을 기록으로 유지하여야 한다.

2) 조사와 사정

① 학대사례에 대한 첫 현장조사는 시설의 특별한 상황이 없는 한 발견 또는 신고 즉시 실시되어야 하고, 노인보호전문기관 또는 수사기관과 공동으로 진행되어야 한다.

② 시설의 장, 사무국장은 신고인의 의견을 경청하고, '유형별 대표적 행위' 기준을 참고하여, 노인학대사례로서의 적합성과 노인의 안전 및 응급성 여부를 확인하여야 한다.

③ 응급상황인 경우에는 학대사례로서의 적합성 여부와 관계없이 우선적으로 피해노인의 신변보장과 안전조치를 취해야 한다.

④ 학대의심 사례에 대한 실질적인 조사 이전에 신고인과 학대 행위자, 학대피해 노인의 비밀보장을 위한 방안을 우선적으로 강구하여야 한다.

⑤ 시설의 장과 사무국장은 학대의 위험에 노출되거나 학대를 당한 생활노인과 학대행위자 각각에 대한 직접 면접을 통하여 자세한 학대가 이루어진 상황과 장소, 원인, 학대행위자에 관한 자세한 정보를 수집하여야 한다.

⑥ 학대사례 조사과정에서 피해 노인의 보호를 위하여 정황 증거 및 증인 확보 등 최대한 노력한다.

⑦ 정확한 자료 수집을 위하여 이 지침에 제시된 구체적 학대행위 및 증상 지표, 녹음기, 카메라 등 증거를 확보할 도구를 지참한다.

⑧ 학대행위자로 의심되는 자가 진술하는 학대 상황과 노인의 상처 및 정황 등이 일치하지 않는 경우, 징후가 심각하지 않을지라도 학대 발생의 가능성이 충분하므로 주의하여 살핀다.

⑨ 학대행위자와 피해노인의 진술이 일치하지 않을 경우 주변 목격자 또는 증인의 진술 청취 등을 통하여 구체적인 정황 증거를 확보하여야 한다.

⑩ 피해노인, 학대행위자, 신고인, 목격자 또는 증인 등의 진술은 6하 원칙에 입각하여 그 내용을 구체적으로 기록하여야 한다.

⑪ 시설의 장과 사무국장은 현장조사 결과를 바탕으로 하여 보다 상세한 조사와 사정이 요구될 경우 시설장, 사무국장, 간호사(또는 촉탁의, 물리치료사), 영양사, 요양보호사 등 시설 내부 인사 5인 이하와 관련 기관 종사자(경찰, 법조인, 학계, 관계 공무원 등) 및 노인보호전문기관 상담원(당연직)을 포함한 2인 이상 5인 이내로, 학대사례조사판정위원회를 구성하여 운영하여야 한다.

⑫ 시설의 장은 현장조사의 완료와 함께 학대사례조사판정위원회를 개최하여, 학대사례의 특성, 학대의 정도, 학대의 원인, 노인에게 미치는 영향, 학대행위자가 지닌 문제 등을 포괄적으로 파악하고, 이를 근거로 학대사례에 대한 정확한 판정과 피해노인의 후속 보호조치, 학대행위자에 대한 조치 등에 대하여 구체적인 개입계획을 수립하여야 한다.

⑬ 학대사례를 판정함에 있어서 가능한 피해자와 학대행위자 및 제3자의

상담 등을 통해 결정하도록 하며, 어느 한쪽의 의견만으로 학대여부 및 그 심각성을 평가하지 않도록 주의한다.

⑭ 시설은 학대사례 현황과 조치결과를 분기별로 시 · 군 · 구에 보고하여야 하며, 노인의 삶의 질에 중대한 위험이 초래된 학대사례에 대해서는 조사완료와 함께 그 사실을 시 · 군 · 구에 조속히 보고하여야 한다.

⑮ 보고를 받은 시 · 군 · 구는 시 · 도에 분기별 보고(시 · 도는 반기별로 복지부에 보고)함과 동시에 학대사례에 대한 시설의 보호조치의 계획과 실행을 지도 · 감독하여야 한다.

3) 학대사례에 대한 보호조치

① 시설의 장은 피해 노인, 학대행위자를 위해 가장 효과적이고 적절한 서비스 계획을 수립하고, 학대를 유발하는 시설의 제반 조건을 변화시킬 수 있는 구체적인 계획을 수립하여야 한다.

② 학대사례에 대한 조치를 계획함에 있어서는 학대를 유발하는 위험 요인의 제거, 피해 노인의 욕구, 학대행위자의 욕구를 바탕으로 누가, 무엇을, 언제, 어떻게 제공할 것인지에 대한 구체적인 계획을 수립하고 목표의 우선순위를 결정하여야 한다.

③ 학대 의심 또는 피해 생활노인에 대해서는 지속적 상담을 통한 심리적 지지, 학대 행위자와 피해노인의 격리와 특별보호서비스, 수발 · 영양 · 재활 · 사회적 활동 등의 서비스 개선, 의료적 처치, 법률적 상담과 법률적 조치, 노인보호전문기관과 협조 및 연계, 학대행위자 치료 및 교육서비스 등의 종합적인 사례관리가 이루어져야 한다.

④ 노인보호전문기관, 응급센터, 경찰, 의료, 법률, 행정 및 사회복지 관련 기관과 긴밀하게 협력하여 학대사례에 대한 효과적인 개입이 이루어질 수 있도록 한다.

⑤ 학대 행위자에 대해서도 처벌을 우선시하기보다는 상담 등을 통한 치료

적 개입을 먼저 실시하여야 하며, 학대 행위자에 대한 징계가 요구될 경우 학대의 정도와 빈도, 상황 등을 종합적으로 고려하여 학대사례조사판정위원회의 자문을 받아 시설의 인사관리 규정에 의거하여 시설의 장이 징계의 수준을 최종 결정한다.

⑥ 학대 행위자에 대한 형사 고발과 고소, 민사소송 등 사법적 조치가 필요하다고 판단될 경우 경찰이나 사법기관에 수사와 조치를 의뢰하고, 해당 시·군·구에 행정조치를 취해야 한다.

8 시설생활노인의 인권보호

1) 시설생활노인의 인권보호

노인복지시설 생활노인의 인권이 충분히 보장되어야 함은 아무리 강조해도 무리가 없는 것이다. 또한 노인복지 정책과 실천에서 인권관점(right-based perspective)이 확대되고, 노인장기요양보험제도의 도입, 국가인권위원회의 노인복지시설 생활노인의 인권증진을 위한 대책 등으로 노인복지시설 생활노인의 인권은 지속적으로 개선되어 가고 있다. 그리고 노인복지시설 생활노인의 인권보호 조치가 강화되면서 그 이면에는 “노인의 인권이 중요한 것을 알지만, 시설 종사자의 인권은 어디에서 찾고, 누가 보장해 주느냐”라는 자조적인 종사자들의 목소리가 있다. 언제까지나 종사자의 인권이 현장에서만 메아리치는 자조적인 회한의 소리로 그쳐서는 안 되며, 노인복지시설협회, 한국개인운영신고시설협회, 한국개인노인요양시설협회 및 사회복지사협회 등 노인복지시설 종사자의 권익을 대변하는 단체에서 종사자의 인권문제에 대하여 공론화하기 위한 공청회나 정책토론회를 꾸준히 전개해 나가는 과정에서 종사자의 인권보호를 위한 조치 또한 강화해 나가야 한다.

그렇지만 인간에 대한 봉사전문직에서는 이용자의 인권이 우선적으로 보장되어져야 한다. 그러므로 시설종사자의 인권보호 장치가 다소간 지연된다고 하더라도 우선적으로 시설에서 생활하는 노인의 인권을 보호하기 위한 노력을 경주하는 것이 바람직하다고 볼 수 있다. 시설 생활노인의 인권보호를 위해서는 노인에게 직접적 서비스를 제공하는 종사자가 노인의 인권에 대하여 정확한 인식을 갖추는 것이 중요하다. 그러므로 시설종사자들은 앞에서 제시한 노인복지시설 인권보호 및 안전관리지침에 규정된 노인의 권리와 그 권리를 보장하기 위한 윤리강령과 각종 조치사항들을 명확하게 이해하고, 이를 서비스 과정에서 구현해 나가고자 하는 노력이 이루어져야 한다.

그리고 노인복지시설의 장은 시설종사자를 대상으로 노인 인권보호, 학대예방 그리고 위험관리와 관련된 지속적 교육을 실시하여 생활노인의 인권을 보호하고 삶의 질을 향상하기 위한 노력을 게을리해서는 인권옹호전문직으로서의 사회적 인정을 받을 수 없는 것이다.

2) 시설생활노인의 인권보호를 위한 윤리강령

시설운영자, 종사자, 동료, 생활노인, 가족, 지역사회 등 노인복지시설에서의 보호서비스와 관련된 모든 자는 '시설 생활노인의 권리 선언'에 포함된 기본적 권리를 보장하고, 인간다운 생활을 보장하기 위하여 다음과 같이 행동해야 한다(보건복지부, 2006).

(1) 존엄한 존재로 대우 받을 권리

① 노인의 의사에 반하는 어떠한 노동행위도 시켜서는 안 된다.

② 노인이 시설의 모든 서비스에 자유롭게 접근 또는 이용할 수 있는 기회를 부여하여야 한다.

③ 생활노인이 시민으로서 또한 노인으로서 갖는 권리를 안전히 행사할 수 있도록 어떠한 차별, 감금, 방해, 강압 또는 보복 행위를 해서는 안 된다.

④ 어떠한 이유로도 신체적 학대, 언어 및 심리적 학대, 성적 학대, 재정적 착취, 방임 등의 학대행위를 해서는 안 되며, 학대행위가 발생했을 경우

법률과 지침에 따라 피학대 노인에 대한 보호조치를 신속하게 취해야 한다.

⑤ 가족은 면회나 전화 접촉 등을 통하여 노인과 유대관계를 지속적으로 유지하고 존경하며, 시설의 서비스나 운영에 관하여 적극 협조하여야 한다.

⑥ 시설은 종사자에게 노인의 권리에 대한 홍보와 교육을 분기별로 실시해야 한다.

⑦ 종사자는 수발 및 서비스 과정에서 노인의 권익신장을 위한 상담과 조치를 적극적으로 취하여야 하며, 노인의 권리가 침해될 우려가 있거나, 침해 받은 경우 이의 회복과 구제를 위한 적극적 조치를 강구하여야 한다.

(2) 질 높은 서비스를 받을 권리

① 노인의 삶의 질을 증진하고, 잔존능력을 유지하고 자립능력을 고양하기 위한 질 높은 전문적 수발과 서비스를 제공하여야 한다.

② 정기적인 상담을 통해 노인의 개별적 욕구와 선호, 기능 상태를 고려하여 개별화된 서비스와 수발 계획을 수립하고, 이를 적극적으로 이행해야 한다.

③ 개인적 선호와 건강 및 기능 상태에 따라 다양한 영양급식을 제공해야 한다.

④ 건강에 해롭다는 의학적 판정 없이 노인이 개인적으로 복용하는 약물을 금지해서는 안 된다.

⑤ 시설은 종사자의 능력 개발을 위한 직무훈련과 교육기회를 충분히 부여하여, 이들의 수발 및 서비스 능력을 제고하여야 한다.

⑥ 종사자는 직무수행상의 사고로 인하여 노인에게 위험을 초래하지 않기 위해서 직무안전에 최선을 다해야 한다.

(3) 가정과 같은 환경에서 생활할 권리

① 시설은 안전하고 깨끗하며 가정과 같은 환경을 제공하여야 한다.

② 공간이 허용하는 한 개별적인 수납공간을 제공하여야 한다.

③ 목욕, 의복 및 침구의 세탁 등 노인의 위생관리에 만전을 기해야 한다.

④ 적절하고 편안한 조명과 음향을 제공하여야 한다.

⑤ 편안하고 안전한 실내온도를 유지하여야 한다.

(4) 신체적 제한을 받지 않을 권리

① 생활노인 또는 종사자 등의 생명이나 신체에 위험을 초래할 가능성이 현저히 높거나, 대체할 만한 간호나 수발방법이 없거나, 증상의 완화를 목적으로 불가피하게 일시적으로 신체적 제한을 하는 경우 등의 긴급하거나 어쩔 수 없는 경우를 제외하고는 노인의 의사에 반하는 신체적 제한을 해서는 안 된다.

② 긴급하거나 어쩔 수 없는 경우로 인해 일시적으로 신체를 제한할 경우에도 노인의 심신의 상황, 신체 제한을 가한 시간, 신체적 제한을 할 수밖에 없었던 사유에 대하여 자세히 기록하고, 노인 본인이나 가족에게 그 사실을 통지하여야 한다.

③ 시설 규정에 위반되거나 의료적 목적을 달성하기 위한 경우를 제외하고는 신체적인 제한이나 심리적인 영향을 미치는 약물을 처방해서는 안 된다.

(5) 사생활 및 비밀보장에 대한 권리

노인의 사생활을 보장하고, 직무수행과정에서 얻은 비밀을 철저히 지켜야 하며, 질병과 치료, 통신, 가족 등과 같은 어르신의 사생활에 관한 정보나 기록을 사전 동의 없이 공개해서는 안 된다. 다만 인지능력이 제한된 노인의 경우에는 가족 등 관계자의 동의를 받은 후 노인의 서비스 증진을 위한 전문적 목적에 한하여 정보를 공개할 수 있다.

(6) 통신의 자유에 대한 권리

노인은 자유롭게 전화를 이용하고, 우편물을 발송할 수 있어야 하며, 노인의 우편물을 개봉하지 않는 등 개인적 통신의 권리를 최대한 보장하여야 한다.

(7) 정치, 문화, 종교적 신념의 자유에 대한 권리

① 노인의 정치적 이념을 존중하고, 투표 등의 정치적 권리행사에 부당한 영향력을 행사해서는 안 된다.

② 노인의 종교적 신념을 인정하고, 특정 종교행사 참여의 강요 등 종교적 신념의 변화를 목적으로 부적절한 영향력을 행사해서는 안 된다.

③ 노인의 문화적 다양성을 인정하고, 이에 따른 생활양식의 차이를 최대한 존중하여야 한다.

(8) 소유 재산의 자율적 관리에 대한 권리

① 노인 개인 소유의 재산과 소유물을 갖거나 이용할 권리를 최대한 보장하고, 이를 스스로 관리할 수 있는 권리를 보장하여야 한다.

② 다만 노인이 스스로 재산을 관리할 수 있는 능력이 없어 노인이나 가족 또는 기타 후견인의 특별한 요청이 있을 경우에는 시설에서 사용 또는 처분할 수 있으며, 이 경우 분기별 또는 수시로 재정 사용에 대한 결과를 알려 주어야 한다.

(9) 불평의 표현과 해결을 요구할 권리

① 노인의 의견이나 불평을 수렴하기 위한 공식적 절차(예: 건의함, 운영위원회 등)를 마련하여 시행하여야 한다.

② 노인이나 가족에 의해 제기된 불평을 즉각적으로 해결하기 위한 조치를 취해야 한다.

③ 노인이나 가족이 불평을 제기했다는 이유로 노인에게 차별적 처우나 불이익을 주어서는 안 된다.

(10) 시설 내 · 외부 활동 참여의 자유에 대한 권리

① 시설 내의 자발적 모임이나 다른 노인과 사귀고 의사소통할 수 있는 권리를 보장하여야 한다.

② 다른 생활노인의 권리를 침해하지 않는 범위 내에서 자신의 의사에 따라 시설 내부의 다양한 서비스, 여가·문화 활동에 참여할 수 있는 기회를 부여해야 한다.

③ 시설 외부의 건강, 사회, 법률 또는 다른 서비스 기관의 이용을 적극적으로 조장하고, 필요시 지역사회서비스를 연계하여야 한다.

④ 노인이 원하지 않는 경우를 제외하고는 면회나 방문객을 거부해서는 안 된다.

⑤ 노인의 자유로운 외출, 외박 기회를 최대한 보장하여야 한다.

⑥ 지역사회 주민들은 시설 생활노인의 지역사회 활동 참여를 적극적으로 조장하고 지원하며, 지역사회와의 유대관계 증진을 위하여 노력하여야 한다.

(11) 정보 접근과 자기결정권 행사의 권리

① 노인의 의사에 반하는 전원 또는 퇴소를 하여서는 안 되며, 불가피한 경우 전원 또는 퇴소 시 그 사유를 통보하고 의사결정 과정에 노인 또는 가족을 참여시켜야 한다.

② 노인이 요구할 경우 건강상태와 치료, 수발, 제반 서비스에 관한 정보와 기록에 대한 접근을 허용하여야 한다.

③ 노인의 의식주, 보건의료서비스, 여가활용 등 개인의 삶에 영향을 미치는 모든 부분에서 자기결정권을 행사할 수 있도록 해야 한다.

④ 노인의 권리 변화, 건강과 일상생활의 변화, 수발 및 의료적 처치의 변화 등과 관련하여서는 충분한 시간을 갖고 사전에 노인과 가족에게 통보하고, 의사결정과정에 노인 또는 가족을 참여시키고 이들의 결정을 존중하여야 한다.

⑤ 생활노인의 권리, 시설 입·퇴소 및 운영과 관련된 시설의 규칙과 규정을 구두 또는 문서로 생활노인과 가족에게 충분히 설명 또는 공지하여야 한다.

1. 다음 설명의 내용은 무엇인가?(　　)

> 노인을 괴롭히거나 가혹하게 대하는 학대이며, 주로 가정폭력의 일환으로 취급된다. 일반적으로 노인이 신뢰하고 있는 대상으로부터 학대를 당한 경우를 노인학대로 규정한다.

① 노인학대　　② 노인질환
③ 노인의료　　④ 노인돌봄

2. 노인학대의 형태적 유형으로 볼 수 없는 것은?(　　)

① 신체적 학대　　② 재정적 학대
③ 언어 및 치료적 학대　　④ 자기방임

3. 노인학대 신고의무자로 맞지 않는 것은?(　　)

① 「의료법」 제3조제1항의 의료기관에서 의료업을 행하는 의료인
② 노인복지시설의 장 및 그 종사자
③ 「장애인복지법」 제48조의 규정에 의한 장애인복지시설에서 장애노인에 대한 상담 · 치료 · 훈련 또는 요양을 행하는 자
④ 「가정폭력방지 및 피해자보호 등에 관한 법률」 제5조 및 제7조의 규정에 의한 경찰관 및 소방공무원

4. 시설 생활노인 학대사례 개입 및 대응의 내용으로 틀린 것은?(　　)

① 시설은 노인학대 방지를 위하여 건의함, 신고함 등과 같은 노인학대사례를 조기에 발견하기 위한 조치를 취해야 한다.
② 시설은 노인학대를 사전에 예방하기 위하여 시설운영위원회에 거주자 대표 또는 보호자 가족을 3인 이상 참여시켜, 노인들의 요구와 불만사항을 청취하고, 불만사항에 대해서는 신속하게 처리하여야 한다.

③ 시설 종사자는 생활노인에게 서비스를 제공하는 과정에서 노인의 신체, 심리적 건강 상태를 주의 깊게 살펴야 하며 노인학대의 증상이 있는지를 면밀히 관찰하여야 한다.

④ 생활노인이 동료 생활노인의 학대 위험 또는 학대를 당하는 것을 목격한 경우 해당 시설과 노인보호전문기관 또는 수사기관에 신고하여야 한다.

5. 시설생활노인의 인권보호를 위한 윤리강령을 설명하시오.

ANSWER ① 1 ② 3 ③ 4 ④ 2 ⑤ p216

CHAPTER 11 치매의 이해

1 치매의 이해

과거에는 치매를 망령, 노망이라고 부르면서 노인이면 당연히 겪게 되는 노화 현상이라고 생각했으나, 최근의 많은 연구를 통해 분명한 뇌질환으로 인식되고 있다. 두통이나 만성 기침 등의 여러 증상들도 그 원인에 따라 치료법이 다르듯, 치매도 그 원인을 밝혀 적절한 치료법을 찾아내는 것이 원칙이므로, 치매에 대한 정확한 진단이 중요하다. 치매(dementia)라는 말의 어원은 라틴어의 'dement'에서 유래되었으며 마음에서 이탈된 상태, 즉 '없다'라는 'de'와 '정신'이라는 'ment'가 합해져서 '제정신이 아니다. 정신이 나갔다(out of mind)'라는 의미를 지닌다(권중돈, 2017).

치매는 정상적으로 생활해 오던 사람에게 후천적으로 다양한 원인으로 인해, 기억력을 비롯한 여러 가지 인지기능의 장애가 나타나, 일상생활을 혼자 하기 어려울 정도로 심한 영향을 주는 상태를 말한다. 치매는 어떤 하나의 질병명이 아니라, 특정한 조건에서 여러 증상들이 함께 나타나는 증상들의 묶음이다. 이러한 치매상태를 유발할 수 있는 질환 중 가장 대표적인 것이 알츠하이머병과 혈관성 치매이며, 그 외 루이체 치매, 전두측두엽 치매 등이 있다. 치매의 대표적인 초기 증상은 기억력 장애이다. 누구나 나이가 들면서 젊었을 때에 비해 기억력이 저하되기 마련이지만, 치매에서의 기억력 저하는 이러한 정상적인 변화와는 다르다. 치매는 나이가 들어서 생기는 자연스러운 결과가 아니다. 나이가 들면서 생기는 기억력 저하는 대개 사소한 일들에 국한되어 있으며, 개인의 일상생활을 심각하게 저해하지 않는다. 다른 한편, 기억력의 저하가 가장 흔한 첫 증상이긴 하나, 언어, 판단력의 변화나 성격의 변화가 먼저 나타날 수도 있다.

세계보건기구의 국제질병분류(ICD-10, 1992)에 의하면 치매란 보통 뇌의 만성 또는 진행성 질환에서 생긴 증후군의 결과로, 기억력, 사고력, 지남력, 이해, 계산, 학습능력, 언어 및 판단력을 포함한 고도의 대뇌피질 기능의 다발성 장애라고 정의하였다. 즉, 치매란 '뇌의 질환으로 인한 일상적 사회활동 장애 또는 대인관계에 지장을 초래하는 장애라고 볼 수 있다'라는 것이다.

보건복지부에 따르면 2019년 기준 국내 65세 이상 노인인구 중 치매환자는 72만여 명으로 우리나라 노인 10명 중 1명 이상이 치매를 앓고 있는 것으로 자료에서 나타났다. 그리고 그 수가 2039년에는 2백만 명에 이를 것으로 예상된다. 중앙치매예방센터에 의하면 빠르게 증가하는 노령화 인구로 인해 65세 이상 한국인 가운데 10.2%가 치매를 앓고 있다. 그 수치가 10% 선을 넘어선 것은 이번이 처음이라고 밝혔다. 2017년 수치는 9.95%였었다. 2016년 68만 5000명에서 8개월 사이에 6%가 늘었다. 치매환자 증가율은 앞으로도 가파르게 늘어 오는 2024년 100만 명을 넘어선 뒤 2050년에는 271만 명에 이를 것으로 전망된다.

치매환자가 증가하면서 사회적 비용도 덩달아 커지고 있다. 국회 입법조사처와 복지부의 추산에 따르면 의료비와 요양비, 생산성 손실 등 간접비까지 포함한 치매환자 1인당 관리비용은 2015년 기준 2033만 원에 달했다. 이를 전체 치매환자에게 드는 비용으로 환산하면 국내총생산(GDP)의 0.9%가량인 13조2000억 원에 이른다. 2050년에는 이 비용이 1인당 3900만 원으로 늘고 전체 관리 비용은 GDP의 3.8%에 달하는 106조5000억 원으로 증가할 것으로 전망된다.

고령사회를 맞아 증가하는 치매 질환을 국가가 책임지고 관리하겠다는 정책의 일환으로 2017년 12월부터 '치매국가책임제'를 실시, 전국 252개 시 · 군 · 구 보건소에 '치매안심센터'를 설치하여, 치매환자와 가족은 센터에서 치매 예방, 교육, 조기 검진 등 1:1 맞춤형 상담, 치료를 위한 의료기관 연계, 돌봄 등 필요한 복지서비스를 받을 수 있게 되었다. 정부는 치매 안심센터에서 받은 상담, 사례관리 내용을 '치매 노인등록관리시스템'에 입력해 체계적으로 관리할 계획이다. 또 24시간 치매 관련 상담을 할 수 있는 치매 상담 콜센터(1899-9988)도 설치하여 치매환자와 가족이 지는 경제적·정서적 부담을 지역사회 인프라와 건강보험제도를 통해 국가와 사회가 책임을 지겠다는 것이다.

표 11-1 치매노인 증가 추이 및 전망

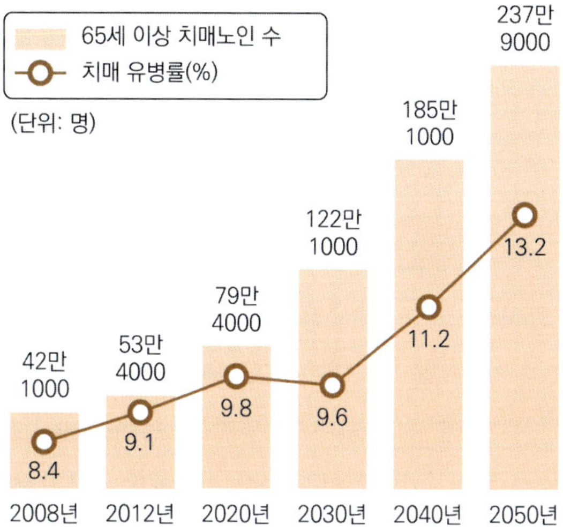

자료: 보건복지부.

2 치매의 종류

1) 알츠하이머병

치매의 원인 중 가장 대표적인 알츠하이머병은 뇌세포의 퇴화로 기억력을 비롯한 여러 인지기능이 점진적으로 저하되며 일상생활의 장애가 초래되는 만성뇌질환이다. 알츠하이머병의 명칭은 1907년 이를 최초로 발견한 독일의사 알로이스 알츠하이머(Alois Alzheimer)의 이름에서 유래하였다. 알츠하이머병은 매우 서서히 발병하여 점진적으로 악화가 진행되는 것이 특징이고, 가장 흔한 치매의 원인으로 전체 치매의 55~70%를 차지한다. 알츠하이머병의 자연 경과는 상당히 다양하지만, 대략 증상 발현부터 진단까지 2~3년, 진단으로부터 요양시설에 머무르게 되는 기간까지 3~6년, 요양시설에서 사망까지 약 3년 정도로 총 유병기간은 9~12년이다.

알츠하이머병은 여성이 남성에 비해 평균 2배 정도 더 잘 걸린다. 이 외에 나이가 많을수록, 학력이 낮을수록, 직계가족 중에 치매환자가 있는 경우, 심한 머리 손상(예: 교통사고, 낙상)이나 약하지만 반복적으로 머리 손상(예: 권투선수)을 입은 경우, ApoE 유전자형에서 4형의 대립유전자를 가지고 있는 경우 등에 잘 발생한다.

(1) 원인

알츠하이머병 환자의 뇌를 영상검사 혹은 부검에서 관찰해 보면, 일반인보다 작아진 것(위축된 것)을 볼 수 있다. 또, 뇌 조직을 현미경으로 관찰해 보면, 베타아밀로이드 단백질이 침착되면서 생긴 노인반(senile plaque), 그리고 타우 단백질이 비정상적으로 엉겨 붙으면서 형성된 신경섬유다발(neurofibrillary tangle)을 볼 수 있다. 연구자들은 노인반과 신경섬유다발이 뇌에 점차 쌓이고, 이로 인하여 신경세포들이 죽으면서 알츠하이머병이 발생하는 것으로 생각하고 있다. 두 물질이 처음에 왜 쌓이는지는 안타깝게도 아직 밝혀지지 않았다.

(2) 특징 증상

알츠하이머병은 대부분 기억력 저하에서 시작된다. 초기에는 주로 몇 시간 혹은 며칠 전의 일에 대한 단기 기억력 저하가 생긴다. 이 시기에는 젊은 시절에 대해서는 잘 기억하면서, 아침 식사로 무엇을 먹었는지 대답하지 못할 수 있고, 이후 질환이 진행되면, 점차 옛날 일에 대한 기억도 저하되고, 다른 여러 인지기능의 저하도 함께 나타나며 망상이나 환청과 같은 '정신행동증상'도 나타나 말기까지 진행되면 모든 일상생활 기능을 상실하게 된다.

(3) 치료

대부분의 경우 약물치료와 비약물치료를 병행한다. 약물치료로 아세틸콜린 분해효소 억제제(acetylcholinesterase inhibitor, ACEI)와 NMDA 수용체 길항제(NMDA receptor antagonist)가 사용되고, 비약물치료는 환자의 상태에 맞추어 진행되며, 다양한 기법이 사용된다.

2) 혈관성 치매

뇌의 혈액 공급에 문제가 생기는 뇌경색으로 인한 치매를 말한다. 노인에게 일어나는 치매 중 발병률을 기준으로 알츠하이머병에 이은 2위의 치매이다. 혈관성 치매는 경색이 일어난 곳의 수에 따라 단일경색치매(Single-infarct dementia)와 다중경색치매(Multi-infarct dementia)로 구분된다. 보통 여러 곳에서 경색이 일어난 경우 치매로 이어진다. 혈관치매는 고혈압, 당뇨, 고지혈증 등이 있는 경우, 또 흡연을 하거나 과음을 자주 할 경우 발생 위험이 증가한다.

(1) 원인

혈관치매의 경우 뇌 혈액순환의 문제가 직접적인 원인이 된다. 혈관치매를 일으키는 뇌혈관질환에는 뇌혈관이 좁아지거나 막혀서 나타나는 허혈성 뇌혈관질환과 뇌혈관의 파열로 인해 출혈이 발생하는 출혈성 뇌혈관질환이 있다. 한편, 뇌혈관질환이 있다고 해서 반드시 혈관성 치매가 나타나는 것은 아니고, 뇌졸중 이후에 약 1/4에서 혈관성 치매가 생긴다고 한다.

(2) 특징 증상

항상 비슷한 양상을 보이는 알츠하이머병과 달리, 혈관성 치매는 원인 뇌혈관질환의 종류, 크기, 위치에 따라 다양한 증상과 진행을 보일 수 있다. 혈관성 치매에서 흔히 나타나는 인지기능 증상으로는 주의력 저하, 자기조절능력 저하, 계획력 저하 등이 있으나, 뇌혈관질환이 발생한 위치에 따라 다른 증상들도 나타날 수 있다.

질환의 경과도 다양하게 나타날 수 있으며, 큰 혈관이 막혀서 생긴 경우 심각한 증상이 갑자기 나타날 수 있고, 미세한 혈관들이 하나씩 막히면서 발생할 경우 천천히 조금씩 진행할 수도 있다. 또 중간 크기의 혈관들이 하나씩 막힌 경우 증상이 한 번씩 갑자기 진행되는 '계단식 진행'을 보일 수도 있다. 혈관성 치매의 또 하나의 특징은 뇌졸중 증상이 동반될 수 있다는 것이다. 즉, 팔다리나 얼굴의 마비, 발음장애, 삼킴 곤란, 요실금 등과 같이 뇌졸중에서 나타나는 증상들을 보일 수 있다.

(3) 치료

가장 중요한 것은 뇌혈관질환을 악화시키지 않도록 하는 것이다. 고혈압, 당뇨병, 고지혈증에 대한 적극적 치료와 뇌경색의 경우 아스피린 등의 혈관에 피 응고가 끼지 않도록 하는 치료가 우선되어야 한다. 다른 치매와 마찬가지로 혈관성 치매에서도 인지기능을 개선하기 위해 약물치료와 비약물치료가 함께 쓰이며 약물치료의 경우 혈관성 치매의 인지개선 치료만을 위하여 개발된 약은 아직 없고, 많은 경우 알츠하이머병의 치료에 쓰이는 아세틸콜린 분해효소 억제제(Acetylcholinesterase inhibitor, ACEI)와 수용체 길항제(NMDA receptor antagonist)가 사용된다. 비약물치료는 환자의 상태에 맞추어 진행되며, 다양한 기법이 사용된다.

3) 루이체 치매

여러 종류의 치매 중 루이체 치매와 파킨슨병 치매는 특징적으로 '파킨슨 증상'이라 불리는 움직임의 장애가 같이 나타나며 '파킨슨 증상'은 파킨슨병이 있을 경우 나타나는 손의 떨림, 행동이 느려짐, 뻣뻣한 움직임, 종종걸음 등의 증상을 함께 묶어 부르는 이름이다. 치매가 파킨슨 증상보다 먼저 나타나면 루이체 치매, 치매가 파킨슨 증세보다 나중에 나타나면 파킨슨병 치매일

가능성이 높으나, 개인마다 차이가 있을 수 있다. 보통 70대에 증상들이 처음 나타나기 시작하며, 파킨슨병 치매나 루이체 치매환자의 뇌를 현미경으로 관찰할 경우 이상 단백 덩어리가 보이며, 이를 독일의 학자 루이가 처음 발견하여 '루이체'라는 이름을 붙였다. 전체 치매의 10~25% 정도를 차지할 정도로 흔한 질환이며, 약물치료에 반응이 좋아 정확하게 진단하는 것이 중요하다. 파킨슨병은 알츠하이머병 다음으로 흔한 신경퇴행성 질환이며, '파킨슨 증상'이 나타나는 경우 의심할 수 있다. 초기에는 움직임의 장애가 먼저 나타나고, 치매는 병이 어느 정도 진행된 후에 나타나며, 특징적으로 헛것을 보는(환시) 증상이 자주 나타난다.

(1) 원인

어떠한 기전으로 루이체가 쌓이게 되는지는 아직 잘 모른다. 시누클린이라는 단백질에 이상이 생겨 루이체가 만들어지지만, 왜 이 단백질에 이상이 발생하는지는 아직 연구 중에 있고 루이체가 뇌 겉질(피질)에 축적이 되면 치매 증상을 먼저 일으키는 루이체 치매가 발생하며, 도파민이라는 신경전달물질을 분비하는 세포들이 모여 있는 중뇌에 루이체가 축적이 되면 이들 세포들이 죽으면서 파킨슨병이 발생한다.

(2) 특징 증상

루이체 치매와 파킨슨병에 의한 치매는 증상이 거의 동일하다. 움직임의 장애인 '파킨슨 증상'을 두 질환에서 모두 보이고 또 인지기능 수준이 하루 중에도 자주 변하여, 몇 분이나 몇 시간 만에 달라질 수도 있다. 그리고 많은 환자들이 '집에 귀신이 있다', '다른 사람이 살고 있다'는 등의 환시를 경험하기도 한다. 혹은 어떤 환자들은 중심을 잡지 못하고 자꾸 넘어지는 모습을 보이기도 하며 자면서 몸부림을 치는 렘수면 장애도 동반될 수 있으며, 기립성 저혈압, 요실금, 변비 등의 자율신경계 이상도 나타날 수 있다.

(3) 치료

알츠하이머병에서 사용하는 인지기능 개선제가 흔히 쓰이기도 하고, 느려져 있는 움직임을 돕기 위하여 파킨슨병 약이 쓰이기도 한다.

4) 전두측두엽 치매

전두측두엽 치매는 전두엽이나 측두엽의 앞쪽에서부터 진행되는 치매이다. 인간은 많은 말을 하면서, 많은 것을 절제하고, 많은 것을 생각하고, 많은 것을 판단하며 살아간다. 우리를 인간답게 해 주는 이러한 기능들을 대부분 뇌의 앞쪽(전두엽과 측두엽의 앞쪽)에서 담당하고 있는데, 이 부위에 문제가 발생할 경우 말을 이상하게 하거나, 참을성이 없어지거나, 판단력이 저하될 수 있다. 전두측두엽 치매는 다른 치매와 달리 50대에 흔히 발병하며, 치매 중 5~10% 정도를 차지하고 있다.

(1) 원인

전두측두엽 치매환자들의 경우 뇌의 앞쪽이 전체적으로 작아져 있으며, 현미경으로 관찰할 경우 픽체(Pick body)라는 것을 볼 수도 있다. 전두측두엽 치매의 정확한 원인은 아직까지 밝혀지지 않고 있다.

(2) 특징 증상

기억력의 저하보다 언어, 절제, 판단, 사고 등의 기능들의 저하가 먼저 나타나는 것이 전두측두엽 치매의 특징이다. 이에 따라 무례한 행동을 하거나, 충동을 조절하지 못하거나, 부적절한 기분변화를 보일 수 있으며, 가족들이 보기에는 성격이 변한 것 같이 보일 수 있다. 혹은 말을 하는 데 적절한 단어를 찾지 못하거나, 다른 사람들의 말을 이해하지 못하는 증세가 나타날 수도 있고,

드문 경우 몸을 움직이는 데 장애를 보일 수도 있다. 따라서 이 부위에 치매가 발생할 경우 절제력이 저하되어 참지 못하고 화를 내거나, 성적인 행동을 공공연히 나타내고, 예의에 어긋난 행동을 할 수도 있고, 때론 쓸데없는 물건을 마구 수집하는 행동도 나타난다.

(3) 치료

알츠하이머병에서 주로 쓰이는 아세틸콜린 분해효소 억제제(acetylcholinesterase inhibitor, ACEI)가 전두측두엽 치매의 치료에도 쓰이나, 효과는 그리 좋지 않다. 충동을 조절하고, 기분을 조절하기 위하여 항정신병약물, 항우울제 등이 사용될 수도 있다.

5) 알코올 치매

알코올은 신경세포에 부정적인 영향을 주며, 장기간 과음을 지속할 경우 이러한 영향이 축적되어 치매로 진행할 수 있다. 그런데 알코올이 신경세포에 주는 영향이 다양하다 보니, 결과적으로 나타나는 치매도 다양하다. 이 다양한 경우를 모두 포함하여 알코올 치매라 부른다. 알코올 치매는 알코올 섭취량에 따라 50대의 비교적 이른 나이에 발생할 수 있으며, 늦게는 70대 이후에 발생할 수도 있다.

(1) 원인

장기간 지속된 과음이 알코올 치매의 원인이다. 알코올 자체의 독성에 의해 치매가 발생하는 경우도 있고, 알코올 섭취로 인한 비타민 B_1 결핍이 원인인 경우도 있다. 음주는 알코올 치매뿐만 아니라 다른 대부분의 치매와도 관련이 있다.

(2) 특징 증상

알코올이 뇌에 다양한 영향을 주다 보니 치매도 다양하게 나타난다. 계획을 세우고 일을 진행하는 '집행기능(executive function)'에 먼저 문제가 생기는 경우가 있으며, 다른 영역의 문제가 먼저 발생하는 경우도 있다.

비타민 결핍이 주원인인 경우 베르니케-코르사코프 증후군(Wernicke-Korsakoff syndrome)이라 불리는 특이한 양상을 보이기도 하고, 비타민 B_1이 부족할 경우 뇌세포 기능에 문제가 생기며 초기에 눈 움직임의 문제, 기억력 저하, 비틀거리는 걸음걸이가 나타나기도 한다. 이 시기는 베르니케 뇌병증(Wernicke's encephalopathy)이라 부르며, 집중적인 비타민 공급으로 증세가 호전될 수 있으며, 만약 치료를 받지 못할 경우 코르사코프 증후군(Korsakoff syndrome)으로 진행하게 되어 다른 퇴행성 질환과 비슷한 치매 양상을 보이며, 주로 기억을 전혀 못하고 엉뚱한 말을 지어내는 작화증 등의 증상이 나타난다. 안타깝게도 이 시기는 치료를 해도 효과가 미미하다.

(3) 치료

알코올 치매의 경우 가장 중요한 치료는 금주이다. 술을 끊으면 더 악화되는 것은 막을 수 있으나, 술을 끊지 못할 경우 뇌 기능이 점점 더 악화되며, 특히나 안주 없이 술만 먹는 음주습관은 매우 해롭다. 베르니케 뇌병증으로 진단된 경우에는 집중적인 비타민 공급이 가장 중요한 치료이며, 응급상황이며, 이 시기를 놓치면 사망할 수도 있다.

다른 치매에 쓰이는 약들을 알코올 치매에도 쓰긴 쓰나, 대부분 효과가 크지 않다.

6) 가역성 치매

가역성 치매란 완치가 가능한 원인에 의해 발생한 치매를 말하며 전체 치매의 5~10%가 이에 해당되는 것으로 알려져 있다. 치료가 가능한 질환에 의한 치매라 할지라도 적절한 시기에 치료를 하지 않으면 뇌에 되돌릴 수 없는 변화가 생겨 원인 질환을 치료하여도 치매 증상이 좋아지지 않을 수 있으며, 치매 증상을 보일 때는 빨리 전문 병원을 찾아 정확한 진단을 받는 것이 중요하다.

(1) 가역성 치매의 대표적인 원인 질환

① 우울증에 의한 가성치매, ② 정상압 뇌수두증, ③ 뇌종양 및 만성 경막하혈종, ④ 감염성 질환, ⑤ 내분비질환, ⑥ 결핍성 질환, ⑦ 알코올 중독, ⑧ 약물과 연관된 치매 등이 있다.

3 치매의 임상적 증상 특징

1) 신경인지 기능 장애

(1) 기억장애

새로운 정보를 학습할 수 있는 능력이 감소되기 때문에 대개 최근 기억부터 소멸된다. 질병이 진행되면서 장기 기억도 상실되어 과거에는 익숙하게 처리했던 일들을 서툴게 하거나 제대로 완성하지 못하게 된다. 병이 더욱 진행되면 자신의 생년월일이나 이름 등의 인적사항도 파악하지 못할 수 있다.

(2) 지남력장애

혈관성 치매인 경우에는 초기에 알츠하이머병은 진행되면서 지남력이 상실된다. 대개 초기에는 시간에 대한 개념부터 상실되었다가 점차 장소, 사람에 대한 지남력이 떨어진다.

(3) 언어장애

알츠하이머병의 경우 초기에는 정확한 단어를 찾지 못하는 명칭 말하기 곤란(anomicaphasia)이 흔히 발생되어 환자가 이것, 저것 등으로 말을 하거나 정확한 단어를 대지 못하고 단어의 의미나 물체의 용도를 말하거나 착어증(paraphasia)으로 인하여 전혀 다른 언어, 발음이 유사한 단어 혹은 뜻이 비슷한 단어들을 말하기도 한다.

중기에는 상대방의 대화를 이해하는 능력이 떨어져 엉뚱한 대답을 하기도 하고 말기에는 상대방이 제시하는 문장이나 단어를 반복하는 능력이 상실되며, 전혀 말을 하지 않거나 한 단어나 구절을 계속 반복하는 현상(echolalia)이나 첫 단어나 구절을 반복하는 현상(palilalia) 혹은 마지막 단어나 구절을 반복하는 현상(lohoclonia) 등이 발생할 수도 있으며 구음장애(articulation)도 동반된다.

(4) 실행증

어떤 행동을 제대로 수행할 수 없는 경우이다. 담뱃갑에서 담배를 꺼내어 불을 붙이거나 음식을 만드는 것 같이 여러 가지 다양한 연속된 동작을 필요로 하는 행동을 흉내 내지 못하는 관념실행증(ideational apraxia)과 같은 행동이라도 자발적으로는 가능하지만 지시에 의해서는 제대로 흉내 내지 못하는 관념운동성 실행증(ideomotor apraxia)을 보이며 주로 알츠하이머병에서 흔히 동반된다.

(5) 실인증(agnosia)

사물을 인지하지 못하거나 그 의미를 파악하지 못하는 경우이다. 제시한 사물의 모양이나 색깔은 파악할 수 있으나 그 사물이 무엇인지 혹은 어디에 사용하는 것인지는 알지 못하는 시각 실인증(visual agnosia), 시각 실인증은 없음에도 불구하고 평소 낯익은 사람의 얼굴을 인지하지 못하는 안면인식 장애(prosopagnosia), 눈을 감은 채 손바닥에 사물을 얹어 놓고 촉각을 이용해 사물

이름을 말하게 했을 때 이를 하지 못하는 촉각 실인증(astere agnosia), 청각기능은 정상임에도 소리의 내용이 무엇인지 파악하지 못하는 청각 실인증(auditory agnosia), 피부에 쓰인 문자나 숫자를 인지하지 못하는 등의 행동을 보인다.

(6) 시공간기능 장애

길을 잃어버린 과거력이 있거나 거리를 측정하지 못하면 어떤 일을 수행할 때 필요한 물건을 제대로 배치하지 못한다. 또한 환자에게 그림을 보여 주면서 그려 보게 했을 때 제대로 수행하지 못하거나 시계판이나 집 혹은 사람을 그리는 데 어려움을 보인다.

2) 정신증상으로서 장애

(1) 정동장애

불안, 조증, 주 우울증, 심한 감정의 굴곡 혹은 감전 실조, 무감동 등의 증상들이 흔히 동반된다.

(2) 망상

알츠하이머 환자의 30~40%, 다발성 경색 치매환자의 40%에서 (병의) 경과 도중 망상이 발생하는데 주로 피해망상으로 그중 가장 흔히 발생되는 것은 도둑망상이다. 그 외 TV 화면에 나오는 사람이 실제 방 안에 있는 것으로 착각하여 화면을 보고 대화를 나누거나 거울에 나타난 자기 얼굴을 다른 사람으로 착각하여 중얼거리기도 한다.

(3) 행동이상

가장 흔한 행동이상으로는 공격적 행동이나 반복적인 과다행동 등이 있다. 단순히 상대방에게 화를 내는 수준일 수도 있고 타인에게 위해를 가하는 행동으로 나타날 수도 있다. 경우에 따라서는 자해행동으로 나타나기도 한다.

3) 신경증상으로서 혈관성 치매

근육의 강도와 힘, 자세와 보행 및 반사기능에 이상이 초래되며 진전, 무도병, 틱 같은 운동과다증, 운동 완만, 운동감소증, 안구운동장애, 혹은 구음장애가 발생할 수도 있다. 운동실조증, 운동조정이상, 안구진탕, 근긴장저하 같은 소뇌증상이 발생하기도 한다.

4) 일상생활 기능장애

일상생활 기능장애는 신경인지기능에 손상이 발생할 경우 이차적으로 온다. 전화사용, 장보기, 물건사기, 음식장만, 가사돌보기, 빨래, 외출, 돈 관리 등에 어려움이 있고 나중에는 식사, 목욕, 대소변 가리기, 옷 입기 등에 장애가 발생한다.

치매에 대해 꼭 알아야 할 다섯 가지

영국 치매협회(Alzheimer's Society)는 치매 인식개선을 위하여 다음의 다섯 가지를 강조하고 있습니다.

1. 치매는 노화에 따른 자연스러운 현상이 아닙니다.

치매는 노년기에 더 흔히 나타나고, 기억력도 나이가 들어감에 따라 차츰 저하되기 마련입니다. 그러나 치매와 노화에 따른 기억력 저하는 서로 다르며, 치매는 노화에 따른 자연스러운 현상이 아닙니다. 치매가 있을 경우 더 뚜렷하고 분명한 기억력 저하가 나타나며, 기분 변화나 판단력 저하가 동반될 수 있습니다.

2. 치매는 뇌의 질환으로 인하여 발생합니다.

치매는 여러 증상의 묶음이며, 이 '묶음'에는 기억력을 비롯한 여러 가지 인지기능의 장애가 포함됩니다. 이 증상들은 뇌의 질환으로 인하여 발생합니다. 가장 흔한 질환이 알츠하이머병이며, 그 외의 다양한 질환에 의해 치매가 발생할 수 있습니다.

3. 치매는 기억력 외의 다른 기능에도 영향을 줍니다.

치매의 가장 흔한 증상은 기억력 저하입니다. 많은 경우 가장 먼저 나타나는 증상도 기억력 저하입니다. 그러나 기억력 저하만 나타나는 것은 아닙니다. 기억력 외에 언어나 판단력 등의 인지기능도 저하될 수 있으며, 기분, 성격, 행동에도 영향을 줍니다. 치매가 있을 경우 남들과 소통하며 평소처럼 생활하는 것이 어려워집니다. 하지만 매년 새로운 연구로 치매에 대한 새로운 사실들이 밝혀지면서, 도움을 받을 수 있는 방법도 점차 늘고 있습니다.

4. 치매가 있어도 잘 지낼 수 있습니다.

치매가 있으면 희망도 즐거움도 없는 절망스러운 상태에서 살아가야 한다고 많은 사람들이 생각합니다. 그러나 그렇지 않습니다. 치매가 있어도 만족스러운 직장생활과 사회생활을 유지하는 사람들이 많이 있습니다. 치매가 진행되어도 가족이나 친구들과 함께 취미생활을 즐기면서, 적극적이고 건강한 삶을 지속할 수 있습니다. 치매가 있으면 물론 생활이 이전보다 어려워집니다. 하지만 적절한 도움을 받는다면 많은 것이 가능할 수 있습니다.

5. 치매가 있다고 해서 그 사람이 없어지는 것은 아닙니다.

주변의 누군가가 치매로 진단될 경우, 그 사람의 삶도 달라지고, 모습도 달라질 수 있습니다. 평소 생활을 유지하는 데 도움이 필요할 수도 있습니다. 그러나 그 사람 본연의 모습이 달라지거나 없어지는 것은 아닙니다. 속에 그 사람이 아직 남아 있습니다.

1. 다음은 치매의 정의에 대한 설명이다. 적절한 것은?(　　)

> 보통 뇌의 만성 또는 진행성 질환에서 생긴 증후군의 결과로, 기억력, 사고력, 지남력, 이해, 계산, 학습능력, 언어 및 판단력을 포함한 고도의 대뇌피질 기능의 다발성 장애라고 정의하였다.

① 세계보건기구의 국제질병분류(ICD-10, 1992) 기준
② 세계보건기구의 국제질병분류(ICD-11, 1993) 기준
③ 세계보건기구의 국제질병분류(ICD-12, 1994) 기준
④ 세계보건기구의 국제질병분류(ICD-13, 1995) 기준

2. 알츠하이머병의 내용으로 맞는 것은?(　　)

① 여성이 남성에 비해 평균 2배 정도 더 잘 걸린다.
② 남성이 여성에 비해 평균 3배 정도 더 잘 걸린다.
③ 여성이 남성에 비해 평균 4배 정도 더 잘 걸린다.
④ 남성이 여성에 비해 평균 2배 정도 더 잘 걸린다.

3. 혈관성치매의 치료방법으로 적절한 것은?(　　)

① 저혈압, 당뇨병, 고지혈증에 대한 적극적 치료와 뇌경색의 경우 항생제 등의 혈관에 피 응고가 되지 않도록 하는 치료가 우선되어야 한다.
② 고혈압, 요도염증, 고지혈증에 대한 적극적 치료와 뇌경색의 경우 아스피린 등의 혈관에 피 응고가 되자 않도록 하는 치료가 우선되어야 한다.
③ 고혈압, 저혈당, 저지혈증에 대한 적극적 치료와 뇌경색의 경우 아스피린 등의 혈관에 피 응고가 되지 않도록 하는 치료가 우선되어야 한다.
④ 고혈압, 당뇨병, 고지혈증에 대한 적극적 치료와 뇌경색의 경우 아스피린 등의 혈관에 피 응고가 되지 않도록 하는 치료가 우선되어야 한다.

4. 가역성 치매의 대표적인 원인 질환으로 틀린 것은?(　　)

① 우울증에 의한 가성치매 - 정상압 뇌수두증
② 뇌종양 및 만성 경막하 혈종 - 감염성 질환
③ 내분비질환 - 다발결핍성 질환
④ 알코올 중독 - 약물과 연관된 치매

5. 치매에 의한 정신증상으로서 장애를 설명하시오.

ANSWER ① 1 ② 1 ③ 4 ④ 3 ⑤ p237

CHAPTER 12 죽음과 호스피스

1 죽음

1) 죽음에 대한 정의

죽음이란 무엇인가?라는 질문에 대해 어느 누구도 객관적이고, 명확한 답변을 내릴 수는 없을 것이다. 다만 의학적 측면에서 신체의 모든 기능이 소멸한 상태를 일컬어 죽음, 사망이라는 말을 할 뿐이다. 이 외에 어떤 죽음에 대한 정의도 주관적인 면을 배제하고 설명하기는 힘들기 때문에, 모든 이들에게 설득력을 부여하지는 못한다. 세계의 여러 학자들이나 기관에서 말하는 죽음에 대한 견해를 살펴보면, 세계보건기구(WHO)에서는 '소생할 수 없는 삶의 영원한 종말'이라고 하였으며, 미국 웹스터 사전에서는 죽음을 동식물에서 소생되는 가망이 없는 모든 생체기능의 영구적 정지, 생명의 종결, 죽는다는 사실이나 행동 및 과정이라고 하였다.

독일의 철학자 마틴 하이데거(Martin Heidegger)는 인간과 비인간으로 구분하여, 인간은 실존하지만 나무나 바위는 단순히 존재한다고 말했다. 그리고 이러한 인간의 현존재는 필연적으로 일시적인 것이며, 이것을 바탕으로 다음의 사실들을 이해할 수 있다. 첫째, 인간은 불완전을 추구하고, 삶보다는 죽음을 향해 열려 있기 때문에, 인간은 '죽음을 향한 존재'이다. 둘째, 그럼에도 불구하고 사람들은 자신보다는 타인의 죽음에 관심을 가지면서, 자신의 죽음에 대해서는 외면하려고 한다. 하지만 죽음은 항상 '나의 것'이다. 셋째, 더 나아가서 인간이 죽음을 향한 존재라는 사실은, 죽음이란 저절로 인간에게 '던져진 것'이며, 죽는 사람을 위로하는 사람들은 사실상 위로하고 있는 자신을 위로하고 있다고 말해야 한다. 넷째, 인간에게는 죽음을 어떻게 맞이하느냐에 따라서 '진정한 삶'과 '거짓된 삶'이 있는데, 죽음을 회피하려는 사람들은 그렇게 하지 못할 뿐 아니라 후자의 삶을 마치게 되고, 이를 수용하고 인정한다면 니체(Nietzsche)가 말하는 '자유로운 죽음'을 맞이할 수 있는 전자의 삶을 살게 되는 것이다(황필호, 2002).

2) 노인 죽음의 특성

각자의 인식의 차이에 따라 다르겠지만 노인의 죽음은 좀 더 현실에 가깝고, 주변에서 많이 접할 수 있는 형태일 것이다. 때문에 노인들은 이를 위한 준비를 하면서도, 불안과 공포를 느끼고 이에 대해 강하게 부정하기도 한다. 대부분의 노인들은 겉으로는 죽음에 대해 담담한 듯이 얘기하면서, 주변인들과 죽음을 주제로 많은 대화를 하기도 하지만, 진심은 자신에게 다가오는 현실을 꺼리고 죽음을 준비하는 행동이나 직접적인 언행을 회피하는 경우가 많다. 이렇게 노인의 죽음은 주변가족은 물론이고 노인 자신에게 복잡 미묘한 감정으로 받아들여지고 있다.

(1) 노인 죽음에 나타나는 반응

인간이 생에 있어 정상적인 절차를 밟는다면, 누구나 다 노인이 되어서 죽음을 맞이하게 된다. 이는 거부할 수 없는 자연의 진리이며, 누구나 겪게 되는 당연한 현상이다. 이처럼 노인이 되어 죽음을 맞이하게 되는 것이 자연스러운 일이라는 인식 때문에, 노인들이 죽음에 대해 담담하게 받아들이는 것처럼 보이기도 한다. 하지만 절대적인 신앙심을 가져서 죽음을 극락으로 가는 길이라고 생각하는 일부를 제외하고는 대부분 죽음을 받아들이는 과정에서 불안, 두려움, 공포감을 느끼지 않을 수 없을 것이다. 때문에, 노인들은 일부러 겉으로 표현하는 담담함과는 달리 죽음과 연관되는 행동이나 말들을 회피하기도 한다.

노년기에 이르러서 주변인의 죽음, 특히 배우자의 죽음을 겪게 되면, 노인들의 죽음에 대한 불안과 공포는 심한 우울증과 좌절감을 느끼게 하기도 한다. 그래서 자신의 죽음에 대해 부정하기도 하지만, 결국에는 자신의 죽음도 가까워 왔음을 수용하는 태도를 보인다.

(2) 임종과 죽음의 단계

죽음에 직면한 사람들은 매우 복잡한 심리반응을 보이므로, 이들을 원조하기 위해서는 임종이나 죽음의 단계에 환자가 어떻게 반응하고 어떤 단계를 거쳐 적응해 가는지 정확히 이해해야 한다.

스위스 출신의 의학박사 엘리자베스 퀴블러 로스(Elisabeth Kubler-ross)는 죽음에 적응해 가는 과정을 부정 · 고립, 분노, 협상 · 타협, 우울, 수용의 다섯 단계로 나누어 설명하였다.

① 부정 · 고립단계에서는 죽음을 거부하고 부정하며, 고립상태에 빠져는 단계로 '아니야, 그럴 리 없어' 등으로 죽음이라는 현실을 거부하고 오진이라 생각하여 다른 병원을 찾아다닌다. 부정을 통해 죽음과 관련된 심각한 감정에서 자신을 보호하려고 하며 이 단계의 마지막에는 사랑하는 사람이나 전문가에게 죽음에 관해 조금씩 표현하려는 징조를 보인다.

② 분노단계에서는 죽음을 더 이상 부정할 수 없게 되면서 감정이 분노와 원망으로 변하게 되므로 '왜 하필 내가 죽어야 하나?'라고 하면서 주위 사람이나 신에게 원망, 시기, 질투, 화, 분노의 감정을 표현하게 된다. 분노는 임종과정에서 자연스럽게 나타나는 반응이므로, 주위 사람은 환자의 표현을 비관하지 말고 감정을 표출하도록 도와주어야 한다.

③ 협상 · 타협단계에서는 절박하게 다가온 죽음을 초인적 능력이나 의학 또는 신과의 타협을 통하여 잠시 동안 연기하려고 한다.

'내가 죽어 가고 있구나, 그러나...'라고 하며, 선행을 전제조건으로 신과 생명을 타협하며 의사의 지시를 잘 따르고 열심히 기도한다면 아마도 신이 죽음을 연기해 줄 것이라고 믿는다. 우울단계는 체념, 절망과 비탄의 감정상태에 빠져드는 시기로서, 죽음을 더 이상 부정하지 않고 우울상태로 접어들게 된다. 가족, 친지와 이별하기 위하여 사전에 자신을 분리할 준비를 하며 과거나 현재의 상실에 대해 우울해하고, 미래의 상실에 대한 예비적 우울감을 경험하게 된다. 이 두 가지 우울은 필요 불가결한 것이며, 이 단계를 거쳐야 체념하고 평온하게 죽음을 맞이할 수 있다.

수용단계에서는 우울감도 분노감도 느끼지 않으며, 거의 아무런 감정도 갖지 않게 되는데 이는 행복의 단계는 아니며, 아무 감정이 없는 단계로서 침착함과 평온함을 보이고 '이제 떠날 시간이다'라는 태도를 보인다. 대부분의 환자가 병원보다는 집에서 임종하기를 원한다.

3) 노인자살

(1) 자살의 개념

자살을 뜻하는 영어의 suicide라는 단어는 라틴어에 어원을 둔 sui와 cide의 합성어이다. sui는 '스스로'라는 뜻이고, cide는 caed에서 전환된 것으로 '죽이다'의 뜻을 지니고 있어 자살(suicide)이란 '자기가 죽게 될 것을 알면서도 주어진 상황을 피하지 않고 죽는 것', '스스로 죽음을 의도하고 죽는 것'이라는 의미를 담고 있다. 자살을 연속선상의 과정 – 자살생각(suicide ideation), 자살시도(suicidal attempt), 완결된 자살(completed suicide) – 으로 간주하였다(Bonnewyn et al., 2009). 이러한 자살의 세 자기 측면은 보통 단절된 것이 아니라 연속적인 과정으로 이해된다. 노년기에는 대부분의 노인들이 사회적 은퇴로 인하여 사회적 · 경제적 지위가 하락하게 되고, 배우자를 포함한 의미 있는 타자의 사망으로 인한 사회적 지지의 약화는 우울감, 고독감, 소외감, 상실감, 심리적 약화를 가져온다. 이와 더불어 만성질환과 건강의 악화는 노인 스스로를 더욱더 불행하다는 느낌을 갖게 하고 있다.

자살은 복잡해진 현대사회에서 중요한 사인 중 하나이다. 자살에 대한 정의는 학자들마다 다양하게 제시될 수 있지만 일반적으로 자살이라는 용어는 자발적으로 그리고 의도적으로 자신의 생명을 끊는 행위를 의미하며 또한 자신의 생명을 끊으려고 시도하는 혹은 그러한 경향을 갖고 있는 사람들에게 적용되고 있다(남민, 1995). 여기에는 자살행위(completed suicide), 자살시도(attempted), 자살생각(suicidal thoughts) 등을 포함한다. 이러한 개념에 기초하여 노인자살이란 65세 이상의 노인층에서의 자살생각, 자살시도 그리고 자살행위에 이르는 연속적인 개념으로 정의할 수 있다. 자살은 자신의 목숨을 노환으로 인한 자연사, 질병이나 급작스런 사고로 인한 사망이 아니라 의도적으로 죽음을 이끌어 내려는 행위이다. 이러한 자살, 자살기도, 자살의도의 내면의 숨겨진 동기는 사랑의 결핍과 무능감, 거부감을 느끼기 때문이거나 자기를 버린 사람에게 죄책감 등이다. 그러나 자살의 동기는 단순하거나 단편적이라기보다는 매우 다양하고 때로는 복잡한 양상을 지니고 있다.

일반적으로 노인들은 배우자나 친지들의 사별을 여러 차례 경험하고 있으며 만성적인 신체질환에 시달리고 있다. 또한 퇴직 및 소득원의 감소로 인한 경제적인 어려움은 타 연령층에 비해 상대적으로 높은 자살률을 보이는 요인으로 특징지을 수 있다. 예를 들면 청소년의 자살은 학업 성취에 대한 압박감이나 실연, 부모나 선생님과의 불화 등 단일요인에 의해 발생하는 데 비해 노인의 자살은 복합요인에 의해 발생한다. 그러나 분명한 것은 자살은 어느 연령층에서와 마찬가지로 병적인 선택이며, 심각한 스트레스의 병적인 반응이란 것은 분명한 사실이다.

(2) 노인자살의 원인

노인들은 사회결집력의 붕괴 또는 약화로 말미암은 소외감, 외로움 등과 같은 부정적 심리상태에 봉착할 수 있으며 이에 대한 반응으로 자살을 시도하기도 한다. 이와 같이 여러 연구자들이 자살생각에 영향요인을 다양하게 연구하였으며 주로 스트레스, 우울과 사회적 지지 영향 등 복합적으로 작용하고 있음을 알 수 있다.

보건복지부의 '2017년 노인실태조사'에 따르면 노인의 대다수인 91.8%가 연명치료를 반대하고 있다. 이러한 연령치료 반대가 다수이기 때문에 특성별 차이는 거의 없는 편이다. 한편 자살관련 사항을 살펴보면, 자살의 경우는 6.7%가 자살을 생각해 본 적이 있고, 이 중 13.2%는 자살을 시도한 경험이 있다. 또한 자살을 생각해 본 이유로는 경제적 어려움이 가장 높아 27.7%, 건강문제 27.6%, 부부 · 자녀 · 친구와의 갈등 및 단절 18.6%, 외로움 12.4%, 배우자,가족, 친구 등 가까운 사람의 사망 8.3%, 배우자 가족의 건강문제 4.9% 등의 순이다. 지역별로는 동부의 경우 경제적 어려움이라는 응답이 읍면부에 비하여 높고(30.7%와 20.3%), 부부 · 자녀 · 친구와의 갈등 및 단절이라는 응답은 읍 · 면부에서 높다(15.7%와 25.9%). 성별로는 남자노인에게서는 본인의 건강문제라는 응답이 높은 반면 여자노인의 경우는 배우자, 가족, 친구 등 가까운 사람의 사망이라는 응답이 높게 나타나 차이를 보이고 있다. 연령군별로는 큰 차이가 없지만, 결혼상태별로는 차이가 있다. 유배우 노인의 5.1%가 자살을 생각해 보았지만 무배우 노인인 경우는 9.5%이다. 또한 자살을 생각해 본 이유로는 유배우 노인인 경우는 건강문제와 배우자, 가족, 친구 등 가까운 사람의 사망이, 무배우 노인은 경제적 어려움, 건강문제가 많다. 가구형태별로는 노인독거가구의 경우 자살을 생각해 본 경우가 10.6%로 가장 높은데, 그 이유로는 경제적 어려움(32.2%), 건강문제(27.6%), 외로움이라는 응답(20.0%)이 높은 경향을 보이고 있다. 교육수준별 차이는 뚜렷한 경향성이 없지만 가구소득이 낮을수록 자살생각률이 높으며 경제적 이유라는 응답이 많다. 또한 기능상태 제한이 있는 노인이 제한이 없는 노인에 비하여 자살을 생각해 본 응답률이 높을 뿐만 아니라 이유로 건강을 언급한 경우가 많다.

표 12-1 자살률 추이

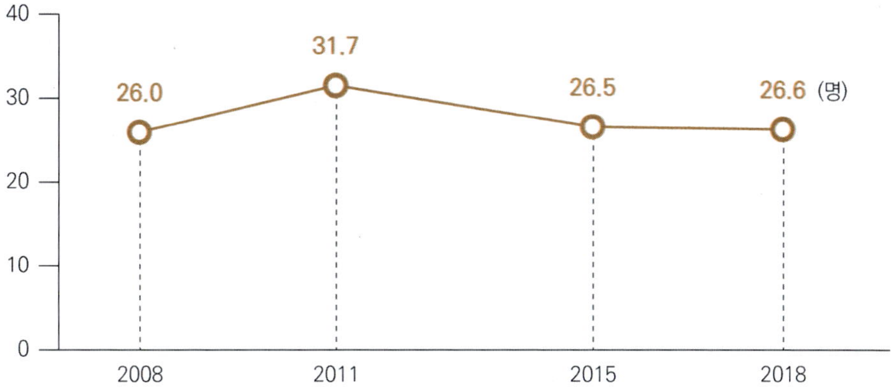

자료: 통계청. 인포그래픽: 권세라

표 12-2 노인이 자살을 생각한 이유

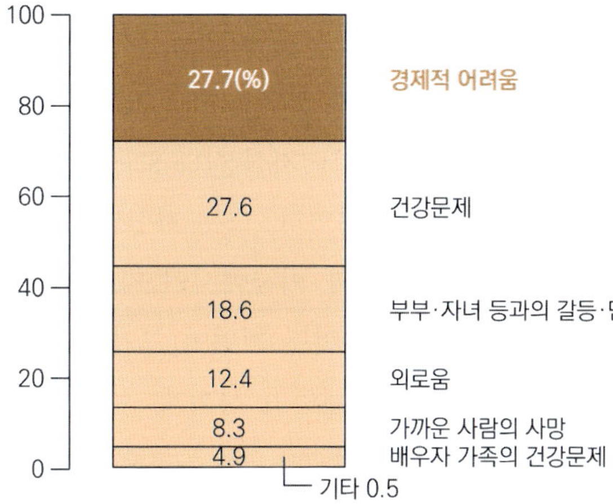

자료: 한국보건사회연구원. 대상: 자살을 생각해 본 노인 673명. 인포그래픽: 권세라

(3) 노인자살 개입방안

① 소득보장 정책수립으로 노인자살 위험요인을 통제하는 것이 필요하다.

② 노인전용 자살예방을 위한 인프라 확충과 기관 간 네트워크 형성이 필요하다.

③ 고령사회를 대비한 노인 사회보장체계의 구축이 필요하다.

④ 노인자살예방을 위한 전문 인력 양성과 이들에 대한 지속적인 교육·훈련 전략이 필요하다.

⑤ 노인자살예방 전달구조의 명확성이 필요하다.

⑥ 우리나라의 자살실태에 대한 정보구축이 필요하다.

⑦ 노인을 위한 심리적 서비스와 건강관리서비스를 위한 프로그램이 개발되어야 한다.

(4) 노인자살의 이론적 배경

① 사회학적 관점

자살이란 주제는 한동안 철학이나 문학작품 등에서 관념적으로, 혹은 낭만적으로 미화되어 다루어졌으며 이 주제가 체계적으로 연구되기 시작한 것은 Durkheim에서 비롯되었다. 그의 저서 <자살론(Le Suicide)>에서 처음으로 자살에 대한 사회학적 연구결과를 발표하였다. 그는 자살의 원인이 개인 내부보다 외부에 있다고 생각하여 유럽 각국과 미국에서의 자살률을 다양한 사회학적인 변인들로 비교한 결과, 자살률은 어떤 개인이 그가 속한 사회에 통합된 정도에 반비례한다고 주장했다. 그는 개인이 사회에 통합되고 통제되는 정도에 따라 자살을 4가지 유형(이기적 · 이타적 · 아노미적 · 숙명론적 자살)으로 구분하였다.

첫째는 개인주의 또는 개인의 낮은 사회통합으로 인하여 발생하는 이기적(egoistic) 자살이다. 이는 개인이 사회로부터 분리되어 사회에 통합되지 못할 때 발생하는 것이다. **둘째는** 사회통합 정도가 너무 강할 때 이타적(alturistic) 자살이 발생하게 된다. 즉, 개인에 대한 사회적 규범의 규제력이 너무 강하기 때문에 발생하는 것이다. **셋째는** 규제의 정도가 너무 작아서 규범적 규제력이 개인의 행위를 통제하지 못하게 될 때 아노미적(anomic) 자살이 발생하게 된다. 아노미적 자살은 사회의 급격한 변화로 인하여 사회가 개인의 삶에 필요한 법규를 더 이상 제공하지 못한다고 느낄 때 발생하는 것으로 현대사회의 급격한 변화와 연관된다. **넷째는** 규범의 개인에 대한 규제 정도가 너무 크면 숙명론적(fatalistic) 자살률이 높다. 개인이 선택하거나 통제할 수 없는 강력한 사회적 속박 하에서 개인의 삶이 종속될 때 발생한다.

② 정신분석학적 관점

자살에 대한 정신분석적 연구는 사회학자들이 외적 요인을 강조한 것과는 반대로 자살행위를 일으키는 개인내적인 갈등(intrapsychic conflicts)과 무의식적 환상을 이해하는 데 주된 관심을 두었다. 프로이트는 사랑하는 대상의 상실로 인한 견딜 수 없는 고통과 분노로 말미암아 사랑하는 대상을 계속 유지하고자 그를 동일시하게 되고, 동일시 결과 자신의 일부로 내재화된 사랑하는 대상에 대한 강렬한 공격성이 결국 자살로 이끈다는 가설을 제시하였다.

③ 심리학적 관점

개인적 차원에서 노인이 자살을 하게 되는 과정을 이해하기 위한 논의는 사회학적 시각과 심리적 시각에서 이루어지고 있으며, 사회학적 시각은 사회통합론과 교환이론적 접근으로 대별될 수 있다. 그러나 이러한 개별적인 논의는 서로 배타적인 것이 아니라 상호보완적인 것으로 간주되어야 할 것이다.

자살에 대한 비교적 체계적이고 객관적인 연구는 자살을 정신질환의 하나로 간주하여, 여러 정신과적인 장애와 자살 간의 관계를 살펴본, 정신의학적 혹은 심리학적인 접근에서 시작되었다. 자살행위와 관련된 정신병리는 정신분열병과 같이 심각한 정신병적 장애에서부터 우울증, 급성적응장애, 성격장애, 약물남용 및 알코올 중독, 치매성 질환에 이르기까지 광범위하다. 그중 우울증은 청소년에서 노인에 이르기까지 다양한 연령층에서 보이는 자살생각 및 자살시도와 가장 일반적으로 연관된 심리장애로 간주되어 왔고, 자살과 관련된 단일요인으로는 우울증이 가장 중요한 위험요인이라는 사실이 여러 연구들에서 증명되었다. 자살생각을 가진 사람들에게서 발견되는 가장 일반적인 특징으로 우울수준이 높다는 사실이 다른 연구결과에서도 밝혀졌다. 즉, 우울이 심할수록 자살관념이 강하므로 우울은 자살관념에 직접적인 영향을 미친다는 것이다.

2 호스피스

인간은 누구나 마지막 순간까지 존엄성을 유지할 수 있어야 한다. 그러나 현대사회에서는 인간 존엄성의 경시, 노인 소외, 임종자에 대한 소홀과 같은 바람직하지 않은 현상이 확산되고 있다. 이와 같은 사회병리 현상과 더불어 임종을 앞둔 사람들의 고통을 경감하고 욕구 충족을 지원하기 위하여 호스피스가 등장하게 되었다.

1) 호스피스의 정의

호스피스의 어원은 라틴어의 호스피탈리스(hospitalis)와 호스피티움(hospitium)에서 기원된 것으로 알려져 있다. 원래 호스피탈리스는 '주인'을 뜻하는 호스페스(hospes)와 '치료하는 병원'을 의미하는 호스피탈(hospital)의 복합어로서, 주인과 손님 사이의 따뜻한 마음과 그러한 마음을 표현하는 '장소'의 뜻을 지닌 '호스피티움'이라는 어원에서 변천되어 왔다.

오늘날 널리 사용되고 있는 현대적 의미의 호스피스 개념은 영국 여의사 시실리 손더스에 의해 시작되었으며 웹스터 사전(1972)에는 '여행자를 위한 숙소 또는 병자, 가난한 사람들을 위한 집(inn)'으로 설명하고 있고, 미국호스피스협회(NHO)에서는 '말기환자와 가족에게 입원간호와 가정간호를 연속적으로 제공하는 프로그램'으로 정의하였다. 이를 종합하면 호스피스란 말기환자와 그 가족을 위한 프로그램으로 편안하게 죽음을 맞이할 수 있도록 의학적으로 관리함과 동시에 말기에 발생할 수 있는 여러 가지 부정적 증상을 경감시키고 신체적, 정서적, 사회적, 영적으로 도우며 사별가족의 고통과 슬픔을 경감시키기 위해 지지와 격려를 제공하는 총체적인 돌봄이라고 할 수 있다.

호스피스는 죽음에 대한 부정과 회피가 아니라 적극적으로 긍정 및 이해함으로써 죽음에 대한 새로운 사회적 가치관과 문화를 창출하게 된다. 고통과의 싸움, 비탄에 잠김, 수동적 안락사 등이 죽음에 대한 현재의 개념이며 이러한 태도는 사회적 퇴행과 개인의 소외를 야기한다. 이 외에도 전반적인 사회·경제적 구조변화 역시 호스피스를 촉진케 하는 또 다른 원인이 되고 있다. 즉, 호스피스의 초기에는 환자를 중심으로 한 철학적, 종교적 가치관과 개념이 주가 되었으나 의료자원의 효율적 배분이 문제가 되면서 철학적 개념보다도 호스피스의 경제적 효율성에 더 관심이 모아지고 있다.

호스피스는 말기환자를 위한 시간과 공간을 제공하는 것으로 기존 의료체계의 보다 나은 대안이며, 독립된 전문기관에서 간호사가 중심이 된 종합의료팀(Interdisciplinary Medical Team)이 말기환자 및 그 가족을 위해 지속적인 가정간호와 입원간호를 제공하는 전인적인 의료 프로그램이며, 환자와 그 가족의 임종 전후에 겪는 모든 신체적, 정신적, 사회적, 영적 어려움을 해결할 수 있도록 지원한다. 이 같은 지원은 환자의 경제적 여건과는 관계없이 하루 24시간 어느 때라도 제공되어야 하며 환자의 진료 및 교육을 위한 어느 때라도 제공되어야 한다.

2) 호스피스의 유형

(1) 독립형 호스피스(Freestanding ahospice)

독립운영체제를 가지고 있으며 시설 호스피스라고 불린다. 가정적 환경이며 팀 역시 기관의 자체방식으로 구성되며 의사의 경우 환자의 기존 주치의가 지속적인 인계가 되어 활동하거나 직접 고용되어 환자를 돌볼 수 있으며 영국의 경우 80% 이상이 독립형 호스피스이며 미국의 경우도 점차 증가하는 추세이며 우리나라의 경우 대표적 호스피스라 할 수 있는 샘물 호스피스와 청주 성모 꽃마을 호스피스, 정토마을 호스피스가 있다. 독립형 호스피스는 호스피스의 기능을 충실히 수행할 수 있는 가장 이상적인 형태를 가정과 같은 분위기 및 환경조성에 유리하며 위치선정이 자유로워 자연환경 확보에 유리하고 환자와 가족의 선호도가 높다.

(2) 병원 내의 병동형 호스피스(Hospice Unit within a Hospice)

완화병동(Pallative Care Unit)으로 불리기도 한다. 이 유형은 기존병원의 진료진과 의료시스템, 장비 등을 활용할 수 있다는 점에서 유용하나 직원이나 사람들이 죽음의 장소로 볼 수 있는 부정적 측면이 있고 우리나라에서는 가톨릭 강남병원, 부천 성가병원, 계명대 동산 의료원 등이 있다.

(3) 병원 내 산재형 호스피스(The Inpatients Scattered-bed Consultative)

병원 내 호스피스 팀 활동(Team's in Hospital)으로서 독립된 병동을 갖고 있지 않으나 각 분야별로 구성된 팀에 의하여 일반병실 혹은 주간 진료소(Day Care)를 이용하여 말기환자를 돌보는 형태이며, 다른 일반환자들과 생활해야 하는 등의 어려움이 있고 1975년 미국에서 시작한 제2의 호스피스 프로그램으로 성 누가 루즈벨트(St. Luke's Roosvelt) 병원에서 처음 시도되었으며 국내에는 여의도 성모병원, 의정부 성모병원 등에 있고 호스피스 환자뿐 아니라, 암 병동에 있는 환자들이나 그 외의 환자들을 간호하고 있다.

(4) 병원 내 독립형 호스피스(Freestanding Hospice within a Hospital)

병원 내 독립시설을 가지고 호스피스를 수행하는 유형으로 미국의 경우 많은 형태가 이에 속한다. 국내에는 아직 드문 실정이며 독립형 호스피스와 병원 내 병동형 호스피스의 혼합형으로 장단점을 보완하는 유형이다.

(5) 가정 호스피스(Hospice Home Care)

호스피스 요원이 환자의 가정을 방문하여 돌보는 형태로 전 세계적으로 널리 이용되고 있는 보편적인 유형이다. 소요경비가 적게 들고 환자로서 자신의 집이라는 편안한 환경에 있을 수 있는 장점이 있으나 가족의 부담이 크다는 단점이 있다. 이 유형은 병원에서 가정간호 프로그램을 통하여 지원하기도 하지만 대부분 종교 및 자선단체, 자원봉사자들에 의해 활동이 이루어지고 있다. 이 밖에도 미국의 경우 너싱홈 호스피스(Nursing Home Hospice)와 기업형태의 호스피스, 주간에만 간호를 하는 Day Care Hospice가 있는데 말기환자를 간호하는 주거지 형태로서 간호사는 24시간 상주하고 의사의 경우 정기적 방문에 의해 처방을 하게 된다.

1. 다음에서 설명하고 있는 내용은 무엇인가요?(　　)

> 불안과 공포를 느끼고 이에 대해 강하게 부정하기도 한다. 대부분의 노인들은 겉으로는 죽음에 대해 담담한 듯이 얘기하면서, 주변인들과 죽음을 주제로 많은 대화를 하기도 하지만, 진심은 자신에게 다가오는 현실을 꺼리고 죽음을 준비하는 행동이나 직접적인 언행을 회피하는 경우가 많다.

① 노인 죽음에 대한 회피　　② 노인 죽음에 대한 책임
③ 노인 죽음에 대한 반응　　④ 노인 죽음에 대한 망상

2. 임종과 죽음의 과정 단계로 맞는 것은?(　　)

① 분노 · 고립, 부정, 협상 · 타협, 우울, 수용
② 부정 · 고립, 분노, 협상 · 타협, 우울, 수용
③ 우울 · 고립, 분노, 협상 · 타협, 부정, 수용
④ 고립 · 부정, 분노, 협상 · 타협, 우울, 수용

3. 노인 자살의 원인으로 적절한 것은?(　　)

① 사회응집력의 붕괴 또는 약화로 말미암은 소외감, 외로움 등과 같은 긍정적 심리상태에 봉착할 수 있으며 이에 대한 반응으로 자살을 시도하기도 한다.
② 사회결집력의 붕괴 또는 약화로 말미암은 행복감, 괴로움 등과 같은 부정적 심리상태에 봉착할 수 있으며 이에 대한 반응으로 자살을 시도하기도 한다.
③ 사회응집력의 붕괴 또는 승화로 말미암은 소외감, 외로움 등과 같은 정서적 심리상태에 봉착할 수 있으며 이에 대한 반응으로 자살을 시도하기도 한다.
④ 사회결집력의 붕괴 또는 약화로 말미암은 소외감, 외로움 등과 같은 부정적 심리상태에 봉착할 수 있으며 이에 대한 반응으로 자살을 시도하기도 한다.

4. 호스피스의 정의로 맞는 것은?(   )

① 증증환자와 그 가족을 위한 프로그램으로 편안하게 죽음을 맞이할 수 있도록 심리적으로 관리함과 동시에 말기에 발생할 수 있는 여러 가지 부정적 증상을 경감시키기 위해 신체적, 정서적, 사회적, 영적의 돌봄이라고 할 수 있다.

② 말기환자와 그 가족을 위한 프로그램으로 편안하게 죽음을 맞이할 수 있도록 의학적으로 관리함과 동시에 말기에 발생할 수 있는 여러 가지 부정적 증상을 경감시키기 위해 신체적, 정서적, 사회적, 영적의 총체적인 돌봄이라고 할 수 있다.

③ 경증환자와 그 가족을 위한 프로그램으로 편안하게 죽음을 맞이할 수 있도록 의학적으로 관리함과 동시에 말기에 발생할 수 있는 여러 가지 부정적 증상을 경감시키기 위해 신체적, 정서적, 사회적, 영적 돌봄이라고 할 수 있다.

④ 말기환자와 그 가족을 위한 프로그램으로 편안하게 죽음을 맞이할 수 있도록 의학적으로 관리함과 동시에 말기에 발생할 수 있는 여러 가지 부정적 증상을 경감시키고 신체적, 정서적, 사회적, 영적으로 도우며 사별가족의 고통과 슬픔을 경감시키기 위해 지지와 격려를 제공하는 총체적인 돌봄이라고 할 수 있다.

5. 가정 호스피스(Hospice Home Care)에 대하여 설명하시오.

ANSWER ① 1 ② 2 ③ 4 ④ 4 ⑤ p254

CHAPTER 13 고령친화산업

1 고령친화산업의 개념

고령사회로의 급속한 진전이 경제와 사회에 미치는 영향은 생산성 둔화, 정부재정의 악화, 경제둔화, 고령자에 대한 생활 위협이라는 문제를 발생시키기도 하지만 '고령친화산업', '실버산업' 수요를 통한 차세대 성장 동력 산업화의 가능성이란 양면을 고려해야 한다. 따라서 고령자의 소득과 소비수준의 향상, 학력상승, 복지서비스에 인식 변화 등으로 경제력 있는 노인인구층에서 보다 나은 삶을 영위하고자 하는 욕구에 대해 민간자본을 동원하여 해결하려는 움직임이 바로 고령친화산업, 실버산업의 등장이라 할 수 있다.

우리나라에서는 1980년대 중반부터 고령자를 대상으로 시장원리에 입각하여 상품이나 서비스를 제공하는 산업분야를 실버산업이라는 용어로 지칭하였으며 2006년 고령친화산업 진흥법의 제정으로 "고령친화산업"으로 용어가 변경되었다.

현재 일본은 실버산업보다는 실버비즈니스(silverbusiness), 실버서비스(silverservice)란 용어로 많이 사용하고 있으며 영어권 국가에서는 노인시장(elderly market, maturemarket), 시니어마켓(seniormarket) 등의 용어로 사용되고 있다(강용규 외, 2009 재인용).

이러한 용어들의 사용은 학문적이기보다는 실용적 · 실천적 용어로 정의, 사용되고 있다. 우리나라는 생물학적 노화 및 사회 · 경제적 능력 저하를 보이는 고령자를 대상으로 정신 · 육체적 건강유지 증진, 편익 향상, 안전도모 등을 위하여 민간이 시장경쟁 원리(영리추구)에 따라 상품이나 서비스를 제공하는 산업으로 '고령친화산업'이라 한다(보건복지부, 저출산고령사회위원회 2007).

고령친화산업의 대상은 노인이나 혹은 노후를 대비하는 고령자이며, 공급주체는 민간기업이 중심이 되고 있으며, 서비스의 원칙은 시장경제원리를 따르며, 분야는 노인의 욕구나 노년기의 문제를 해결하는 데 필요한 상품이나 서비스라고 할 수 있다. 고령친화산업이란 '현재 노인계층과 50세 이상의 중·장년층을 대상으로 그들이 필요로 하는 상품이나 서비스를 시장경제의 원칙에 입각하여 생산·공급하되, 공익 증진에도 기여하는 산업'이라고 정의한다.

2 등장배경

고령친화산업은 어느 날 갑자기 등장한 것은 아니다. 노후 생활과 연관된 각 분야에서 꾸준히 지속적으로 변화되는 사회환경과 노인인구의 증가 등의 여러 가지 요인에 따라 생겨났다. 고령친화산업은 크게 두 가지 관점에서 성장 발전해 왔다. 하나는 순수학문적 관심에서 노인복지 분야를 포함하여 노년학, 인구학, 보건학, 의학 특히 노인재활분야, 주거, 심리 및 경제학 등 노후생활에 관심을 가지는 과정에서 고령친화산업이 등장할 수 있는 이론적 배경을 제시하였으며, 다른 하나는 현실적 경제적 관심에서 고령친화산업을 현대사회에서 하나의 유망한 산업으로 발전시킨 촉진제가 되었다고 본다. 이런 고령친화산업의 필요성과 관련되는 요인에는 평균수명의 연장, 가족개념의 변화, 가치관의 변화, 노인의 경제적 향상 등이 있는데(조열희, 2008) 이에 대해 살펴보고자 한다.

1) 평균수명의 연장

우리나라는 서구의 선진국들보다 아직까지 평균수명이 낮지만, 세계 평균 수명인 63.5세보다는 높다. 그리고 중요한 것은 평균수명의 연장 속도가 매우 빠르다는 것이다. 이는 급속한 경제 성장과 더불어 생활수준의 향상, 식생활의 개선 및 의학기술의 발전으로 인해 고령화사회로 접어들었다는 것을 알 수 있다.

노인문제의 근본적 원인은 의학의 발달로 인해 나타나는 고령화 현상에 의해 상대적으로 노인인구가 많아지는 것이 세계적인 현상이다. 물론 노인인구의 증가 자체가 사회문제가 될 수는 없으나 노인들에게 필요한 사회시설 및 대책을 마련하지 못하는 데 이유가 있을 것이다. 이처럼 증가하는 노인인구를 부양하려면 아무리 부유한 국가라 하더라도 나머지 사회구성원들에게 큰 부담이 되어 노인들에 대한 보호 수준이 저하될 가능성이 커진다고 본다. 이렇듯 고령화사회의 진입과 더불어 증가하는 노인인구는 고령친화산업의 필요성을 더욱 고무하고 있다.

2) 가족 개념의 변화

산업화, 저출산, 소가족화 및 핵가족화, 여성의 사회적 참여 증가로 인하여 가족 내에서 또는 가족에 의해서 노인이 간호, 보호를 받는 것이 더욱 어려워지게 되었다. 게다가 가족의 기능을 보강하기 위하여 도입된 사회복지서비스도 가족의 보호기능을 강화, 보완하는 일보다는 주로 노인 개인을 중심으로 서비스를 제공함으로써 결국은 가족이 와해되고 오히려 노인시설 입주를 촉진하는 결과를 가져왔다. 가족원 수의 감소는 노인에 대한 가족의 간호, 보호를 어렵게 만들고, 특히 여성의 과중한 간호 보호의 부담이 문제가 될 것이다. 노인의 자녀와의 별거율이 크게 증가하고 있으며 앞으로는 더욱 큰 폭으로 증가할 것으로 예상된다. 몇몇 표본조사에서 나타난 노인가족형태를 정리해 보면 노인의 자녀와의 동거비율이 낮아지는 반면, 별거비율은 크게 높아지고 있음을 알 수 있다. 따라서 가족 이외의 사람들로부터 받는 다양한 서비스가 경제시장에서도 개발되어야 함을 시사하고 있다.

여성의 권리신장, 지위향상, 교육수준의 향상 등으로 여성의 취업과 사회적 참여는 계속하여 증가할 것으로 예상된다. 특히 현재까지 기혼여성의 취업률이 증가해 온 추세, 취업을 선호하는 경향, 취업을 자기성장의 기회로 삼으려는 경향 등을 고려하면 앞으로 여성의 취업은 계속 증가할 것으로 예상된다. 이러한 현상은 노인들이 가족들로부터 간호·보호받는 데 어려움이 크게 될 것임을 시사하고 있다. 따라서 가족의 노인보호기능을 강화 또는 보완할 수 있는 다양한 사회적 서비스가 경제시장의 서비스로 계속적으로 개발되어야 할 것이다.

3) 가치관의 변화

노인문제는 경제적인 것을 제외하고는 모든 계층의 노인들에게 공통적으로 다양하게 나타나고 있으며, 또한 생활수준의 향상에 따라 생존적 욕구를 넘어 삶의 질을 추구하는 보다 심리적이고 사회적인 욕구의 충족을 원하게 됨으로써 노인들의 욕구는 더욱 다양해지고 있다. 따라서 노인들은 보다 다양하고 수준 높은 서비스를 원하게 되었다. 이리하여 복지국가의 목표도 최저한의 생계보장과 삶의 질의 보장을 넘어 점차 다양해지는 공통적 욕구를 만족시키려는 수준으로 향상되어 왔지만 국가의 사회복지서비스는 계속적으로 다양해지는 노인들의 공통적 욕구를 만족시키는 데 있어 한계점에 봉착하게 되었다. 그러므로 일정수준 이상의 서비스는 개별적으로 비용을 지불하고 경제시장에서 구입하게 할 필요가 있다.

우리나라 노인들에게도 노인문제는 전통적인 경제적 문제뿐만 아니라 건강보호문제, 역할상실 및 여가시간문제, 사회적 및 심리적 소외와 고독의 문제 등 다양하게 나타나고 있으며 앞으로 노인이 될 사람들도 경제적 문제보다는 오히려 건강보호의 문제를 더 많이 예상하고 있고 역할상실과 소외의 문제도 상당한 정도 예상하고 있는 것으로 나타났다.

4) 노인의 경제적 향상

경제력이 있는 노인이 증가함에 따라 이들의 소비성향 또한 증가할 것이다. 부동산 가격의 급등으로 인하여 부동산을 소유하고 있는 노인들의 자산규모가 크게 증가하였다. 고령화 가구에서의 변화는 자녀의 결혼 등으로 인해 가족구성원이 줄어들어 식료품이나 주거비 등의 의식생활을 위한 필수적인 소비지출은 감소하고 있으나, 오히려 가구사용품, 보건의료비, 자가용 · 승용차 유지비를 위한 교통, 통신비 등의 선택적 소비지출은 계속 늘어나고 있다. 이제 노인의 욕구도 단순히 의식주의 해결만을 위한 욕구에서 벗어나 노인의 사회활동으로의 학연, 여가욕구 문화적인 삶의 여유 등 자아실현의 욕구를 충족시킬 수 있는 사회적 · 경제적 · 정책적 여건이 조성될 것이고 이로써 노인의 삶이 향상되어 예비 노인의 심리적 안정에 기여하게 될 것이다.

또한 노년층의 사회 · 경제적 지위가 날로 향상될 것이다. 교육수준이 높아지고 사회 정치 참여가 많아져 이로 인해 노년층의 권익이 신장되며 노후 대책을 마련하는 중 · 장년층이 증가하여 연금제도가 발전 확대되고 각종보험이나 예금 상품이 다양해져 노후에도 일정한 생활비가 보장되는 경제력 있는 노인인구가 증가하게 된다. 2008년 이후부터는 65세 이상 노인인구가 완전 노령연금의 혜택을 받기 시작함에 따라 연금수급 노인의 비율이 지속적으로 증가하여 2020년에는 20.4%, 2050년에는 40.1%로 증가될 전망이며 실제 연금혜택을 받는 노인은 부부 단위로 지급되기 때문에 2020년에는 노인인구의 30.6~40.8%, 2050년에는 60.1~80.2%가 될 것이다. 늘어나는 노인인구의 다양한 부가서비스 및 생활 욕구의 다양화보다는 질 좋은 노후생활을 영위하고자 하는 복지서비스 욕구가 증대하고 있음을 감안한다고 보면 노인들에 대한 복지서비스 제공 전략인 고령친화산업의 등장은 불가피하다.

3 우리나라의 고령친화산업 유형

1) 저출산고령사회위원회의 분류

우리나라 정부는 2005년 고령화 및 미래사회위원회의 '고령친화산업활성화 전략' 연구를 통해 1차로 고령친화산업을 8대 부문의 19개 품목으로 분류하였고 이듬해인 2006년 2차 연구에서 6대 부문의 15개 품목을 추가 선정하였다. 한국의 실버산업 분류 체계는 앞서 살펴본 미국, 일본과는 차이점이 있다. 우리나라의 경우 한방 의존도 및 사후준비에 대한 관심도가 높아지는 등 사회·문화적 변화와 향후 시장성, 시장가능성, 경쟁력 등을 감안하여 한방, 장묘, 농업, 교통 부문 등을 특성화하고 있는 것을 볼 수 있다. 그 내용을 살펴보면 다음과 같다.

① 요양산업: 재가요양서비스, ② 기기산업: 재택/원격진단/진료 및 휴대형 다기능 건강정보시스템, 한방의료기기, 간호지원 및 실내외 이동지원 시스템, ③ 정보산업: 홈케어, 정보통신 보조기기, 노인용 콘텐츠 개발, ④ 여가산업: 고령친화 휴양단지, ⑤ 금융산업: 역모기지 연금, 자산관리서비스, ⑥ 주택산업: 고령자용 주택개조·설비, 고령자용 임대주택, ⑦ 한방산업: 한방보건관광, 항노화 한방 기능성 식품, 노인용 한방 화장품, 노인성질환 한약제제 개발, ⑧ 농업: 고령친화귀농교육, 전원형 고령친화농업테마타운, 은퇴농장, ⑨ 교통산업: 저상서비스, 고령자 감응 첨단 신호기, 형광표지판, ⑩ 식품산업: 특수의료용도식품, 건강기능식품, ⑪ 의약품산업: 신경계용약, 순환계용약, 대사성 의약품, ⑫ 장묘산업: 화장 및 납골용품, 웰엔딩(well-ending) 준비 및 체험교실, 개장 및 이장 서비스, ⑬ 의류산업: 건강보조 스마트웨어, 건강개선용 레저 스포츠웨어, 체형보정형 이너웨어, ⑭ 교육산업: 일자리 교육 및 훈련 등이다.

2) 한국주택협회의 분류

한국주택협회의 연구보고서(1993)에 따르면 실버산업의 유형은 ① 주거시설과 관련된 사업, ② 의료서비스와 관련된 사업, ③ 복지기기 또는 생활용품의 제작 판매와 관련된 사업, ④ 금융 관련 사업, ⑤ 노인에게 취미오락 또는 여가 프로그램을 제공하는 서비스 사업 등 다섯 가지 영역으로 구분되고 있으며 구체적으로 살펴보면 다음과 같이 설명되고 있다(현외성 외, 2006 재인용).

① 주거시설 관련사업: 도시나 교외 또는 휴양단지 내에 노인아파트나 노인 촌락을 건설하여 분양 또는 임대하는 사업과 유료양로원이나 요양원을 설치·운영하는 것 등을 말한다.

② 의료 관련사업: 노인 전문병원이나 준 병원의 성격을 띤 요양시설로 입소한 노인들에게 의료서비스를 제공하는 사업 등을 들 수 있다.

③ 복지기기 또는 생활용품의 제작판매와 관련된 사업: 와상 노인용 침대와 좌욕기, 의복, 휠체어, 돋보기, 지팡이, 의복, 신발 그리고 건강식품을 제작 판매하는 사업을 말한다.

④ 금융 관련사업: 노인의 재산을 신탁 증식해 주거나 노인과 청장년을 대상으로 하는 연금보험 사업 등을 말한다.

⑤ 취미오락과 여가 프로그램을 제공하는 서비스 산업: 노인전용의 헬스클럽, 취미 오락실의 설치·운영 또는 노인을 대상으로 하는 여행알선업무 등을 내용으로 하고 있다.

3) 대한건설협회의 분류

대한건설협회 보고서(1995)에서는 실버산업의 유형을 ① 주거관련 시설, ② 서비스케어(care) 서비스, ③ 건강 관련 시설 및 서비스, ④ 스포츠, 레저 관련 시설 및 서비스, ⑤ 교육 관련 서비스, ⑥ 안전 관련 서비스, ⑦ 사는 보람 서비스 등 일곱 가지 분야로 분류하고 있다. 이 분류 체계에서는 교육 관련, 안전 관련, 사는 보람 서비스를 유형화시켜 잠재시장을 포함한 넓은 개념으로 분류하고 있다.

4 고령친화산업의 전망

1) 고령친화산업 시장규모 및 전망

고령친화산업 시장규모는 요양, 의약품, 의료기기, 화장품, 식품, 여가, 금융, 주거, 용품 등 주요산업 9개 시장규모를 모두 합한 값을 고령친화산업 시장규모로 한다. 2010년 산업별 시장규모는 33조2241억 원이며, 2010~2020년 연평균성장률(CAGR)은 14.2%로 나타났다. 2010년도 기준 고령친화산업별 전체 고령친화산업 시장규모 중 금융산업(31.8%) 및 여가산업(22.9%)이 높은 비중을 차지하는 것으로 보고되고 있다. 2020년 고령친화산업 중 가장 큰 비중 변화를 보이는 산업은 금융산업으로 전체 시장의 48.8%를 차지하였다. 또한 요양산업(7.7% → 10.0%) 및 화장품산업(1.5% → 2.1%)의 비중이 2010년보다 증가하였다.

2) 고령친화 세부산업별 시장규모 및 전망

(1) 고령친화 요양산업

고령친화 요양산업의 시장규모는 2010년 2조5657억 원에서, 2020년 12조5188억 원으로 연평균성장률이 17.2%에 하였다. 고령친화 요양산업은 장기요양보험을 기준으로 재가요양서비스 및 시설요양서비스로 구분되며, 시장규모는 장기요양통계 중 65세 인정자의 총요양비를 이용한 것이다.

(2) 고령친화 의약품산업

2010년 고령친화 의약품산업의 시장규모는 3조486억 원에서 2020년 10조8,315억 원으로 연평균성장률이 13.5%(모태산업은 7.4%)였다. 고령친화 의약품산업은 건강보험통계를 이용하여 질병별 가중치(노인의 의료비 이용규모로 전체 환자에게 65세 이상의 노인인구의 이용비율)를 파악한 후 선정된 의약품 약효군별 생산실적에 이 값을 적용하여 산출한 것이다. 고령친화 의약품산업은 2010년 모태산업 대비 약 21.5%에서 2020년 약 37.3%로 전망되었고 연평균성장률(CAGR)이 모태산업에 비해 상당히 높게 나타났다.

(3) 고령친화 의료기기산업

2010년 고령친화 의료기기산업의 시장규모는 1조903억 원에서, 2020년에는 1조 6,975억 원으로 연평균성장률이 4.5%(모태산업은 3.9%)였다.

(4) 고령친화 화장품산업

2010년 고령친화 화장품산업의 시장규모는 5,109억 원에서, 2020년에는 2조 6,070억 원으로 연평균성장률이 17.7%(모태산업 13.9%) 성장하였다. 화장품 유형 중 어린이용 제품을 제외한 화장품 유형을 고령친화 화장품으로 각 유형별 65세 이상 사용비율을 고려하여 시장규모를 추계한 것이다.

(5) 고령친화 식품산업

2010년 고령친화 식품산업의 시장규모는 4조8990억 원에서, 2020년에 16조 5,810억 원으로 연평균성장률이 13.0%(모태산업은 8.9%)였다. 2010년 모태산업 대비 고령친화 식품산업의 비중은 13.7%로 나타났으며, 2015년 16.4%, 2020년 19.7%로 점차 비중이 증가할 것으로 전망하고 있다.

(6) 고령친화 여가산업

2010년 고령친화 여가산업의 시장규모는 7조6,088억 원에서, 2020년에 16조 1,917억 원으로 연평균성장률이 7.8%(모태산업은 4.1%)였다. 고령친화 여가산업은 크게 문화(콘텐츠)산업, 스포츠산업, 여행관광산업으로 구분하여, 65세 이상 인구비율 및 각 분야의 세부 영역 매출액, 65세 이상 소비비율, 가중치 등을 고려하여 추계한 것이다. 2010년 모태산업 대비 고령친화 금융산업의 비중은 6.1%로 나타났으며, 2015년 7.2%, 2020년 8.7%로 점차 비중이 증가하고 있다.

(7) 고령친화 금융산업

2010년 고령친화 금융산업의 시장규모는 10조 5,663억 원에서, 2020년에는 61조 404억 원으로 연평균성장률이 19.2%(모태산업은 14.7%)였다. 고령친화 금융산업은 퇴직연금, 개인연금, 민영의료보험, 주택연금 등으로 구분되며, 각 부분의 시장규모에 65세 이상 가입률을 적용하여 시장규모를 추계한 것이다.

(8) 고령친화 주거산업

2010년 고령친화 주거산업의 시장규모는 9,616억 원에서, 2020년에 6,824억 원으로 연평균성장률이 -3.4%(모태산업은 -3.7%)였다. 고령친화 주거산업은 크게 신규주택과 주택리모델링 시장으로 구분하여 시장규모를 추계하고 있다.

(9) 고령친화 용품산업

2010년 고령친화 용품산업의 시장규모는 1조9711억 원에서 2020년에 2조 8,322억 원으로 연평균성장률이 3.7%였다. 고령친화 용품산업은 통계청 장래인구 추계 결과 중 65세 이상의 노인인구수와 고령친화용품산업체 매출액(판매+수출)을 활용하여 전망하고 있다.

5 고령친화산업 육성방안 및 예측

첫째, 정책 거버넌스(govemance) 구축으로서 다음과 같다. ① 고령친화산업 총괄부처를 보건복지부에서 총리실로 격상하였다. ② 고령친화산업 발전에는 관련 부처 간 협력이 관건인데, 지식경제부 – 제품, 복지부 – 요양, 국토해양부 – 주택, 기획재정부 – 예산, 세제, 문화관광부 – 여가 등이다. ③ 2008년 7월 노인장기요양보험제도 시행에 따른 고령친화제품 수요확대를 국내 산업발전 활성화로 연결한다. **둘째,** 산업기반 확충으로서 ① 실구매자층인 중장년층 대상 생활체험서비스 강화로 고령친화 인식재고 및 시장확대이다. ② 권역별 종합체험관의 생활서비스 강화 및 지자체 단위 소규모 생활체험관 운영이다. ③ 고령자의 접근성이 용이한 병원, 지자체 등과 협력하여 제품전시, 체험 프로그램 확대이다. ④ 유망전시회 선정확대, 국내 전시회의 국제전시회로 확대, 복지부와 지식경제부 공동 개최 등으로 공공수요기관(병원, 노인요양원, 복지시설 등)과 연계한 내수 창출이다. **셋째,** 수출산업화로서, ① 고령친화제품의 수입대체 및 수출산업화를 위해 중견기업에 대한 지원강화, ② 성공 가능성이 높고 시장확대가 예상되는 전략품목을 선정하여 집중개발, ③ 고령화제품의 표준화, 인증확대 및 글로벌화를 위한 국제적 통용성 확보기반 구축, ④ 보험급여 품목에 우선 적용되고 있는 KS인증, 자율안전확인, 단체표준 인증 적용 확대이다. 그렇다면 정부의 고령친화산업 육성방안을 단계별로 살펴보면 다음과 같다.

(1) 1단계: 기반조성단계(2010~2013년)이다. 기반조성단계는 고령친화산업의 기틀을 마련하는 단계로서, 기존 인프라를 더욱 확대 적용하는 단계이다. 그러므로 지원체계를 구축하고 법제도를 정비하여 산업인력을 양성하는 시기이다.

(2) 2단계: 발전단계(2013~2015년)이다. 발전단계는 고령친화산업이 신성장 산업화하는 단계로서 인프라를 활용한 유명기업을 통해 국내 고령친화 산업을 선도하는 시기이며, 기술개발 심화 및 해외시장을 개척하는 단계이다.

(3) 3단계: 고도화단계(2015~2018년)이다. 고도화단계는 국내 고령친화산업이 선진국으로 진입하는 단계로서 고령자의 삶의 질 향상과 우수 제품의 해외시장 진출이 활성화되어 우리나라의 성장 동력산업으로 자리매김하는 단계이다.

고령친화산업은 최근까지 도입단계라고 볼 수 있으며 향후 5년 이상의 개화단계를 거친 후 우리나라가 초고령사회에 진입하는 시점과 맞물려 성장단계로 들어갈 것으로 예상된다.

1. 다음에서 설명하고 있는 내용으로 적절한 것은?(　　)

'현재 노인계층과 50세 이상의 중 · 장년층을 대상으로 그들이 필요로 하는 상품이나 서비스를 시장경제의 원칙에 입각하여 생산. 공급하되, 공익 증진에도 기여하는 산업'이라고 정의한다.

① 고령친화산업　　② 장년친화산업
③ 청년친화산업　　④ 노인친화산업

2. 우리나라의 고령친화산업 유형 중 한국주택협회의 분류가 아닌 것은?(　　)

① 의료서비스와 관련된 사업
② 복지기기 또는 생활용품의 제작 판매와 관련된 사업
③ 교육 관련 사업
④ 노인에게 취미오락 또는 여가 프로그램을 제공하는 서비스 사업

3. 우리나라의 고령친화산업 유형 중 저출산고령사회위원회의 분류가 아닌 것은?(　　)

① 기기산업　　② 정보산업
③ 여가산업　　④ 안전서비스산업

4. 우리나라의 고령친화산업 유형 중 대한 건설협회의 분류가 아닌 것은?(　　)

① 금융 관련 사업 서비스　　② 서비스케어(care) 서비스
③ 건강 관련 시설 및 서비스　　④ 스포츠, 레저 관련 시설 및 서비스

5. 정부의 고령친화산업 육성방안을 단계별로 설명하시오.

ANSWER ① 1 ② 3 ③ 4 ④ 1 ⑤ p269

참 고 문 헌

고명석(2008). "사회복지시설 종사자의 인권의식에 관한 연구" 서울기독대학교 박사논문.

고명석(2010). **사회문제와 사회복지**. 서울: 대왕사.

고명석(2010). **사회복지법제론**. 서울: 동문사.

고명석 외(2010). **사회복지개론 제3판**. 서울: 대왕사.

고재욱, 황진수(2013). **노인복지론**. 경기: 양서원.

경향신문. 홍진수 기자. 2017. 8. 1. 일자 [부양, 가족에서 사회로 부양의무자 기준 없애 공적 역할 기대]

대통령 직속 저출산고령사회위원회. 2015. 12. 10. 보도자료.

국가치매관리위원회, 중앙치매관리센터홈페이지

국민건강보험공단 홈페이지

국민연금공단 홈페이지

권성화(2007). 호스피스시설의 건축계획에 관한 연구. 인제대학교 대학원 석사학위논문.

권중돈(2019). 노인복지론, 학지사.

과학기술정보통신부(2019). 인터넷 이행 환경 이용률, 이용 형태.

광진구 자원봉사센터(2011). 자원봉사프로그램 사례집.

국민건강보험공단(2017). 2016 노인장기요양보험 통계연보.

국민건강보험공단(2017). 2016년도 노인장기요양보험통보 통계연보.

국민건강보험공단(2019). 노인장기요양보험 통계연보.

권중돈(2017). **노인복지론**. 서울: 학지사.

김욱 외(2012). **노인복지론**. 경기: 양서원.

김형수(2001). 한국 노인자살과 관련된 요인에 관한 연구.

메티컬타임즈. 이창진 기자. 2017. 10. 31. 기사.

제3차 저출산 고령사회 기본계획(2016~2020). 브릿지 플랜 2020 수립.

멋진 황혼 만들기 http://cafe.daum.net (NICE-PY 노인의 여가 및 교육)

박경희(2006). 노인복지관을 이용하는 노인들의 성공적 노후에 영향을 미치는 요인에 관한 연구. 이화여자대학교 대학원 석사학위논문.

보건복지가족부(2009). 2008년도 노인실태조사:전국 노인생활실태 및 복지욕구 조사.

보건복지부 · 한국보건사회연구원(2012). 2011년도 노인실태조사.

보건복지부 · 한국보건사회연구원(2015). 2014년, 2017년도 노인실태조사.

보건복지부(2012, 1025). 새로마지플랜.

보건복지부(2017). 2016년 노인일자리 통계.

보건복지부(2017). 2016년도 노인복지시설 현황.

보건복지부(2017). 2017년도 독거노인응급안전알림서비스 사업 안내.

보건복지부(2017). 기초생활보장종합계획.

보건복지부(2017). 노인돌봄서비스 사업안내.

보건복지부(2017). 통계로 보는 보건복지.

보건복지부(2018). 2018년도 노인일자리 및 사회활동 지원사업 안내.

보건복지부(2019). 노인일자리 2019년 10만 개 확대, 총 61만 개 운영. 보도자료.

보건복지부(2019). 노인복지시설 현황.

보건복지부(2020). 고령자 통계.

사회보장위원회(2016). 2015년도 노인돌봄종합서비스현황.

서울시 자원봉사센터(2010). 프로그램 공모사업 활동보고서.

서울시 자원봉사센터(2011). 특화프로그램 공모사업 활동보고서.

시니어비즈니스 클럽 http://cafe.daum.net.hycu.sbc (노인과 여가)

임병량 카페 오늘이야기(노인교육) 2018. 1. 6.

이상행(2020). 노인의 라이프스타일에 따른 주관적 건강상태 비교분석. 강원대학교 대학원 석사학위논문.

이소정, 정경희, 강은정, 강상경, 이수형, 김영아(2009). 노인자살의 사회경제적 배경 및 정책적 대응방안 모색. 한국보건사회연구원 연구보고서. pp. 1-29.

이종복 외(2012). **노인복지론**. 글로벌복지문화연구회 편.

이해주 외(2012). **자원봉사론**. 한국방송통신대학교 출판부.

이해주(2012). **자원봉사론 워크북**. 한국방송통신대학교 출판부.

장은하(2014). 노후준비도가 성공적 노화에 미치는 영향. 청주대학교 사회복지

행정대학원 석사학위논문.
장인협, 최성재(1988). 노인복지론. 서울대학교출판부.
장하영(2002). 죽음과 장묘에 대한 노인의 인식에 관한 연구, 강남대학교 대학원 석사학위논문.
조해경(2002). 성공적 노화에 관한 연구. 연세대학교 대학원 박사학위논문.
지호준(2017). 우리나라 고령친화산업 발전 방안에 관한 연구. 한성대학교 대학원 석사학위논문.
한국정보문화센터(2017). 2016년도 인터넷 이용실태조사.
한국통계개발원(2016). 한국의 사회동향 20105년 고령화와 노인 삶의 변화.
한정란(2005). 노인교육의 이해. 서울: 학지사.
허수정(2017). 노인일자리사업 수행기관 관련 특성과 사업의 효과에 관한 연구. 서울대학교 행정대학원 박사학위논문.
홍현방, 최혜경(2003). 성공적인 노화 정의를 위한 문헌연구. 한국가정관리학회지. 21(2).
황필호(2002). 죽음에 대한 서양인과 한국인의 견해: 한국사회복지연구소 국제학술세미나 자료집. 1-40.
한국노인인력개발원(2013a). 2013 노인일자리사업 종합안내. 서울. 한국노인인력개발원.
한국노인인력개발원(2013b). 2013 노인일자리사업 통계 동향. 서울. 한국노인인력개발원.
한국은행(2017). 한국의 잠재성장률 전망. 보도자료.
통계청(2014). 생활시간조사.
통계청(2015). 2014년도 노인실태조사.
통계청(2017). 2016년 부모부양 사회조사 결과.
통계청(2017). 2016년도 고령자 통계-공공누리.
통계청(2017). 2016년도 국민여가활동조사.

Gong, S.(2010). *A Literature Survey on Environmental Issues and Life Pattern*

Changes. Working Paper 2010-08, Korea Environment Institute.

http://kaiser1.tistory.com/111 [실버산업의 미래 for Smart Seniors]

Kalish, R. A.(1976). Death in a social context. In R. H. Binstock and E. Shanvas(Eds.), Handbook of Aging and the Social Sciences, 483-507.

Kang, E. 2018. Labour Force Participation and Social Participation among Older Adults in Korea. *Health and welfare policy forum, 264*(5), 44-55.

Kim, S. J.(2006). Path analysis of religious activity effect on the quality of life of the elderly. *Journal of Welfare for the Aged, 33*, 29-50.

Moschis, G. P., Lee, E., & Mathur, A.(1997). Targeting the mature market: opportunities and challenges. *Journal of Consumer Marketing, 14*(4), 282-293.

Plummer, J. T.(1974). The concept and application of life style segmentation. *Journal of Marketing, 38*(1), 33-37.

Rein, M.m & Turner, J.(1999). Work, family, state, and market: Income packaging for older households. *International Social Security Review, 42*, 93-106.

Shin, K. Y., & Ko, J. U.(2015). Influence of elderly people's lifestyle on successful aging. *The Journal of the Korea Contents Association, 15*(9), 243-256.

Statistics Korea.(2014). *Time use survey*. Daejeon: Statistics Korea.

Sun, W. D.(2008). Policy issues for promoting physical activity of older people in Korea. *Health and Welfare Policy Forum, 135*(1), 25-36.

Wong, P. T. P(1989). Personal meaning and successful aging. *Canadian Psychology, 30*, 516-525.

저자소개

대표저자 고명석

명지대학교 사회복지대학원 사회복지학 석사
서울기독대학교 사회복지학과 문학(사회복지학) 박사
청운대학교 사회복지학과 교수
명지대학교 사회복지학과 객원교수
명지대학교 요양보호사교육원 전담교수
명지대학교 보건복지부위탁(2003-2019) 사회복지사양성과정 주임교수
건강보험공단 서대문지사 '노인요양등급판정위원회' 위원장
거모종합사회복지관, 포도원복지센터, 마두은혜노인요양시설 운영위원장
국가인권위원회 전문상담조정위원
한국노인인력개발원 시니어 컨설턴트
21세기 인권복지연구소 소장
서울 시립대학교 사회복지학과 대학원 외래교수
서울시 서대문치매안심센터 자문위원

김효정

이화여자대학교 사회복지학(노인복지전공) 석사
이화여자대학교 사회복지학(노인복지전공) 박사 수료
한국 노인의 전화 연구원
나사렛대학교 겸임교수
명지대학교 보건복지부위탁 사회복지사양성교육과정 전담강사
명지대학교 미래교육원 외래교수
KBS Radio "출발멋진인생-노인전문상담코너" 고정출연
BTN불교TV "똑똑! 여기는 인생상담소" MC
SBS TV '긴급출동 SOS24' 고정출연
은평노인종합복지관, 광진노인종합복지관 운영위원

박선태

대구가톨릭대학교 사회복지학과 사회복지학 박사
현) 수성대학교 보건복지경영과 학과장, 사회복지법인 인권지킴이 단원,
지역사회보장협의체 대표위원, 영천시 의료급여심의위원
저서
노인복지론, 인간행동과 사회환경, 사회복지법제와 실천, 가족복지론 외 다수

박성수

목포대학교 체육학 박사

현) 목포과학대학교 휴먼융합복지과 교수

한국스포츠산업경영학회 상임이사

전남장애인체육회 운영위원

지역사회서비스투자사업 맞춤형치매예방서비스 사업단장

한국스페셜올림픽코리아 분과위원

박연희

고려대학교 대학원 사회복지학 석사

원광대학교 대학원 사회복지학 박사

현) 조선이공대학교 사회복지과 교수

저서 사회복지개론(공저, 2008) 외 다수

홍예람

명지대학교 사회복지대학원 사회복지학(노인복지전공) 석사

명지대학교 보건복지부위탁 사회복지사양성교육과정 외래교수

명지대학교 미래교육원 외래교수

마두은혜노인요양시설 시설장

노인복지론

초판 1쇄 발행 / 2021년 2월 25일
초판 4쇄 발행 / 2026년 3월 5일

•

공저자 / 고명석 · 김효정 · 박선태 ·
박성수 · 박연희 · 홍예람
발행인 / 이 중 수
발행처 / **동 문 사**

•

서울특별시 서대문구 홍제원 1길 12
(홍제동 137-8)
Tel : 02)736-3718(대), 736-3710, 3720
Fax : 02)736-3719
등록번호 : 1974.04.27 제9-17호
가격 : 20,000원

•

ISBN : 979-11-6328-277-8(93330)
E-mail : dong736@naver.com
www.dongmunsa.com